KB262915

듣기 · 문법 · 어휘 · 독해 4가지 영역을 한번에 끝낸다!

TEPS
Road MAP

김영욱 · 문진철 · 송병민 공저

실전모의고사 1

Korea **Language**PLUS
www.langpl.com

TEpS Road MAP

초판 인쇄 First Printing	2009년 7월 10일
초판 발행 First Published	2009년 7월 14일
지은이 Author	김영욱, 문진철, 송병민 공저
영문감수 Proofreader	Susannah Turner
발행인 Publisher	엄태상 Korea Language**PLUS**
표지 디자인 Cover Design	신영미
본문 디자인 Text Design	이건화
영어편집장 Editor in Chief	이성
책임편집 Editor	이정화
등록일자 Registration Day	2000년 8월 17일
등록번호 Registration Number	제 1-2718호
주소 Address	서울시 종로구 종로2가 71-6 보원빌딩 7층
TEL Call to Editorial Dept.	편집부 02)744-0509
Call to Marketing Dept.	도서주문 문의 02)3671-0582, FAX 02)3671-0500
E-mail	info@langpl.com
Homepage	www.langpl.com

ISBN 978-89-5518-805-9 18740

듣기 · 문법 · 어휘 · 독해 4가지 영역을 한번에 끝낸다!

TEPS
Road MAP
실전모의고사 1

영어를 배운다는 것은 새로운 세상으로 다리를 놓는 것과 같습니다. 그러나 언제부터인가 뛰어난 영어실력은 명문 대학, 좋은 회사로 가는 필수적인 하나의 의식이 되어버렸습니다. 많은 사람들이 언어로서의 영어가 아닌 학문으로서 영어를 접근한다는 사실이 참으로 안타깝습니다. 그런 면에서, TEPS는 기존의 영어공부 방법의 단점들을 보완하여 실용적인 공부방법을 위한 지침을 마련하였다고 볼 수 있습니다. 무조건 많은 단어를 외우고, 문법 공식을 외우고, 답 고르는 방식 위주로 공부를 한다면 모래위에 성을 쌓는 것과 같습니다. 언어는 문맥 속에서 공부해야 하고, 다양한 분야의 자료를 접해보아야 합니다. 교과서 속의 영어에서 벗어나려면 다양한 분야의 관심이 필요합니다. 그러므로 세상에 대한 호기심을 가져야 합니다. 그리고 그 관심분야에 관한 다양한 자료를 영어로 접해 보는 기회를 가져야 합니다. 많은 책을 읽고, 기사를 보고, 시트콤 및 영화, 음악에 두루 관심을 가지고 의사소통으로서의 영어를 공부하는 것이 변화하는 시대에 맞는 공부 방법이 될 것입니다.

현재 TEPS 시험은 서울대를 비롯한 각종 명문 대학과 대학원 입시, 법대, 의대, 치대, 한의학 전문대학원, 각종 전문 자격증 시험 및 공무원 시험에서 반영하고 있습니다. 그럼에도 기본적으로 토익(Test of English for International Communication) 시험에 비해서 난이도가 더 높기 때문에 취업시장에서는 토익을 준비하는 취업 준비생이 대다수를 차지하고 있습니다. 그러나 토익 시험이 국제적인 의사소통 능력을 측정하는 것임에도 불구하고, 대부분의 고득점자들이 의사소통을 제대로 할 수 없는 경우가 많다는 이유로 시험 결과에 대한 신뢰성이 많이 떨어져있는 상태입니다. 그런 까닭에 대부분의 학교와 기업에서는 영어 숙달 능력을 테스트하는 텝스(Test of English Proficiency developed by Seoul National University) 시험을 더 신뢰하고 있습니다.

이 책이 여러분들이 세상에 자신감 있게 나설 수 있는 소중한 기회를 제공할 것이라고 확신합니다. 각 Part별 선생님들이 현장 경험을 통하여 최대한 좋은 문제를 엄선하여 만들었습니다. 현장에서 강의하면서 알게 된 수험생들의 약한 부분을 보완할 수 있도록 보충설명을 덧붙였습니다. 또한 전략적 사고를 훈련할 수 있도록, 되도록 문제를 논리적으로 구성하였습니다. 이 책을 통하여 여러분들의 약한 부분이 더 강해지기를... 그리하여 여러분들이 더 큰 자신감을 얻고 영어에 대한 더 많은 지식이 쌓이기를 기원합니다. 수업이 끝난 늦은 밤 사무실에서 고생하는 우리 집필진과 이렇게 책을 쓸 기회를 주신 Language Plus 회장님 이하 이사님, 본부장님, 부장님께 감사의 마음을 전합니다.

Contents 차례

| TEPS란? |

TEPS란 "Test of English Proficiency developed by Seoul National University"의 약자로, 서울대학교 언어교육원에서 개발하고 TEPS 관리위원회에서 주관하는 국내 개발 영어인증 시험입니다. 실제 활용하는 영어 능력을 가장 효과적이고 변별성 있게 평가함으로써, 기업체 및 공기업의 신입사원 영어 능력 평가뿐만 아니라, 고시 및 대학 입시 등 각종 자격 요건 평가 시험으로 널리 사용되고 있습니다.

| TEPS의 특징 |

□ 청해, 문법, 어휘, 독해 영역에 걸쳐 총 200문항, 990만점의 시험입니다.
□ 각 영역별 세분화된 평가를 통해 보다 정확한 영어 실력 판단 가능합니다.
□ 짧은 시간 안에 빠른 속도로 진행되는 문제를 풀 수 있는 내재된 영어 실력 측정이 가능합니다.
□ 각 문항의 난이도에 따른 반응 패턴을 근거로 평가하는 "문항 반응 이론(Item Response Theory)"을 도입하였습니다.

영역	파트	내용	문항 수	시간	배점
청해	Part 1	질의 응답	15	55분	400점
	Part 2	짧은 대화	15		
	Part 3	긴 대화	15		
	Part 4	담화문	15		
문법	Part 1	구어체	20	25분	100점
	Part 2	문어체	20		
	Part 3	대화문	5		
	Part 4	담화문	5		
어휘	Part 1	구어체	25	15분	100점
	Part 2	문어체	25		
독해	Part 1	빈 칸 채우기	16	45분	400점
	Part 2	내용 이해	21		
	Part 3	흐름 찾기	3		
	13파트		200문항	140분	990점

1. 원서접수

- □ 인터넷 접수 : www.teps.or.kr에서 접수 가능. 응시료 (33,000원, 추가 접수 시 36,000원)
- □ 방문 접수 : www.teps.or.kr의 시험 접수
  접수처 안내에서 가까운 접수처를 확인하여 방문 접수 가능, 3X4사진 1매 필요

2. 응시

- □ 응시일 : 매달 첫째 주 일요일 (또는 토요일)
- □ 입실시간 : 09시 30분 (단, 토요일은 15시00분)
  (일요일 09시 50분, 토요일 15시 20분 이후 입실 절대 불가)
- □ 준비물 : 규정에 맞는 신분증 (주민등록증, 운전면허증, 유효한 여권, 공무원증 등, 중 · 고등학생의 경우 TEPS관리위원
  회가 인정하는 학생증), 수험표, 컴퓨터용 사인펜(연필불가)
- □ 성적확인 : 시험 후 2주 이내 발표, 휴대폰 문자 및 인터넷 확인

| TEPS 응시관련 요령 |

- – 답안을 따로 마킹 할 시간이 주어지지 않으므로 문제를 풀면서 마킹한다.
- – 연필이나 볼펜으로 먼저 마킹한 후에 사인펜으로 마킹하게 되면 OMR카드에 오류가 날 수 있으니 주의한다.
- – 정해진 영역을 푸는 시간에 다른 영역의 문제를 풀면, 부정 행위로 간주되므로 주의한다.
- – 대부분의 영역이 앞에는 쉬운 문제가, 뒤에는 어려운 문제가 나오므로 앞부분을 최대한 빠르게 풀도록 하여 시간을 확보한다.
- – 청해 시험 시에는 문제지의 공백에 필기하는 것은 무방하다.
- – "문항 반응 이론"의 특성 상, 낮은 난이도를 틀린 수험자가 높은 난이도를 맞힐 경우 우연하게 맞춘 것으로 판단하여, 감점
  처리되는 경우가 있게 때문에 어려운 문제에 너무 많은 시간을 할애하여 쉬운 문제를 틀리지 않도록 한다.

김영욱

_ 뉴욕 주립대 B.A in Economics
_ 보스턴 대학 Ph.D.track in Economics
전. 호야 외국어 학원 강사
전. 에세이라인 강사

전. 대치 TES Academy 원장
전. 대치 링구아 어학원 원장 및 총괄이사
현. 삼보 Bestian 어학원 대표강사 및 원장

"영어 문법에서 살아있는 영어를 배워보자!"

현재 삼보 베스티안 어학원에서 "문법" 수업을 담당하고 있는 Calvin (김영욱)강사는 고등학교 졸업 후부터 시작한 미국 유학 생활을 통해 영어를 스스로 공부하며 터득했답니다. 한국인으로서, 미국 아이들과 동일한 수업을 받기 위해 밤잠을 설쳐가며 홀로 영어와 싸워가며 10년 가까이를 공부한 까닭에 무엇보다 학생들이 어려워하는 부분들을 잘 알게 되었답니다. 유학생으로 다양한 시험들을 준비한 경험들을 고스란히 수업시간에 "Calvin' s Tip"으로 공개하면서 많은 수강생들을 TEPS 고득점으로 연결시켜준 장본이기도 합니다.
그럼, 이제 Calvin이 제공하는 Grammar Tip을 직접 책 속에서 확인하세요!

문진철

_ 고려대학교 영문학과 졸업
_ 전국 대학생 English Speech Contest
  최우수상 수상
_ 전국 대학생 영어경시 대회특별상 수상

_ 전국 고등학교 영어 경시대회 교육부장관상 수상
전. 대치 링구아 어학원 부원장
전. 서울학원 고등부 외고반 / 경시반 전임강사
현. 삼보 Bestian 어학원 대표강사 및 원장

"제주 소년! 영어의 달인 되다!"

현재 삼보 베스티안 어학원에서 "독해" 수업을 담당하고 있는 David (문진철)강사는 중학교 3학년 때 처음으로 어학원이라는 곳을 가게 됩니다. 동네에 사는 예쁜 후배가 다닌다는 첩보를 듣고 가게 되었답니다. 하지만 영어라고는 한 번도 말해 본 적도 없었기에, '넌 3학년인데 그 정도밖에 못하니' 라는 그녀의 표정에 상처를 받고 난 후, 영어에 대한 집착이 시작되었다고 하네요. 외국인 선생님을 매일 쫓아다니며 귀찮게 하고, 매일 영어를 말하고, CNN 앵커가 된 흉내를 내보기도 하면서 영어에 미쳐 살았답니다. 고등학교 때 영어 덕에 시골소년이 서울에 와서 "전국영어경시대회"에 참가하였고 뜻하지도 않은 교육부장관상을 받았습니다. 고려대학교 영어영문학과에 진학한 후에도 고려대학교 영어영문학과 영어 말하기 학회인 S.E.S.(Study of English Speech)에 가입하여 영어사용을 생활화하던 중, "전국대학생영어말하기대회"에 참가, 최우수상을 수상하였고, "전국대학생영어경시대회"에서는 특별상을 수상하여 부상으로 뉴욕으로 1년 무료 연수 기회도 갖게 되었다네 요. 대학 신입생 때부터 아르바이트로 영어를 가르치는 일을 시작한 것이 이젠 가장 자신 있는 일이 되었다는 David! 이제 그의 비법을 책 속에서 만나보세요!

송병민

_ 고려대학교 불문학과 졸업
전. 서울 교진학원 영어 전임강사
전. 한국 English Training Center
　　Director (마닐라)

전. IGL Tour Group Operator
　　Apoview Hotel Manager
현. 삼보 Bestian 어학원 대표강사 및 교수부장

"어휘는 이제 Minary와 함께!"

현재 삼보 베스티안 어학원에서 "어휘" 수업을 담당하고 있는 Minary (송병민) 강사는 고려대학교 불문과에 진학하기 전부터 다양한 언어와 문학에 관심이 많았답니다. 대학 재학 시절에는 영어 캠프에서 학생들을 지도하였고, 졸업 이후 화상영어 센터를 직접 운영하는 등 다양한 방면으로 언어에 대한 관심을 영어 교육으로 전환하였답니다. 대학을 졸업한 후에는 골프 여행사에 몸을 담고선 필리핀에서 가이드 자격증을 취득하였고, 골프장 계약 및 여행지 개척, 호텔 매니저 업무를 담당하기도 하였답니다. 그 후, 한때는 사회 생활에 염증을 느끼고, 적도 근처의 작은 섬에서 원주민들과 함께 고기를 잡으며, 삶의 터전을 일구기도 하였다네요. 여전히 원주민들 사회에서는 Minary 의 복귀를 간절히 바라고 있으나, 현재는 대전에 있는 삼보 Bestian 어학원의 독해 전문 강사 David 문의 절친한 친구이자, 교수부장으로서, TEPS반 전담 어휘 강사로서 조촐하게 강의를 하고 있습니다.

자신의 영어실력에 따라, 개성에 따라 최적의 공부 방법은 다양합니다. 그리고 문제에 대한 접근 방법을 논하기 전에 기본 실력을 갖추는 것이 훨씬 더 중요합니다. 문법과 어휘 영역은 TEPS에서 배점으로 보아서는 별로 큰 비중을 차지하는 것은 아니지만 청해와 독해에서 고득점을 할 수 있는 기반을 마련해 주기에 반드시 시간과 노력을 들여 공부해야 합니다.

TEPS에서 고득점을 받기 위해서는 반드시 실제 시간에 맞추어 시험을 자주 보아야 합니다. 우리 책도 일단 청해, 문법, 어휘, 독해를 정확한 시간에 모의고사 보듯이 한 번 풀고 나서 해설을 보며 공부하시길 간곡히 부탁 드립니다. 2시간 20여분 동안 쉬는 시간 없이 4개 영역을 실제 시험 보듯이 푸는 연습을 꾸준히 해야 실전 시험에서도 좋은 성적을 얻을 수 있습니다. 평소에 느긋하게 풀다가 실전 가서는 더욱 집중해서 풀 수 있다는 생각은 버려주십시오. 언제나 연습을 실전같이 긴장해서 보고, 실전은 연습같이 여유 있게 접하시길 바랍니다.

TEPS Road Map 저자 일동

텝스를 독학으로 해보겠다는 무모한 도전으로 서점을 뒤지다 발견한 이 책 한 권이 큰 자신감이 되었습니다. 풀어내는 건 둘째 치고 시간이 부족해 매번 단거리를 질주하듯 풀다 보니 아는 문제도 틀려 정말 답답했습니다. 이 책 중 제일 도움이 되었던 부분도 문제마다 붙어 있는 출제포인트와 만점해설을 통해서 문제에 접근하는 방법을 터득하게 되어 푸는 속도가 빨라졌다는 점이었죠. 필수어휘만 따로 묶은 단어장이 부록으로 있었으면 하는 아쉬움도 있었지만 저에게는 정석과도 같은 책이랍니다.

직장 생활을 하면서 독학으로 영어 공부를 해보기로 마음먹고, 교재를 먼저 정하게 되었는데 "TEPS Road Map" 교재는 혼자서도 공부할 수 있게 직접 옆에서 설명해주시는 것처럼 Tip을 보면 이해가 쉬웠답니다. 직장생활로 따로 학원에 다니기 힘들었던 저로써는 정말 좋은 교재를 선택해서 시간도 아끼고 실력도 늘고 정말 후회 없는 선택을 한 것 같습니다.

성적이 쑥쑥 올라요^^
서점의 많고 많은 책들 중에 어떤 것을 선택 해야 할 지 고민하다가 선택한 "TEPS Road Map" 문제를 풀어보고 그래! 이거야 하며 무릎을 쳤습니다. 눈에 쏙쏙 들어오는 명쾌한 Tip과 해설, 그 동안 궁금했던 고민이 싹 풀렸어요!
다른 책 안보고 이 책만 반복해서 봤는데 신기하게도 시험장에서 어! 이거! 이거! 하며 생각이 나더라구요. 완벽한 실전대비 교재입니다. 정말 성적이 쑥쑥 올라요~

직장에서 영어를 쓰는 일이 잦아 지다 보니, 자연스럽게 영어 공인 점수가 필요하게 되었어요. 그래서 영어 실력도 쌓을 겸 점수도 얻을 겸 필요한 시험을 찾다 보니, 주변에서 다들 텝스를 추천하더라구요. 그래서, 시중에 나와있는 기본서들과 실전서들을 모두 구입하여 독학으로 공부해 왔습니다. 그러던 중에, 모의고사 문제 있었으면 정말 좋겠다라는 생각을 하던 중에, 이 책을 만나게되었어요. 정말 시험 전에 반드시 풀어보고 가야 할 핵심들이 가득 담겨 있습니다.

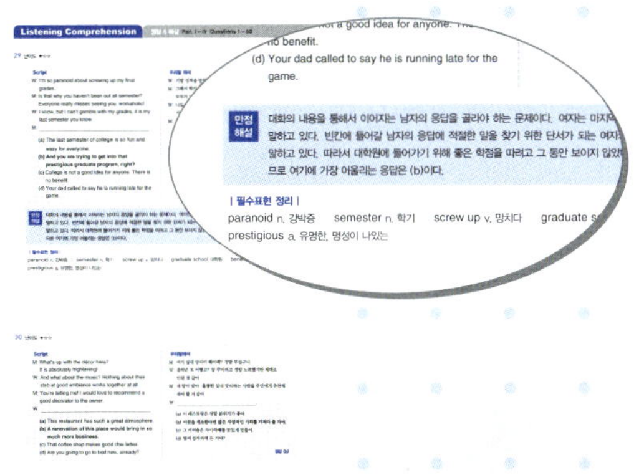

듣기! 만점해설!

TEPS 듣기는 총 400점 만점으로 전체 시험에서의 비중이 높은 편이다. 따라서 출제의 원리를 파악하고 자주 출제되는 문형과 표현들을 미리 암기해 두지 않고서는 고득점으로 연결되기가 힘들다. 본 책에서 각 영역별로 출제의 원리와 고득점 전략을 만점해설을 통해 만나보자.

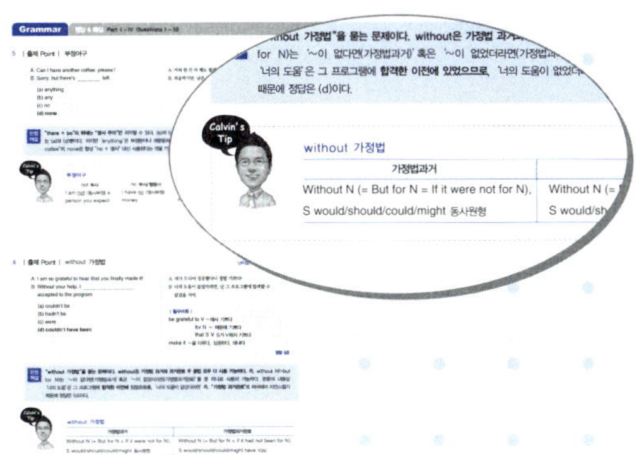

문법! Calvin's Tip!

TEPS 문법에 자주 출제되는 포인트만을 모아서 "Calvin's Tip" 안에 정리하였다. 시험장 가기 직전에 다시 한번 이것들만 모아서 읽어보고 간다면 이제 문법 문제가 두렵지 않을 것이다.

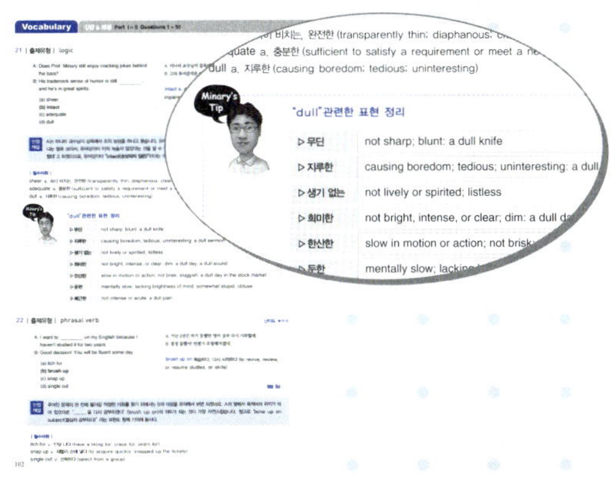

어휘! Minary's Tip!

TEPS 어휘는 다양한 영역에서 출제되며 난이도가 높아서 수험자들이 어려워하는 영역중의 하나이다. 이제 "Minary's Tip"을 통해 어원을 이해하고, 빈출 어휘들을 먼저 정리하여 고득점에 도전해 보자.

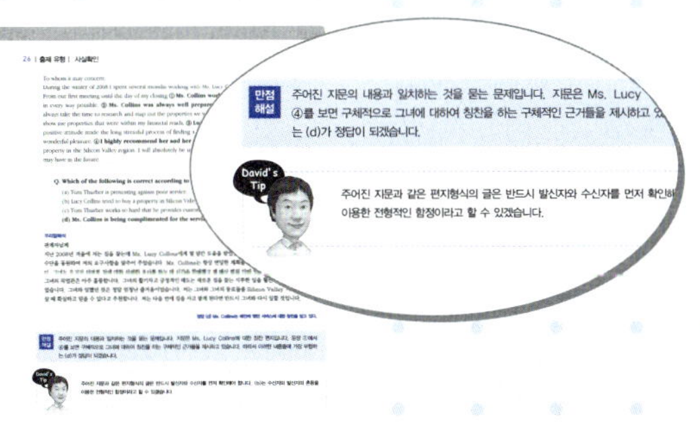

독해! David's Tip!

TEPS 독해는 무엇보다 논리적 사고를 통해 지문을 읽어낼 수 있어야 한다. 지문 속에서 정답이 되는 근거를 찾아주는 "만점해설"과 오답을 피해가는 근거를 다시 한번 짚어주는 "David's Tip"으로 이제 "TEPS 독해의 산"을 정복해 보자.

각 파트 별 전략!

Part I

●● 일상 생활 인사에서부터 다양한 상황에서 일어날 수 있는 질문들을 미리 암기하자! 적절한 응답에 대한 고민을 하는 순간 정답과 멀어진다. 질문을 듣는 동시에 예상되는 응답을 예측하며 듣도록 하자!

Part II

●● 짧은 대화문 위주의 특정한 상황의 대화가 주어지며, 대부분이 대화 상황에 이해가 요구되는 문제이다. 자주 출제되는 오답유형 (발음이 비슷한 단어 사용, 대화에서 언급된 어휘 또는 표현 사용, 비슷한 응답으로 시작)들을 미리 숙지하여, 정답을 골라내는 연습을 하자!

Part III

●● Part II에 비해 다소 길어진 문장의 패턴이 주어진다. 출제되는 문제의 유형은 "중심내용, 세부정보, 추론문제"이다. 따라서 문제 유형을 미리 숙지하고 지문을 들으면, 보다 정확하게 정답에 접근할 수 있다. 문제 유형별로 각기 다른 듣기 전략이 요구되므로 평소에 이에 대한 연습이 필요하다.

Part IV

●● 경제에서 정치, 역사, 과학, 시사 뉴스에 이르기까지 학문의 전 영역에 걸쳐 다양한 영역의 내용이 출제되고 있는 추세입니다. 문제의 형식은 "주제 찾기, 세부적인 내용을 토대로 추론하기, 사실 확인 문제" 등이다. 그러나 이 Part에서는 지문을 제대로 이해하는지 묻는 문제들이 대부분이므로, 정확하게 내용을 파악하며 듣는 것이 요구된다. 각 분야에서 자주 쓰이는 어휘 및 표현들이 있으므로, 주제별 어휘를 미리 숙지해 두도록 하자!

 **이렇게 공부하면 고득점이다 !**

TEPS 문법 영역의 가장 큰 특징은 구어체와 문어체가 각각 25문제씩 동시에 출제된다는 것이다. 기존의 다른 공인 시험의 문법 문제들이 문어체 중심의 문제들인 것과는 달리, TEPS는 대화형식의 구어체 문제가 전체문항의 50%를 차지한다. 따라서 기존의 문법책만으로 공부한다면 고득점으로 연결되는 것이 어려울 수 있을 것이다. 따라서 문법책 에 의존해서 장시간 동안 문법을 정리하는 것 보다 많은 문제를 접하면서 각각의 문제들이 가지고 있는 문법 내용들을 정리해가는 것이 고득점을 위한 가장 효과적인 방법이다.

Part I (1번~20번)

● ● 대화형식의 구어체 유형의 문제이다. 두 개의 영역, 관용적인 표현을 물어보는 문제와 상세한 문법 내용을 묻는 문 제로 구분할 수 있다. 관용적 표현의 문제들은 듣기 영역의 Part I과 매우 흡사하다. 이러한 문제들은 기본적인 암기를 요하는 문제들이긴 하지만, 기본적인 문법의 테두리를 벗어나는 문제들은 많지 않다. 다른 영역과 마찬가 지로, 문법 영역 또한 시간 싸움이다. 따라서 문제를 풀기 전에 항상 보기들을 먼저 읽는 습관을 들이도록 하자.

Part II (21번~40번)

● ● 이 부분은 주로 형식적인 문어체를 묻는 문제가 출제된다. 아주 상세한 문법까지 물어보고 있으므로, 많은 문제를 풀어보는 것이 고득점을 위한 가장 좋은 방법이다. 특히 TEPS에서 다루는 문법내용들은 약 50개 정도로 요약될 수 있으므로, 문제 풀이를 통해서 50개의 필수 문법내용을 정리해두면 시험장에서 당황하지 않을 것이라 확신한 다. Part I과 마찬가지로 보기를 먼저 확인하여 질문에서 묻고 있는 문법 사항을 파악하는 연습을 해두도록 하자.

Part III (41번~50번)

● ● 이 부분은 "Error Identification"의 형식으로 출제되는 부분이다. 주어진 지문을 읽어가며, 문장 중에서 문법 적으로 어색한 부분을 찾아내야 한다. 이 영역이 어려운 이유는 시간이 부족한 경우가 많으며, 특히 Part IV에 서는 쉽지 않은 어휘들이 등장하기 때문이다. 하지만 이들 part 역시 항상 나오는 유형의 문제가 등장하므로 Part II의 필수 문법이 정리되어 있고, 그것을 주어진 장문의 문장 안에서 빠르게 적용시키는 연습이 충분히 되 어있다면 고득점으로 연결 될 수 있다.

 **각 파트 별로 다르게 공부해야 고득점이 된다!**

TEPS에서 어휘 영역은 투자한 노력에 비해서 고득점을 얻기도 힘든 부분이다. 그러나 특별히 영어공부를 많이 하지 않았음에도 불구하고, 올바른 방법으로 영어공부를 한 사람들은 쉽게 점수를 얻는 경우가 종종 있기도 하다. 특히, 영어를 언어학으로서 아닌 의사 소통을 위한 방법으로 공부를 한 경우가 그렇다라고 할 수 있다. Part1과 Part2의 두 개의 영역으로 나뉘어서 출제되는데, 각 영역별로 다른 공부방법을 사용하여 시험에 대비한다면 빠르게 고득점으로 연결될 수 있을 것이라 확신한다.

Part I (1번~25번)

●●● 이 영역은 대부분의 문제가 "Plain English"와 "Colloquial expression"으로 구성되어 있다. 먼저 "Plain English"는 일반 대중이 생활 속에서 흔하게 쓰는 표현을 말한다. 그러나, 이것을 사용하는 화자는 외국인이 아닌, "native speaker" 즉, 원어 민이기 때문에 일상 생활영어에 평소에 노출이 많이 되어있지 않다면 고득점으로 연결되는 것이 쉽지 않다. 따라서 평소에 미국드라마와 영화들을 통해서 다양한 "slang, idioms, colloquial expression"을 많이 접하는 것이 도움이 될 것이다.

Part II (26번~50번)

●●● 이 영역은 Part I과는 달리 문어체 (written English)적인 표현들이 많이 출제되는 영역이다. 시사적인 내용을 포함하고 있는 뉴스에서부터 소설책에서 볼 수 있는 문학적인 은유 표현, 과학잡지나 경제학 책에서 볼 수 있는 전문적인 용어까지 다양한 영역에 걸쳐서 출제된다. 또한, 단어가 가지는 다의적 의미를 묻는 문제도 많이 출제되기 때문에, 평소에 깊이 있는 어휘공부를 해두는 것이 도움이 된다. 하지만, 방대한 양의 어휘 공부를 스스로 한다는 것은 많은 노력을 요하는 부분이다. 따라서 우선, 시험에 자주 출제되는 어휘부터 하나씩 정리해 나간다면 고득점으로 가는 시간을 단축할 수 있을 것이라 확신한다.

독해 정답으로 가기 위한 오답 피하기의 비법 전수!

독해 영역은 듣기 영역과 함께 TEPS 시험에서 가장 큰 비중을 차지하는 영역이다. 특히 영어를 의사소통의 도구로 접했던 많은 수험생들에게 가장 어려운 영역이다. 공지, 편지, 광고, 신문기사 등 실용적인 글은 물론이거니와 인문, 사회, 자연과학 등 다양한 글에서 문제가 출제가 되므로, 심도 있게 고민하며 공부하지 않으면 고득점을 받을 수 없다. 무엇보다 TEPS의 독해 영역은 기존의 다른 공인 인증 시험보다 '논리적인 글읽기'를 통해서만 정답을 골라낼 수 있도록 문제가 출제되기 때문에, 평소에 다양한 지문을 꼼꼼하게 읽는 연습이 요구된다 하겠다.

Part I (1번~16번 : 빈 칸 완성하기)

●● 먼저, 빈 칸 완성문제는 빈 칸에 들어가야 하는 대상의 성격을 지문을 통해 파악하는 것이 중요하다. 즉, 빈 칸에 필요한 것이 전체 글을 요약하는 것인지, 아니면 글의 흐름에 따라 결론을 도출해 내는 것인지, 또는 알맞은 접속어(15, 16번)를 고르는 것인지 먼저 파악하고 글을 읽어가야 한다. 특히, 접속어 문제는 사전에 다양한 접속어의 의미를 알아두고, 주어진 지문의 흐름을 정확하게 파악하며 글을 읽으면, 오답을 피하는 핵심이 될 것이다.

Part II (17번~37번 : 주제 찾기, 사실적 정보 찾기, 추론하기)

●● 이 영역에서는 주로 "주제 찾기, 사실적 정보 찾기, 추론하기"로 나뉘어서 출제 된다. 먼저 독해 영역에서 고득점을 얻으려면, 영어로 쓰여진 글의 구성을 이해하는 것이 선행되어야 한다. 특히, 항상 주제문의 위치를 염두 해 두면서 글을 읽는 습관을 갖는 것이 도움이 된다. 주제 문을 찾고 난 후에는 다른 문장들은 부연설명을 하는지, 반론을 제시하는지, 예시가 되고 있는지 등으로 글 전체의 구성과 각 문장들 간의 관계에 대해 분석해 보는 것이 좋은 연습방법중의 하나이다. 다음, 사실확인 문제와 추론 문제의 경우 근거 문장을 찾는 습관이 필요하다. 지문에서 정확한 답이 되는 근거 문장을 찾고 확인하는 연습을 평소에 많이 해두어야 한다. 또한 근거 문장을 바꾸어 쓴 것(Paraphrase)이 정답인 경우가 많기 때문에 평소에 다양한 문장들을 "Paraphrase" 하는 연습을 추천한다.

Part III (38번~40번 : 글의 일관성 파악하기)

●● 이 영역은 주어진 지문에서 일관적인 흐름에 벗어난 문장을 고르는 문제가 출제된다. 이 유형에서 정답을 빠르게 찾기 위해서는 지문의 첫 번째 문장을 통해서 글의 방향을 먼저 이해하고, 나머지 문장들을 읽어 내려가야 한다. 여기서 글의 방향이란 글의 소재와 주제라고 보면 된다. 즉, 주어진 지문 안에서 글의 주제와 소재가 다른 이야기 하는 문장을 찾아내는 연습이 필요하다. 또한 Part II의 주제 찾는 문제와 마찬가지로 글의 구성을 파악하여 각 문장간에 흐름이 자연스러운지를 파악하는 연습을 다양한 지문을 통해서 미리 해두도록 하자

듣기 · 문법 · 어휘 · 독해 4가지 영역을 한번에 끝낸다!

TEPS Road MAP

실전모의고사 1

Listening Comprehension

DIRECTIONS

1. In the Listening Comprehension section, all content will be presented orally rather than in written form.

2. This section contains 4 parts. In part I and II, each passage will be read only once. In part III and IV, each passage and its corresponding question will be read twice. But in all sections, the options will be read only once. After listening to the passage and question, listen to the options and choose the best answer.

3. More specific directions will be given at the beginning of each part or this section.

1   난이도 ★☆☆

Script

M: Are you going to be around this weekend?

W: _______________________________

  (a) Yes, but I'm all booked up.

  (b) Yes, I'm going later.

  (c) No, I need to make a reservation.

  (d) No, the field trip is canceled.

우리말 해석

M: 주말에 특별한 계획 있니?

W: _______________________________

  (a) 응, 그런데 선약이 있어.

  (b) 응, 나중에 가려고.

  (c) 아니, 예약할 필요가 있어.

  (d) 아니, 소풍이 취소됐어.

정답 **(a)**

 **만점 해설** 주어진 문제는 Be동사로 시작하는 의문문으로 "going to v~"을 수반하면서 가까운 미래 즉, '주말에 계획이 있는지' 묻고 있다. 따라서 "be booked up (선약이 있다)"라는 표현이 나오는 (a)가 가장 적절한 응답이다. (B)는 질문의 "going"을 반복적으로 사용하여 응답했고, (c)와 (d)는 질문과 어울릴 수 없는 응답이다.

| 필수표현 정리 |

be booked up 선약이 있다, 예약이 매진되다   make a reservation 예약하다

2   난이도 ★☆☆

Script

M: What is wrong with your family?

W: _______________________________

  (a) My family is going on vacation.

  (b) My mother is getting remarried.

  (c) Just normal family issues, that's all.

  (d) My dad got a new job.

우리말 해석

M: 너희 가족에게 무슨 문제 있니?

W: _______________________________

  (a) 우리 가족은 휴가 갈 거야.

  (b) 우리 엄마가 재혼해.

  (c) 그냥 뻔한 가족 일이야.

  (d) 우리 아버지께서 새 직장을 구하셨어.

정답 **(c)**

 **만점 해설** "What's wrong~?"을 사용하여 상대방의 상황을 묻고 있다. 주의할 것은 질문이 부정적인 분위기를 포함하고 있을 때, 사용하기 때문에 가장 어울리는 대답은 "just normal family issue"이다. (a)와 (d)는 긍정적인 내용의 응답이므로 질문에 어울리지 않다. 또한 (b)는 부정적인 의미가 아님에 주의하자!

| 필수표현 정리 |

get married (to 사람) ~와 결혼하다   family issue 가족과 관련된 일   get a job 취직하다

3 난이도 ★☆☆

Script

M: How do I get to the train station?
W: ___________________________

  (a) Ride your bike.
  (b) You are likely to get lost.
  (c) Nobody knows which way to go.
  (d) Take a taxi or the subway.

우리말 해석

M: 기차역까지 어떻게 가나요?
W: ___________________________

  (a) 자전거 타고 가세요.
  (b) 너 길 잃어버릴 것 같아.
  (c) 어느 길로 가야 할 지 아무도 몰라.
  (d) 택시나 지하철을 이용하세요.

정답 (d)

 "How do ~get to~?"는 그 장소에 가는 방법에 관해 묻는 표현이다. 따라서 교통수단이 나오는 응답을 골라야 한다. (a)의 '자전거를 타고 가라'는 가는 곳의 위치를 남자가 알고 있다는 전제가 포함되므로 적절하지 않다. 따라서 (d)가 가장 적절하다.

| 필수표현 정리 |
be likely to ~할 것 같다, ~하기 쉽다

4 난이도 ★☆☆

Script

M: What are you doing tonight?
W: ___________________________

  (a) I'm not sure yet, you?
  (b) I don't want to go there.
  (c) I'm eating lunch.
  (d) We never go anywhere.

우리말 해석

M: 오늘 밤에 뭐할 거야?
W: ___________________________

  (a) 아직 뭐할지 잘 모르겠어, 넌?
  (b) 그곳에 가기 싫어.
  (c) 점심 먹을 거야.
  (d) 우린 아무데도 안가.

정답 (a)

 "What are you doing | 시간?" 표현은 가까운 미래의 계획을 물을 때 사용한다. 여기서 진행형은 현재 진행의 의미로 사용된 것이 아니므로 (c)는 응답으로 적절하지 않다. 따라서 '아직 무엇을 할지 계획이 확실하지 않다'는 의미의 (a)가 가장 어울리는 응답이다.

5　난이도 ★★☆

Script

M: R.S.V.P. as soon as possible!

W: _______________________

  (a) The event is exclusive.

  (b) I will as soon as I check my schedule.

  (c) I will not be able to attend.

  (d) You don't have to come.

우리말 해석

M: 연락 좀 빨리 부탁해요!

W: _______________________

  (a) 이 이벤트는 독점적입니다.

  (b) 스케줄을 확인하자마자 연락드릴께요.

  (c) 전 참석할 수 없습니다.

  (d) 오실 필요 없습니다.

정답 **(b)**

 R.S.V.P는 "please reply"의 불어 표현이다. '~대해서 연락을 빨리 달라'는 표현이므로 '스케줄을 확인하자마자 연락 드리겠다'는 (b)가 가장 어울리는 응답이다. 보기 (a)는 남자가 특정한 event에 관해 언급한 적이 없기 때문에 오답이고, (c)와 (d)는 "attend"와 "come"을 사용하여 혼동을 일으키고 있지만 남자의 말과는 어울리지 않는다.

| 필수표현 정리 |

R.S.V.P (Repondez s' il vous plait : Relay, if you please.) 회신을 부탁 드립니다　　exclusive a. 독점의 ; 배타적인

6　난이도 ★☆☆

Script

M: What time should we meet up?

W: _______________________

  (a) We should meet at the theater.

  (b) I cannot attend the show.

  (c) Let's say around ten o'clock.

  (d) Is Terah going to be there?

우리말 해석

M: 우리 몇 시에 만날까?

W: _______________________

  (a) 극장에서 만나야 해.

  (b) 난 못 갈 것 같아.

  (c) 한 10시쯤 보자.

  (d) Terah도 거기 갈 거야?

정답 **(c)**

 "What time~?"으로 시작하는 의문사 의문문이다. '몇 시에 ~할까?'라는 질문이므로 시간을 정하는 것과 관련한 응답인 (c)가 가장 적절하다. (a)는 질문에서 나온 "meet"이 반복되었지만, 장소에 대해서 응답하고 있으므로 주어진 질문에 대한 적절한 응답이 될 수 없다.

| 필수표현 정리 |

meet up v. 만나다　　attend v. 참석하다

7 난이도 ★★☆

Script

W: When are we going to get there?

M: ___________________________

    (a) This trip is taking forever.
    (b) I'm in such a hurry.
    (c) I told him we weren't going.
    (d) Soon. Hold your horses!

우리말 해석

W: 우리 언제쯤 도착해?

M: ___________________________

    (a) 이 여행 정말 오래 걸린다.
    (b) 나 무지 급하거든.
    (c) 우리 거기에 안 간다고 그에게 내가 말했어.
    (d) 금방 도착해. 조그만 참아!

정답 **(d)**

 "When~?"으로 시작하는 의문문에 대한 대답은 시간과 관련된 표현이 오는 것이 적절하다. 따라서 가장 어울리는 말은 (d)이다. (a)는 이동시간이 긴 것에 대한 불만을 나타내는 말이므로, 여자의 질문에 대한 대답으로는 적절하지 않다. (a)가 정답이 되려면 바로 앞에 "I don't know." 같은 표현이 짜증 섞인 목소리로 같이 나와야 한다.

| 필수표현 정리 |

get (to + N) ~에 도착하다   be in a hurry 급하다   hold one's horses 기다리다, 조급해 하지 않다, 버티다

---

8 난이도 ★★★

Script

M: You are so stylish! Where did you get that outfit?

W: ___________________________

    (a) No, not really.
    (b) I want to copy your style.
    (c) Thank you. I found everything downtown.
    (d) I found it at the convenience store yesterday.

우리말 해석

M: 이야, 멋있다! 그 옷 어디서 샀어?

W: ___________________________

    (a) 아니, 별로 그렇진 않아.
    (b) 나도 너처럼 입고 싶어.
    (c) 고마워. 전부 다 시내에서 샀어.
    (d) 어제 편의점에서 샀어.

정답 **(c)**

 "outfit"이 멋있다고 칭찬하며 어디서 샀냐고 묻는 질문이다. 따라서 칭찬에 대한 감사를 하고 옷을 구입한 곳을 이야기하는 (c)가 가장 적절하다. "Where~?"으로 시작하는 의문문이라고 하여 (d)를 고르지 말자. "outfit"은 의상, 도구, 채비 등의 한 벌을 지칭할 때 쓰는 어휘이다. 또한, 질문에 앞서 "stylish"라고 칭찬을 하는 말이 나오므로, 의상 한 벌을 말하는 것임을 알 수 있다.

| 필수표현 정리 |

stylish a. 세련된, 멋진   outfit n. 의상, 도구 등의 한 벌   convenience store 편의점

9　난이도 ★★☆

Script

W: Hey! Have you seen Sue around here? I've been looking for her all night!

M: _______________________________________

 (a) You have been here all night too.
 (b) Sue is someone you know through Jean.
 (c) I've been seeing Sue for a while.
 (d) No, I'm sorry. Did you check upstairs yet?

우리말 해석

W: 있잖아, 이 근처에서 Sue를 봤어? 밤새 찾고 있었는데!

M: _______________________________________

 (a) 너도 여기 밤새 있었잖아.
 (b) 너 Jean을 통해서 Sue를 알게 되었잖아.
 (c) 난 Sue랑 잠시 동안 만나왔어.
 (d) 아니 못 봤는데, 위층은 찾아 봤어?

정답 **(d)**

 대화에서 여자는 밤새 Sue를 찾고 있었으며, 그녀를 보았느냐고 묻고 있다. 따라서 질문에 이어지는 남자의 말은 Sue의 위치에 대한 내용이 오는 것이 가장 적절하므로 정답은 (d)이다. 보기 (c)에서 "see"는 '보다'의 의미가 아니라 '데이트하다, 만나다'의 의미라는 것을 참고로 알아두자.

| 필수표현 정리 |

look for v. ~을 찾다　　　for a while 잠시, 잠시동안　　　upstairs n. 위층

10　난이도 ★☆☆

Script

M: Isn't that your friend I met the other day at the mall?

W: _______________________________________

 (a) No, I don't meet my friends.
 (b) Yes, your friend is so beautiful and sweet.
 (c) Yes, you are my closest friend in the world.
 (d) Yes, I didn't know she was going to be here. Let's go say hi.

우리말 해석

M: 저기 쟤 저번에 쇼핑몰에서 만났던 네 친구 아니야?

W: _______________________________________

 (a) 아니, 난 친구들 잘 안 만나.
 (b) 맞아, 네 친구는 너무 예쁘고 사랑스러워.
 (c) 맞아, 너는 내 제일 친한 친구야.
 (d) 맞아, 그녀가 여기올 줄 몰랐네. 가서 인사하자.

정답 **(d)**

 예전에 본 적이 있는 여자의 친구를 남자가 알아보고 친구가 맞는지 확인하는 내용의 be 동사의 부정형으로 시작하는 의문문이다. 따라서 긍정의 대답으로 가장 어울리는 내용은 (d)이다. (a)에서 친구가 아닌 것하고 친구를 잘 안 만나는 것은 상관이 없는 내용이므로 "friend"가 언급되었다고 해서 헷갈리지 말자.

| 필수표현 정리 |

the other day 이전에, 며칠 전에　　　mall n. 쇼핑몰, 쇼핑센터

11 난이도 ★☆☆

Script

W: Have you been to the store yet? I really need those onions to make the chicken for dinner.

M: _______________________________________

    (a) I detest onions so don't make me run errands.

    (b) Yes, I did. I put the onions in the drawer at the bottom of the refrigerator.

    (c) Yes, I did. I put the bell peppers at the bottom of the refrigerator.

    (d) No, I did not. Did you get the onions and bell pepper on the way home from work?

우리말 해석

W: 가게는 갔다 왔어? 저녁식사로 치킨요리를 만드는데 양파가 꼭 필요해.

M: _______________________________________

    (a) 난 양파 정말 싫어하니깐 심부름 보내지 마.

    (b) 응. 다녀왔어. 냉장고 젤 아래쪽 칸에 양파를 넣어뒀어.

    (c) 응. 다녀왔어. 냉장고 젤 아래쪽 칸에 피망을 넣어뒀어.

    (d) 아니, 안 갔어. 퇴근하는 길에 양파와 피망 사왔어?

정답 (b)

 여자의 질문이 "Have~?"를 사용하여 가게에 다녀왔는지를 물으면서, 닭 요리를 하는데 양파가 필요하다고 말하고 있다. 따라서 다음에 이어질 말은 '가게에 갔다가 이미 양파를 사서 넣어 놓았다'고 말하는 것이 가장 자연스럽기 때문에 정답은 (b)이다.

| 필수표현 정리 |

detest v. 몹시 싫어하다 run errands v. 심부름 가다 bell pepper n. 피망 at the bottom of ~의 아래에

12 난이도 ★★☆

Script

W: We have been over this so many times! What do I need to do to help you understand how important this is?

M: _______________________________________

    (a) I'm such a failure. I wouldn't like to get the sack again.

    (b) My job is in jeopardy here because of your slip-up.

    (c) I'm so sorry I keep messing it up. Please give me another chance.

    (d) Let's call it a day.

우리말 해석

W: 우리 이거 여러 번 했었잖아! 이것의 중요성을 이해시키려면 도대체 내가 어떻게 도와줘야 할까?

M: _______________________________________

    (a) 난 정말 구제불능이야. 다시 해고당하고 싶진 않아.

    (b) 너의 실수 때문에 나의 직장이 위기에 처했어.

    (c) 계속 엉망으로 만들어 버려서 미안해. 기회를 한번만 더 줘.

    (d) 이제 퇴근하자.

정답 (c)

 대화에서 여자의 질문은 사실에 대한 정보를 묻는 것이 아니라, 자신의 감정을 이야기하고 있는 것이다. 대화의 시작인, "We have been over this~."에서 남자가 이해를 제대로 못해서 일어난 상황임을 알려주고 있다. 따라서 가장 적절한 응답은 (c)이다. (a)에서 "I'm such a failure"는 의미상 자연스럽지만, 뒤에 이어지는 말은 적절하지 않다.

| 필수표현 정리 |

get the sack 해고당하다 in jeopardy 위험에 처한 slip-up n. 실수 mess up v. 실수하다, 망치다

give another chance 기회를 한 번 더 주다 call it a day 일을 끝내다, 퇴근하다

13 난이도 ★★☆

Script

W: What did you all do last night? I was so bored!

M: ____

   **(a) A bunch of us went to a new restaurant.
   Where were you?**

   (b) A bunch of us went on vacation to the beach for
   the night.

   (c) I tried to get plastic surgery.

   (d) I joined a fitness club to keep in shape.

우리말 해석

W: 어젯밤에 뭐했어? 나 너무 지루했어.

M: ____

   (a) 우리들은 새로 개업한 레스토랑에 갔었어. 넌 어디 있었어?

   (b) 우리들은 밤에 휴가차 해변에 갔었어.

   (c) 난 성형 수술 하려고 했었어.

   (d) 몸매 유지하려고 헬스클럽에 등록했어.

정답 **(a)**

'What~?'으로 시작하는 의문문으로 '지난 밤에 무엇을 했는지'를 묻고 있으므로, '무엇인가를 했다'는 응답이 오는 것이 자연스럽다. 그러나 주의할 점은 "you all" 이라 하였으므로, 대답에서 "a bunch of us~"로 받은 (a) 또는 (b)가 응답으로 자연스럽다. 뒤에 이어지는 내용으로 볼 때 (a)가 적절하다.

| 필수표현 정리 |

a bunch of 한 패거리, 집단   plastic surgery 성형수술   fitness club 헬스 클럽   keep in shape 몸매를 유지하다

14 난이도 ★☆☆

Script

W: Hello. May I speak to Mr. Evans, please?

M: ____

   (a) No. Are you Mr. Evans?

   (b) Thank you for calling, Mr. Evans.

   (c) Your call will not go unanswered.

   (d) Yes. May I ask who is speaking?

우리말 해석

W: 안녕하세요. Evans씨랑 통화 할 수 있을까요?

M: ____.

   (a) 아니요. 당신이 Evans씨인가요?

   (b) 전화해 줘서 고마워요, Evans씨.

   (c) 곧 응답 받을 거에요.

   (d) 네. 실례지만 누구신가요?

정답 **(d)**

Evans와 통화할 수 있냐고 물었기 때문에, 그 이후에 이어지는 답변은 '전화하는 사람이 누구인지 묻거나 또는 전화를 받은 사람이 누구라고 말하는 내용으로 이어져야 자연스럽다. 주어진 보기에서는 "전화를 건 사람이 누구인지를 묻고 있는" (d)가 가장 적절하다.

15 난이도 ★☆☆

Script

W: Betty, have the photo shots from the studio arrived?

M: _______________________________________

  (a) No. They are being processed as we speak.

  (b) Yes. The studio is ready for the photographs.

  (c) No. There are no photographs to be taken here.

  (d) No. You are not allowed to see the photographs.

우리말 해석

W: Betty, 스튜디오에서 찍은 사진 도착했어?

M: _______________________________________

  (a) 아니. 지금 현상 중이야.

  (b) 응. 스튜디오는 사진 찍을 준비가 되어 있어.

  (c) 아니. 여기서 찍힌 사진은 없어.

  (d) 아니. 넌 사진 보는 것이 허락되지 않았어.

정답 (a)

 "Have~?"로 시작하는 일반 의문문이므로 응답은 긍정 혹은 부정의 답변이 올 수 있다. 응답 (a)에서 (d), 모두 질문에서 언급되었던 어휘를 사용하였지만, 질문에 적절한 것은 '지금 현상 중이다'는 의미의 (a)가 가장 적절하다. 참고로 (a)에서 "being processed"는 "being developed"의 뜻이고, 'as we speak'은 'now'의 의미인 것도 함께 알아두자.

| 필수표현 정리 |

as we speak 바로 지금　　process v. ~을 가공처리하다　　develop v. 현상하다　　shot n. 촬영, 스냅사진

16 난이도 ★★☆

Script

M: What did you two do last weekend?

W: We went to that new restaurant. You heard about it, right?

M: Oh yeah! Was it all it's cracked up to be?

W: _______________________________________

  (a) We ate there all the time last year.

  (b) It was pretty good. The food was excellent.

  (c) You are good at rating restaurants.

  (d) We did not go there ever again.

우리말 해석

M: 지난 주에 너희는 뭐하고 보냈어?

W: 새로 생긴 그 식당에 갔었어. 그 식당에 관해서 들어봤지?

M: 물론! 알려진 평판 그대로 괜찮았어?

W: _______________________________________

  (a) 우린 작년에 항상 그 식당을 이용했어.

  (b) 그 식당 아주 좋더라고. 음식도 너무 좋았어.

  (c) 넌 식당을 평가하는 데 아주 뛰어나.

  (d) 우린 그곳에 다신 가지 않았어.

정답 (b)

 be동사의 의무무으로, 질무의 의미가 앞서 얘기한 것과 같이 '그 식당의 평판이 좋았느냐'라는 뜻이므로 '좋다' 혹은 '나쁘다'라는 의견이 먼저 나와야 한다. 따라서 어울리는 응답은 "It was pretty good."으로 시작하는 (b)가 가장 적절하다. (c)에서는 "restaurant"을 반복하여 언급하였으나 내용이 남자의 질문과 어울리지 않는다.

| 필수표현 정리 |

crack up v. ~라는 평판이다　　rate v. 점수를 매기다

17 난이도 ★★★

Script

M: I refuse to go to another one of those lame events with you again!

W: Why not? I thought you liked them. Didn't you make some good contacts for your website business last time?

M: Yes I did. I just hate having to schmooze with those snobby people in order to get business.

W: ____________________

(a) But that is how business works. It will pay off in the end. Trust me.

(b) As long as you have fun you will never fail.

(c) Business is so much fun all the time, you have to remember that.

(d) I do not want to go to any more business meetings with you.

우리말 해석

M: 난 다시는 너랑 그런 형편없는 모임은 안 갈 거야.

W: 왜? 난 네가 좋아한다고 생각했는데.
지난 번에 너 웹사이트 사업에 도움이 되는 사람들 알아놓지 않았니?

M: 그랬지. 난 단지 사업 때문에 그런 속물적인 사람들과 잡담이나 해야 되는 게 싫어.

W: ____________________

(a) 하지만 사업은 다 그렇게 하는 거야. 언젠가는 보상받을 날이 있어. 믿어봐.

(b) 네가 즐겁게 하는 한, 넌 결코 실패하지 않을 거야.

(c) 사업을 하는 데는 항상 큰 재미가 있다는 걸 기억해.

(d) 난 더 이상 너랑 사업 모임에 가고 싶지 않아.

정답 (a)

 **만점 해설** 주어진 대화는 감정 전달 평서문으로 남자의 '불평, 불만'에 대해서 '격려, 위로'하는 여자의 응답을 고르는 문제이다. 마지막 남자의 말의 "~hate having to schmooze with those snobby people~" (속물적인 사람들과 잡담하는 것이 싫다)이 심정을 가장 잘 드러내는 부분이다. 따라서 "But that is how business works."라고 위로하는 (a)가 가장 적절하다.

| 필수표현 정리 |

lame a. 형편없는, 결함 있는   schmooze v. 잡담하다, 수다 떨다   snobby a. 속물의 (= snobbish)

18 난이도 ★☆☆

Script

M: Hey, Sarah! Welcome back! How was the honeymoon?

W: Oh, my gosh! We had such a great time! Except everywhere we went, we got lost.

M: Apparently what they say about men is true, right?

W: ____________________

(a) Yes. My next honeymoon will be in the summer time.

(b) Yes it is. Chris refused to ask for directions the whole time.

(c) Yes it is. I couldn't find my swimsuit.

(d) Directions are a key to any good relationship.

우리말 해석

M: Sarah! 돌아온 걸 환영해. 신혼 여행은 어땠어?

W: 정말 재미 있었어. 가는 곳마다 길을 잃은 것 빼고는 말이야.

M: 사람들이 남자들에 대해 하는 말은 분명히 맞는 말이야, 그렇지?

W: ____________________

(a) 그래, 다음 신혼 여행은 여름에 갈 거야.

(b) 맞아. Chris는 내내 길을 묻지 않았어.

(c) 응, 내 수영복을 못 찾았어.

(d) 좋은 관계를 위해서는 방향이 중요해.

정답 (b)

 **만점 해설** 감정 평서문으로 남자의 말에 어울리는 여자의 응답을 골라야 한다. 내용의 흐름으로 볼 때, 여자가 신혼 여행에서 길을 잃었다는 이야기에 남자가 긍정하고 있으므로, 그 다음에 이어지는 말은 "Yes, it is."로 동의하는 응답에 "Chris refused to ask~."로 부가적인 내용이 나오는 (b)가 가장 적절하다. (a)와 (c)에서 "honeymoon, swimsuit"과 같이 대화의 내용과 관련이 있는 어휘들의 언급에 속아 넘어가지 않도록 하자.

| 필수표현 정리 |

except prep. ~이외는, ~을 제외하고는   get lost v. 길을 잃다   apparently adv. 분명히, 명백히

19 난이도 ★★☆

Script

M: Do you know of any musicians who would play for my fundraiser party?

W: I do know someone actually.
I never heard him play, but I think he's good.

M: That sounds questionable. Why do you think he's a good musician?

W: _______________________

  (a) He is a poorly educated musician with no money.

  (b) Well, he always has a lot of gigs, and besides I'm sure he will do it for free.

  (c) He never shows up on time for anything and nobody likes him.

  (d) How do you know he is good if he never played anywhere before?

우리말 해석

M: 이번 내 기금모금 행사에 연주해줄 음악가 아는 사람 있어?

W: 한 사람 알기는 해. 그 사람이 연주 하는 것을 들어본 적은 없지만, 아마 잘 할 거야.

M: 왠지 미심쩍은데. 왜 그 사람이 훌륭한 음악가라고 생각하는 거야?

W: _______________________

  (a) 돈도 없는 데다 정식 교육도 거의 못 받았거든.

  (b) 음, 항상 연주공연을 많이 하거든. 게다가 난 그가 돈을 안 받고 연주해 줄 거라고 확신해.

  (c) 무슨 일에도 제 시간에 나타나는 법이 없어서, 사람들이 다 싫어해.

  (d) 전에 어디서도 연주한 적이 없다면 그가 연주를 잘 할거라는 걸 어떻게 알아?

정답 **(b)**

 남자의 말이 'Why~?'로 시작하는 의문사 의문문으로 끝났으므로, 여기에 적절한 이유가 나오는 응답이 와야 한다. 따라서 "a lot of gigs~"라는 적합한 이유를 말하고 있는 (b)가 가장 적절하다. (a)와 (c)는 부정적인 내용을 말하고 있으므로 "good musician"에 어울리는 대답이 될 수 없다.

| 필수표현 정리 |

fundraiser n. 모금 행사　　questionable a. 미심쩍은　　gig n. 공연, 연주　　show up v. 나타나다

---

20 난이도 ★★☆

Script

M: Your work is so great! Did you sell the flower piece yet?

W: No, I'm actually keeping that one for myself.

M: Oh! That's too bad. I really love that one.

W: _______________________

  (a) I think art is too rare to allow for confiscation.

  (b) I wish you would sell it to me. I would pay top dollar for it.

  (c) My mom wants me to go to art school.

  (d) Me too, and it has a lot of sentimental value for me, so I couldn't bear to sell it.

우리말 해석

M: 당신의 작품은 참 훌륭해요. 그 꽃 그림은 벌써 팔았나요?

W: 아니요, 사실 제가 간직 하려고요.

M: 아, 그것 참 아쉽군요. 정말 마음에 드는데.

W: _______________________

  (a) 예술 작품은 드물어서 압수하기엔 적절치 않아요.

  (b) 나한테 팔았으면 좋겠는데. 최고가로 지불해 드릴게요.

  (c) 엄마는 제가 미대에 가기를 원하세요.

  (d) 저도 그래요, 그건 저에게 감상적 가치가 크기 때문에, 판다는 건 생각할 수도 없어요.

정답 **(d)**

 남자의 말이 감정을 나타내는 평서문으로 끝났기 때문에, 여기에 어울리는 '동의' 하는 표현이 오는 것이 가장 적절하다. (a)와 (b)는 대화의 내용과 관련 있는 어휘들이 언급되었으나, 흐름과는 어울리지 않다. 대화에서 남자는 "the flower piece"를 사는 것을 원하고 있고, 여자는 "I am actually keeping that one~"이라고 말하였으므로, 여자는 그 작품을 팔고 싶은 의사가 없다는 것을 알 수 있다. 그러므로 "so I couldn't bear to sell it"이라고 응답한 (d)가 가장 적절하다.

| 필수표현 정리 |

flower piece n. 꽃 그림, 꽃 장식　　allow for v. 고려하다, 참작하다　　confiscation n. 압수, 몰수　　top dollar n. 최고가

21 난이도 ★★☆

Script

W: I can't get a hold of Hannah. She's not answering her phone.

M: Yeah, she didn't answer my text either. Do you think she's ok?

W: Do you think she is sleeping or turned it off?

M: ___________________________________

  (a) I met Hannah at Sherry's Christmas party last year.

  (b) She is so fun I hate to go ahead without her.

  (c) She said she was going shopping with her boyfriend. Maybe she forgot her phone at home.

  (d) She is anxious to get back home to Canada so she can go to school.

우리말 해석

W: Hannah랑 연락이 안되네. 전화를 안 받아.

M: 그러게, 내 문자에도 답장이 없네. 별일이 있는 건 아니겠지?

W: 혹시 자고 있거나 전화를 꺼 놓은 것이 아닐까?

M: ___________________________________

  (a) 난 작년 Sherry의 크리스마스 파티에서 Hannah를 만났어.

  (b) 그녀는 너무 재미있잖아. 그래서 난 그녀 없이 하기 싫은데.

  (c) 남자 친구랑 쇼핑 간다고 했는데, 어쩌면 집에다 전화를 두고 갔을지도 모르지.

  (d) 학교 다니려고 캐나다 집으로 돌아가고 싶어해.

정답 (c)

 대화의 내용은 연락이 안 되는 친구에 대한 걱정에 대한 대화이다. "Do you think~?"를 사용하여 Hannah가 자거나 전화를 꺼놓은 것이 아니냐고 묻고 있으므로 전화를 안 받는 이유를 말하고 있는 (c)가 가장 적절하다. (b)는 전화를 안 받는 것에 대한 걱정이 끝나고 난 후에 이어지는 내용으로 가능하기 때문에 정답으로 적절하지 않다.

| 필수표현 정리 |

get a hold of ~와 연락이 되다   text n. (이동전화의) 문자 메시지   turn off (기계 등을) v. 끄다
go ahead v. (일, 행사 등을) 진행하다, 나아가다, 계속하다   be anxious to 몹시 ~하고 싶어하다

22 난이도 ★★☆

Script

M: I wish that John would step up his work. He can be so lazy sometimes.

W: Isn't his mom in the hospital again? Maybe that is hindering his work.

M: Really? I didn't know! He should have told me.

W: ___________________________________

  (a) I was in the hospital once too.

  (b) The hospital is for the invalid.

  (c) I think he's really feeling down and it is hard to talk about.

  (d) His mom is going to Virginia for the weekend, so leave him alone.

우리말해석

M: 나는 John이 일을 좀 더 잘했으면 좋겠어요. 때때로 그는 너무 게을러져요.

W: John의 어머니가 병원에 또 입원하시지 않았나요? 아마도 그것 때문에 일에 집중을 못할 거에요.

M: 진짜요? 전 몰랐지요. 그런 일 있었으면 John이 이야기를 했어야 하는데.

W: ___________________________________

  (a) 저도 역시 병원에 입원한 적이 있어요.

  (b) 병원은 환자들을 위한 곳입니다.

  (c) 그는 너무 심란해서 그것에 대해 말하기 힘들어 해요.

  (d) 그의 어머니는 주말에 Virginia로 가시니깐 그를 혼자 좀 두세요.

정답 (c)

 먼저 평서문으로 끝나는 유형의 대부분이 화자의 감정 전달을 나타내는 것이라는 것을 기억하자. 주어진 문제 역시 "should have P.P" 형태로 그 다음에 올 수 있는 말은 '위로'나 '충고' 혹은 '공감' 해 주는 말이 와야 적절하다. 따라서 (c)가 정답이다. 보기 (a)와 (b)는 모두 "hospital"이라는 어휘를 사용하여 혼동을 주는 오답이다.

| 필수표현 정리 |

step up v. 촉진하다, 더 빠르게 하다   hinder v. 방해하다   should have p.p. ~ 했어야 했다

23 난이도 ★★☆

Script

W: Who wants to go to the beach this weekend?

M: I would love to go, but isn't it still too cold? Have you checked the forecast?

W: It feels warm enough to me! I didn't think to check the weather.

M: ___________________________________

   (a) My plan to go abroad is never going to work out.

   (b) Of course you didn't. You were never good at planning.

   (c) Do you have to have a Visa to get to the beach?

   (d) The weather at my house is warm and sunny.

우리말해석

W: 이번 주말에 바닷가 가고 싶은 사람 없어?

M: 가고 싶은데 아직 너무 춥지 않을까? 일기예보 확인해 봤어?

W: 난 이 정도면 괜찮은데. 날씨 확인해 볼 생각은 못 했거든.

M: ___________________________________

   (a) 내가 외국 나갈 계획은 결코 실현되지 않을 거야.

   (b) 당연히 안 해봤겠지. 너 원래 계획 잘 안 세우잖아.

   (c) 바닷가 가는데 비자가 있어야 해?

   (d) 우리 집 날씨는 맑고 따뜻해.

정답 **(b)**

 대화의 흐름을 통해서 빈칸에 들어갈 적절한 말을 골라야 한다. 여자의 '날씨 확인을 하지 않고 느낌으로만 괜찮을 것이다' 라는 말에 대해 '원래 계획을 안 세워서, 날씨 확인도 안 해 본 것' 이라고 질책하는 남자의 대답이 가장 자연스럽기 때문에 정답은 (b)이다.

| 필수표현 정리 |

forecast n. 일기예보   visa n. 입국사증, 비자

24 난이도 ★★☆

Script

M: Lucy, what are you still doing here? Don't you have plans tonight?

W: I do, but I have so much work that I have to finish first.

M: Why can't you finish it tomorrow morning before you leave?

W: ___________________________________

   (a) I want to start my vacation off with a clean slate.

   (b) I don't have a lot of work to finish.

   (c) Basically, my work is not important to me.

   (d) Tomorrow is another day.

우리말해석

M: Lucy, 아직까지 여기서 뭐하고 있는 거에요? 오늘 밤에 약속 있지 않나요?

W: 맞아요, 근데 먼저 끝내야 하는 일들이 너무 많아서요.

M: 내일 떠나기 전에 아침에 끝내면 되지 않나요?

W: ___________________________________.

   (a) 밀린 일 없이 깔끔하게 휴가를 시작하고 싶거든요.

   (b) 끝내야 할 일들이 별로 없어요.

   (c) 기본적으로 저에게 일은 그다지 중요하지 않아요.

   (d) 내일은 내일의 태양이 떠오른다.

정답 **(a)**

 빈칸에 들어갈 말은 '밤에 약속이 있는데도 일을 내일로 미루지 않는 이유'를 묻고 있는 남자의 질문에 알맞은 말이어야 한다. 따라서 '밀린 일이 없이 깔끔하게 휴가를 시작하고 싶다.' 는 (a)가 가장 적절하다. (b)는 남자의 질문에 이어서 "~a lot of work to finish"라고 하여 혼동을 주는 오답이다.

| 필수표현 정리 |

have plans 계획이 있다, 약속이 있다   clean slate 백지, 깨끗한 경력, 깔끔한 상태

25 난이도 ★☆☆

Script

W: Are we going to eat soon? I'm so hungry!
M: How are you hungry again? We just ate a big breakfast.
W: I'm sorry if I have a fast metabolism! I'm hungry. Let's eat.
M: _______________________________

   (a) I'm going to the store to get something.
   (b) We just ate dinner one hour ago.
   (c) I can't even think about food right now.
   (d) Breakfast and lunch are not my favorite meals.

우리말 해석

W: 금방 밥 먹을 거야? 나 너무 배고파!
M: 어떻게 또 배고프니? 방금 아침을 거하게 먹었잖아.
W: 내가 소화가 너무 빨리 되는 것이라면 미안하긴 한데, 나 배고파. 밥 먹자.
M: _______________________________

   (a) 상점 가서 뭐 좀 사오려고.
   (b) 우리 한 시간 전에 저녁 먹었잖아.
   (c) 나는 지금 음식 생각도 하기 싫어.
   (d) 난 아침하고 점심식사를 별로 안 좋아해.

정답 **(a)**

 **만점 해설** 대화의 전체적인 문맥을 통해서 빈칸에 들어갈 적절한 말을 찾아야 한다. 여자는 방금 아침을 거하게 먹었는데도 또 배고프다고 하고, 이에 남자는 배가 고프지 않다고 한다. 따라서 여자의 말에 동의하지 않는 내용의 (c)가 가장 적절하다. (a)가 답이 되기 위해서는 남자가 태도를 바꿔서, 'Okay, I'm going to the store to get something. What do you want?' (좋아, 내가 상점 가서 뭐 좀 사올게. 뭐 먹을래?)와 같은 내용에 이어지는 상황일 때 답이 될 수 있다.

| 필수표현 정리 |

metabolism n. 신진대사

26 난이도 ★★☆

Script

M: I'm finished with that editing you needed.
W: Thanks so much. Were there a lot of mistakes?
M: No, not really, but I can explain some of the corrections to you.
W: _______________________________

   (a) All you need to do is to take your card and punch in the numbers.
   (b) I need an hour so I can go eat lunch and run some errands.
   (c) Then, you can make a call there.
   (d) Ok, just give me a minute to finish up here so I can give you my full attention.

우리말해석

M: 네가 부탁한 편집 끝냈어.
W: 정말 고마워. 실수가 많이 있었어?
M: 아니, 그다지 많지 않아. 근데 몇 가지 수정사항들은 설명해 줄 수 있어.
W: _______________________________

   (a) 네가 해야 할 일은 카드를 들고 숫자를 입력하는 거야.
   (b) 가서 점심 먹고 심부름 다녀오려면 한 시간 정도 필요해.
   (c) 그럼 거기에 전화해.
   (d) 그래 좋아. 그럼 이거 끝낼 시간 조금만 더 줘. 그럼 너 말에 집중할 수 있을 것 같아.

정답 **(d)**

 **만점 해설** 주어진 대화에서 여자의 editing 부탁에 남자는 약간의 수정사항(correction)을 알려줄 수 있다고 하는 상황이다. 따라서 남자의 설명(explain)에 '좋다' 라는 긍정과 함께 "~I can give you my full attention." (너의 말에 집중 하겠다)이라는 응답이 가장 자연스럽기 때문에 정답은 (d)이다.

| 필수표현 정리 |

punch in v. 숫자를 입력하다   correction n. 수정   run errands v. 심부름가다   give attention v. 관심을 기울이다

Script

M: Do you know if I can use my Korean cell phone when I travel to the Philippines next month?

W: I'm not positive, but I know Kate used text on her phone when she was in Thailand.

M: Interesting, she could only use text messaging? Do you know if she called anyone?

W: ___________________________________

(a) I don't know. You could just ask Kate, she is meeting us soon.

(b) She is such a silly girl. She left the table without explaining why.

(c) I am bitter towards my boss for not giving me correct instructions.

(d) I called you yesterday. Where is the opening of the new art museum?

우리말해석

M: 다음 달에 필리핀에 여행가게 되면, 한국 핸드폰을 거기서도 쓸 수 있는지 알아?

W: 확실하진 않은데, Kate가 태국에 있었을 때, 문자 보내기는 사용할 수 있었던 것은 알아.

M: 흥미롭네, 그냥 문자 메시지만 썼었어? 혹시 다른 사람에게 전화한 건 모르니?

W: ___________________________________

(a) 잘 몰라. 곧 Kate를 만날 거니까 그때 네가 물어봐.

(b) 그녀는 참 어리석구나. 그녀는 이유도 설명하지 않고 식사 하는 자리를 떠났어.

(c) 정확한 지침을 주지 않아서, 난 우리 상사에 대해 감정이 좋지 않아.

(d) 어제 전화했었어. 새롭게 개방하는 미술관이 어디야?

정답 (a)

필리핀에서 한국 핸드폰을 쓸 수 있는지에 대해서 남자가 묻고 있는 상황이다. 남자의 질문이 "Do you~?"로 묻는 일반 의문문이 므로 그것에 대하여 "Yes" 또는 "No"가 먼저 오는 것이 자연스럽다. 주어진 보기 중에서는 "I don't know."라고 답하면서 직접 물어보라고 하는 (a)가 질문에 가장 자연스러운 응답이다.

| 필수표현 정리 |

silly a. 어리석은   bitter a. 증오에 찬, 감정이 좋지 않은   instruction n. 지시, 안내

Script

M: Have you ever been here before? The food is great, right?

W: It's ok. I usually go to this other place down the way, but for some reason they are always closed on Sundays.

M: Oh yeah! I like that place too. I wonder why they close on Sundays.

W: ___________________________________

(a) Saturdays are my favorite day of the week to eat out.

(b) Eating out is so expensive these days. So I do not enjoy it.

(c) They must go to church on Sundays.

(d) Sundays tend to have so much traffic.

우리말해석

M: 여기 와 본적 있어? 음식이 정말 맛있지?

W: 응. 괜찮아. 나 여기 종종 오는데, 어떤 이유에서 인지 매주 일요일엔 문을 닫아.

M: 그렇구나. 나도 그 식당 좋아해. 왜 일요일마다 문을 닫는지 나도 궁금해.

W: ___________________________________

(a) 토요일에 외식 하는걸 난 가장 좋아해.

(b) 요즘 외식하는 건 너무 비싸. 그래서 즐겁게 외식할 수가 없어.

(c) 분명히 교회에 가기 때문일거야.

(d) 일요일은 교통 체증이 심한 경향이 있어.

정답 (c)

대화에서 남자는 '왜 일요일에 음식점이 문을 닫는지 궁금해(wonder)'하고 있고, 여기에 적절한 여자의 응답을 고르는 문제이다. 따라서 '일요일에는 교회를 가기 때문에 문을 닫을 거야' 라는 답변이 가장 자연스럽다. (d)에서는 "Sundays"를 반복하여 언급하 였지만 남자의 말과는 어울리지 않다.

| 필수표현 정리 |

eat out v. 외식하다   expensive a. 비싼

29 난이도 ★☆☆

Script

W: I'm so paranoid about screwing up my final grades.

M: Is that why you haven't been out all semester? Everyone really misses seeing you, workaholic!

W: I know, but I can't gamble with my grades, it is my last semester you know.

M: ________________________________

   (a) The last semester of college is so fun and easy for everyone.

   (b) And you are trying to get into that prestigious graduate program, right?

   (c) College is not a good idea for anyone. There is no benefit.

   (d) Your dad called to say he is running late for the game.

우리말 해석

W: 기말 성적을 망칠까 봐 너무 강박증에 시달리고 있어.

M: 그래서 학기 내내 안보였던 거야?
모두가 널 보고 싶어 했어, 일 벌레야!

W: 나도 알아. 그렇지만 성적을 가지고 모험을 할 순 없잖아. 지금이 마지막 학기야.

M: ________________________________

   (a) 대학 마지막 학기는 모두에게 너무 재미있고 쉬웠어.

   (b) 일류 대학원 프로그램에 들어가려고 하는 거지?

   (c) 대학가는 건 좋은 생각이 아니야. 아무런 이익을 가져다 주지 않아.

   (d) 그가 게임에 늦을 거라고 너의 아버지가 전화했어.

정답 (b)

 대화의 내용을 통해서 이어지는 남자의 응답을 골라야 하는 문제이다. 여자는 마지막 학기 시험을 망칠까 봐 강박증에 시달린다고 말하고 있다. 빈칸에 들어갈 남자의 응답에 적절한 말을 찾기 위한 단서가 되는 여자의 두 번째 말에서 '지금이 마지막 학기'라고 말하고 있다. 따라서 대학원에 들어가기 위해 좋은 학점을 따려고 그 동안 보이지 않았다는 내용이 대화의 흐름상 자연스럽다. 그러므로 여기에 가장 어울리는 응답은 (b)이다.

| 필수표현 정리 |

paranoid n. 강박증　　semester n. 학기　　screw up v. 망치다　　graduate school 대학원　　benefit n. 이익
prestigious a. 유명한, 명성이 나있는

30 난이도 ★☆☆

Script

M: What's up with the décor here? It is absolutely frightening!

W: And what about the music? Nothing about their stab at good ambiance works together at all.

M: You're telling me! I would love to recommend a good decorator to the owner.

W: ________________________________

   (a) This restaurant has such a great atmosphere.

   (b) A renovation of this place would bring in so much more business.

   (c) That coffee shop makes good chai lattes.

   (d) Are you going to go to bed now, already?

우리말해석

M: 여기 실내 양식이 왜이래? 정말 무섭구나.

W: 음악은 또 어떻고? 잘 꾸미려고 정말 노력했지만 제대로 안된 것 같아.

M: 네 말이 맞아. 훌륭한 실내 장식하는 사람을 주인에게 추천해 줘야 할 거 같아.

W: ________________________________.

   (a) 이 레스토랑은 정말 분위기가 좋아.

   (b) 이곳을 개조한다면 많은 사업적인 기회를 가져다 줄 거야.

   (c) 그 커피숍은 차이라떼를 맛있게 만들어.

   (d) 벌써 잠자리에 든 거야?

정답 (b)

대화에서 남자와 여자는 레스토랑의 분위기와 실내장식이 어울리지 않다고 이야기하고 있다. '실내 장식하는 사람을 소개시켜줘야 겠다'는 남자의 말에 동의하는 응답이 오는 것이 자연스럽다. 따라서 간접적으로 남자의 말에 동의하면서 '개조한다면 사업이 더욱 번창하게 될 것'이라고 말하는 (b)가 적절하다.

| 필수표현 정리 |

ambiance n. 분위기   one's stab at ~을 위한 노력   You're telling me. 네 말이 맞아.   renovation n. 쇄신, 개조

31 난이도 ★☆☆

Script

W: I need to exchange these shoes.

M: What's the problem?

W: They are both left feet.

M: Oh no, how did we manage that?

W: I guess they just got mixed up.
But the lady who checked me out didn't notice either.

M: Well, I hope we can find the other shoe. Otherwise I will just have to reimburse you.

Q. What is the woman doing in the conversation?

(a) Buying new shoes

(b) Returning her shoes

(c) **Exchanging her new shoes**

(d) Exchanging hair products

우리말해석

W: 이 신발들을 교환해야겠는데요.

M: 무엇이 문제시죠?

W: 둘 다 왼쪽 발이에요.

M: 그럴 수가. 우리가 어떻게 한 거지?

W: 제 생각엔 섞인 것 같네요. 그렇지만 계산대 직원도 몰랐더군요.

M: 다른 신발을 찾을 수 있을 거에요.
만약에 그렇게 안되면, 변상해 드리겠습니다.

| 질문 | 위 대화 중 여자가 하고 있는 일은?

(a) 새 신발 사기

(b) 신발 반납

(c) **새 신발로 교환하기**

(d) 헤어 용품 교환하기

정답 (c)

대화에서 여자가 하고 있는 것을 묻는 문제이다. 여자가 "I need to exchange these shoes"라고 첫 부분에서 말하였고, 뒤이어서 신발을 교환하게 된 상황에 대하여 세부적으로 언급하고 있으므로 정답은 (c)이다. 여자가 신발을 환불하려고 하는 것이 아니라 다른 한 쪽을 교환하기를 원하고 있으므로 (b)는 정답이 아니다.

| 필수표현 정리 |

manage v. 일을 처리하다   check out v. 계산하다   mix up v. 섞다   reimburse v. 변상하다

32 난이도 ★☆☆

Script

M: Laura, how was your trip to the beach?

W: It was fun, except everyone had bad experiences with the hotel.

M: Oh no! That's never fun to deal with on vacation!

W: You're telling me! The rooms were over booked and looked nothing like the pictures online!

M: I told you not to trust that hotel, the accommodations catalogue said it wasn't as high quality as the website suggested.

W: I know! I totally should have listened to your advice. Live and learn!

Q. What are the friends' discussing?

(a) Adventures abroad

(b) Laura's hotel experience

(c) Laura's beach trip

(d) The hotel's rooms

우리말해석

M: Laura, 해변에 놀러 갔던 거 어땠어?

W: 재미있었어, 호텔이 실망스러웠던 것만 빼고는 말이야.

M: 이런! 놀러 가서 그런 일이 일어나면 정말 싫은데!

W: 나도 그렇게 생각해! 겹치기 예약을 받은데다가 온라인에 있는 사진이랑 완전히 달랐어.

M: 내가 그 호텔 믿지 말라고 했잖아. 숙박책자에 보니까 웹사이트에서 말한 것만큼 질적으로 좋지 않다고 하더라고.

W: 응. 난 정말 네 충고를 들었어야 했어. 경험을 통해 배운 거지.

| 질문 | 친구들이 이야기 하고 있는 것은 무엇입니까?

(a) 해외 여행기

(b) Laura의 호텔 경험

(c) Laura의 해변여행

(d) 호텔의 객실

정답 (b)

 대화의 주제를 묻는 문제이다. 남자의 첫 번째 말에서 "how was ~?" 라고 해변에 놀러 갔던 경험이 어땠는지를 묻고 있으므로, 여자의 답변이 그것에 관련한 것임을 추측하며 들어야 한다. 그 다음의 여자의 말에서 "~except everyone had bad experiences with the hotel"라는 부분에서 정답을 찾을 수 있다. 호텔의 방의 상태뿐만 아니라 "overbooked"에 관한 언급이 있지만 (d)는 오답이다.

| 필수표현 정리 |

overbook v. 예약을 너무 많이 받다   accommodation n. 숙박

33 난이도 ★★☆

Script

M: I don't know what to get. Everything looks so good!

W: Have you tried their Belgian Waffles? Those are great, so is the French Toast.
Or you could get the combination plate.

M: You could be a waitress here!
You know the menu so well.

W: Really? It is my favorite place to eat. I love their traditional style breakfast, and I used to be a waitress so I'm good at recommendations.

M: I'm excited about it because I've never actually dinned in before. I've only gotten breakfast to-go before.

W: You are in for a treat newbie! We should just get the combination plate so you can try everything.
It is plenty enough for two.

우리말 해석

M: 무엇을 먹어야 할 지 모르겠어. 모든 게 맛있어 보여!

W: 여기서 벨기에 와플 먹어봤어? 정말 맛있어. 프렌치 토스트같아. 아니면 컴비네이션을 먹어도 괜찮아.

M: 너 여기서 웨이트리스 해도 되겠다!
메뉴를 정말 잘 아네.

W: 정말? 여기 내가 좋아하는 곳이거든. 여기 정통 아침식사 좋아해. 그리고 여기서 웨이트리스로 일한적이 있어서 추천을 잘하는 거야.

M: 예전에 들어와서 먹어본 적이 없어서 정말 기대된다. 아침을 테이크 아웃으로 먹어본 적만 있거든.

W: 넌 여기가 처음이니까 내가 살게. 네가 다 먹어볼 수 있도록 컴비네이션을 시키자. 두 명이 먹기에 충분한 양이야.

Q. What are the speakers talking about?

  (a) Dining at a Belgian restaurant

  (b) Ordering food to go

  (c) Lunch at a burger joint

  (d) What to order at a restaurant

| 질문 | 두 사람의 대화 내용은 무엇입니까?

  (a) 벨기에 레스토랑에서 식사하기

  (b) 테이크 아웃을 위한 음식 주문하기

  (c) 햄버거 가게에서 음식 먹기

  (d) 음식점에서 음식 주문하기

정답 (d)

 대화에서 무엇에 대한 이야기를 하고 있는지 묻는 문제이다. 여자의 첫 번째 말, "Have you tried their Belgian Waffles?" 에서 대화가 일어나는 장소가 어디인지 쉽게 알 수 있다. 뒤 이어 여자가 이 곳에서 '와플'을 먹어본 적이 있고, 웨이트리스로 일한 적이 있어서 자연스럽게 메뉴를 추천하는 내용으로 이어지고 있다. 따라서 식당에서 음식을 주문하면서 나누는 대화임을 알 수 있으므로 정답은 (d)이다.

| 필수표현 정리 |

음식 + to go (음식을) 가지고 나가다　　dine in 음식점 안에서 먹다　　newbie n. 신출내기, 초보자

34 난이도 ★★☆

Script

M: Did you see the new X-Men movie?
   I heard it came out last week.

W: No, but I can't wait to see it. I read some reviews online. It is supposed to be the best so far!

M: Mark said he saw it on opening night, and he sounded disappointed.

W: Mark is always too critical. I wouldn't go on his opinion; he doesn't really like the genre.

M: Well, we should go see it soon. I want to see it in the movie theater before it leaves. The theater is so much better for action movies.

W: I agree, this kind of film does not translate to small screen. If you're free, let's go tonight.

Q. What is the main topic of the conversation?

  (a) Action movies

  (b) Romantic movies

  (c) The new X-Men movie

  (d) The movie theater

우리말해석

M: 새로 나온 X-men 영화 봤어? 지난 주에 개봉했다던데.

W: 아직, 근데 정말 보고 싶어. 온라인에서 리뷰를 읽었어. 여태까지 중에 최고라고 하던데.

M: Mark가 개봉하던 날 봤다는데, 좀 실망한 것 같더라.

W: Mark는 항상 너무 비판적이야. 신경 쓰지 않을래. 원래 그런 장르 안 좋아하잖아.

M: 우리도 어서 보러 가자. 영화가 끝나기 전에 영화관에서 보고 싶어. 액션영화는 영화관에서 보는 게 훨씬 좋거든.

W: 맞아. 그런 종류의 영화는 작은 화면에서 못 보지. 시간 괜찮으면 오늘밤에 보러 가자.

| 질문 | 대화의 주요 주제는 무엇입니까?

  (a) 액션영화

  (b) 로맨스영화

  (c) 새로 나온 X-men영화

  (d) 영화관

정답 (c)

 내화의 주세를 묻는 문제이다. 님자의 첫 빈째 말, "Did you see the new X-Men movie?"에서 뒤이어 나오는 내용을 추측할 수 있다. 마지막에서 남자가 여자에게 "Well, we should go see it soon." 라고 하자, 여자가 동의하고 있다. 따라서 가장 적절한 것은 (c)이다.

| 필수표현 정리 |

come about v. 개봉하다　　critical a. 비판적인　　translate v. 변하다, 바뀌다

35　난이도 ★★★

Script

M: Hey, I haven't seen you in a while.
　　Where have you been?
W: I know, I have been totally off the radar. I've been
　　busy trying to find a new job.
　　My current job is not working out.
M: That must be stressful, I'm sorry, but I might be
　　able to help you actually.
W: Really! That would be so amazing!
　　I am desperate to find something soon.
　　So, you can hook me up?
M: You're in advertising like me right?
　　My old boss is begging me to come back to work
　　for his company. His business is doing really good,
　　but I can't get out of my current contract.
W: Wow! That would be perfect! Thank you so much!
　　How should I go about applying?

Q. What is the woman's primary concern?

　(a) Looking for a new job
　(b) Contacts for a business venture
　(c) Applying for a new job
　(d) Finding an advertising company

우리말 해석

M: 오랜만이다. 어디서 지냈어?
W: 응, 연락을 안하고 지냈지.
　　새로운 직업을 찾느라고 바빴어. 지금 일은 하고 있지 않거든.
M: 스트레스를 많이 받겠구나. 사실 내가 너를 도와줄 수 있을 것
　　같은데.
W: 정말! 그러면 정말 좋겠다. 난 정말로 절박하게 무엇인가를
　　찾아야 해. 그럼, 나에게 연결해 줄 수 있겠어?
M: 나처럼 광고 쪽에서 일하는 거지? 내 예전 상사가 다시 일하
　　러 와달라고 간청하고 있거든. 그 회사는 정말 잘되는데,
　　난 지금 일하는 곳에서 빠질 수가 없어.
W: 와우! 정말 완벽해! 진짜 고마워! 내가 어떻게 지원해야 하는
　　거야?

|질문| 여자의 가장 큰 걱정은 무엇입니까?

　(a) 새로운 직업을 찾기
　(b) 벤처사업을 위한 연락
　(c) 새로운 직업에 지원하기
　(d) 광고회사를 찾기

정답 (a)

만점 해설 대화를 듣고 여자의 근황을 파악해야 답할 수 있는 문제이다. 대화의 초반에서 '그 동안 어떻게 지냈느냐'는 남자의 말에 "I've been busy trying to find a new job."이라고 여자가 말하고 있다. 대화의 후반에서 남자가 자신의 예전 상사의 일자리 제안을 여자에게 소개하는 내용으로 이어지고 있으므로 여자의 걱정거리는 (a)새로운 직업을 찾기 가 가장 적절하다.

| 필수표현 정리 |

off the radar 레이더망에서 벗어난　　desperate a. 필사적인　　work out v. 일하다　　hook someone up 연결하다. 소개하다
go about v. 착수하다

36　난이도 ★★☆

Script

M: What are you thinking today?
W: I want something new and different actually. I'm so
　　tired of the same old thing.
M: How about highlights for the summer? And
　　something shorter, maybe some bangs?
W: Bangs? I'm not sure about that, but the highlights
　　and shorter do sound good.
M: Summer is coming up, and it's supposed to be a
　　hot one! I have the perfect idea for a style that
　　would look so cute on you!
W: Ok! I trust you! I'm kind of scarred about going
　　short, but I do need a change in my life. Let's do it!

우리말 해석

M: 오늘은 어떻게 해드릴까요?
W: 사실 새롭고 다른 스타일을 원해요.
　　예전 스타일은 너무 지겨워서요.
M: 여름인데 부분적으로 탈색하는 것은 어떨까요? 좀 더 짧게 앞
　　머리는 단발식으로 자르는 건 어때요?
W: 단발 앞머리요? 그건 좀 그렇고, 부분탈색하고 약간 짧게 가
　　는 것은 좋아 보이네요.
M: 이제 곧 여름인데, 이번 여름은 무척이나 더울 거예요. 고객님
　　께서 하시면 너무 귀여울 여름 스타일이 생각났어요.
W: 좋아요! 믿어볼게요. 짧게 자르는 것이 조금 두렵긴 하지만 난
　　변화가 필요해요. 그렇게 하죠.

Q. What are the speakers doing in the conversation?

(a) Going on a summer vacation together.
(b) Getting to know each other.
(c) Talking about celebrity hairstyles.
(d) Discussing how to style the customer's hair.

| 질문 | 대화의 화자들은 무엇을 하는 중인가?

(a) 여름 휴가를 같이 가고 있는 중이다.
(b) 서로를 알아가고 있는 중이다.
(c) 유명 인사의 헤어 스타일에 대한 이야기 중이다.
(d) 고객의 헤어 스타일을 어떻게 할 것인지에 대해 이야기하는 중이다.

정답 (d)

대화에서 두 사람이 무엇을 하고 있는지 묻고 있는 문제이다. 대화의 내용을 보면 여자는 무엇인가 새로운 것을 원하고 있다고 하고, 남성은 부분탈색(highlights), 좀 더 짧게(shorter), 단발 앞머리(bangs) 등과 고객을 위한 스타일을 추천하고 있다. 따라서 헤어 스타일에 대하여 이야기하고 있는 중이라는 (d)가 주어진 대화와 가장 잘 어울린다.

| 필수표현 정리 |
be tired of ∼이 지겹다   come up v. 다가오다

37 난이도 ★★☆

Script

W: Gary, I heard that your brother got fired from his job. Is everything ok? What happened?

M: Actually, it's pretty embarrassing for him and the whole family. Remember when Tom broke his ankle last year skiing?

W: He had to have multiple surgeries, and the bills set him back so much. I remember how stressed out he was getting. I haven't heard from him in a while now.

M: That's because he developed a drug abuse problem. He got addicted to his prescription pain pills.

W: Oh man, I heard that happens sometimes. And his job couldn't give him anymore extra time off?

M: Exactly, Tom had so much leave time for the operation that they could not afford it. They just recommended he get some help.

Q. What is Tom's problem?

(a) He broke his foot and ankle.
(b) He told his boss he quit.
(c) He is a drug addict and lost his job.
(d) He lost his job because he broke his ankle.

우리말 해석

W: Gary, 동생이 해고 당했다고 들었어. 괜찮은 거지? 어떻게 된 거야?

M: 사실 그 사람이나 가족에겐 좀 부끄러운 일이지. 작년에 스키 타러 가서 Tom이 발목 꺾어진 것 기억해?

W: 몇 번 수술 받고 비용도 엄청났잖아. 그가 굉장히 힘들어 했던 것이 기억난다. 요즘에는 그에게 연락 받지 못했어.

M: 그는 아마도 약물 문제가 있어서 그럴 거야. 진통제에 중독되었거든.

W: 진짜? 그런 일들이 종종 있다며. 직장에서 더 이상 휴가를 줄 수가 없었다는 거야?

M: 그런 것 같아. 수술 받느라 병가를 너무 오래 받아서 회사에서도 어쩔 수 없데. 회사에선 그에게 치료를 좀 받으라고만 했다는군.

| 질문 | Tom의 문제는 무엇인가?

(a) 그는 발과 발목이 부러졌다.
(b) 그는 상사에게 그만둔다고 이야기했다.
(c) 그는 약에 중독되었고 직장을 잃었다.
(d) 그는 발목이 부러졌기 때문에 직장을 잃었다.

정답 (c)

세부 사항을 묻는 문제는 항상 질문에서 언급되는 사람의 이름에 주의해서 들어야 한다. 첫 번째 문장에서 남자를 Gary로 부르기 때문에, Tom은 남지 회지기 이니리는 것을 알 수 있다. Gary의 동생에게 회사는 더 이상 휴가를 줄 수 없다고 하고, 첫 문장에서도 해고당했다는 내용과 대화의 후반부의 남자의 말에서 약에 중독되었다(He got addicted to his prescription pain pills.)는 내용이 이어진다. 따라서 가장 적절한 정답은 (c)이다.

| 필수표현 정리 |
get fired v. 해고당하다   embarrassing a. 창피한   ankle n. 발목   surgery n. 수술(operation)   addicted to ∼에 중독된
prescription n. 처방(전)

38 난이도 ★★☆

Script

M: I have some suggestions for attracting customers to our travel agency.

W: This is just what I was hoping for, someone with initiative. What ideas do you have to bring to the table? We are all ears.

M: Well, it is a three-part plan. First, spring time is here, with summer vacation on the way. I say we have a BBQ at the park.

W: We could invite the neighborhood as well as current customers.

M: That leads me to the second part; our current valued customers will be given VIP treatment, creating a hierarchy of individuals, therefore attracting other customers.

W: So I'm guessing part three is making new customers into VIPs. Great idea, Jessie! Let's get this plan into action. No room for idle people! Chop! Chop!

Q. What is Jessie doing?

(a) Proposing a marketing scheme
(b) Telling his boss he quits
(c) Creating an idea off the top of his head
(d) Reviewing a BBQ party plan

우리말 해석

M: 우리 여행사로 더 많은 고객을 끌어 모을 수 있는 방안이 있습니다.

W: 제가 정말로 바랬던 것이군요. 창의력 있는 직원이요. 무슨 아이디어인가요? 우리는 들을 준비가 되었어요.

M: 네, 3단계로 이루어진 계획입니다. 일단 현재 봄이지만, 여름 휴가기간이 다가오고 있습니다. 우리가 지금 공원에서 비비큐 파티를 하는 것입니다.

W: 현재 고객 외에도 주변 주민들도 초청할 수 있겠네요.

M: 그러면 2단계로 돌입합니다. 우리 현재 소중한 고객들을 VIP로 대접하면 개인들간에 서열이 생길 것입니다. 따라서 다른 고객들도 유치하게 됩니다.

W: 그럼 3단계는 새로운 고객들을 VIP로 만드는 것이겠네요. Jessie, 좋은 생각이네요. 바로 실행 합시다. 게으른 사람에게는 기회가 없어요. 자 서두르세요!

| 질문 | Jessie는 무엇을 하고 있는가?

(a) 마케팅 계획을 제안하고 있다.
(b) 회사를 그만두겠다고 상사에게 이야기하고 있다.
(c) 아이디어를 지금 막 만들어내고 있다.
(d) 비비큐 파티 계획을 검토 중이다.

정답 **(a)**

 대화의 마지막 여자의 말에서 남자의 이름이 Jessie인 것을 알 수 있다. Jessie는 처음 문장에서 제안(suggestions)을 하겠다고 하고 고객을 더 모을 수 있는 3단계 방안을 제시하고 있다. "idea"라는 단어 때문에 (c)가 가장 헷갈리게 하는 오답이지만, (c)에서 "off the top of one's head"는 '현장에서', '즉석에서'라는 의미이므로 임기응변으로 생각을 지어내고 있다는 뜻이므로 적절하지 않다.

| **필수표현 정리** |

initiative n. 창의력, 솔선수범   be all ears 열심히 듣다, 귀를 기울이다   hierarchy n. 위계서열   room n. 여지, 공간, 기회
chop chop 빨리빨리

39 난이도 ★★☆

Script

W: I was unable to deliver the package.

M: What happened? That was the one thing I asked you to do!

W: It wasn't my fault. The package is arriving later from the manufacturer.

M: What was the hold up? I told them we needed it today by 3pm.

W: Apparently there was a tracking code error that had to be resolved.

M: Better late than never. Make sure to inform the delegates of the delay.

우리말 해석

W: 그 소포를 배달하지 못했습니다.

M: 무슨 일 있었나요? 하라고 한 일이 그거 하나밖에 없잖아요.

W: 제 잘못은 아닙니다. 제조사로부터 소포가 늦게 도착할 것입니다.

M: 왜 늦어진 거죠? 저는 오늘 오후 3시에 그것이 필요하다고 그들에게 이야기 했거든요.

W: 분명히 배송추적번호 오류가 있었던 것 같습니다.

M: 아예 안 하는 것보다 늦게라도 하는 편이 낫죠. 대표단에게 지연된 것을 알려주세요.

Q. What is happening in the conversation?

  (a) The boss is really mad at the worker.
  (b) There is a package at the post office.
  (c) An important package is delayed in its delivery.
  (d) The boss and the worker are delivering a package.

| 질문 | 대화에서 무슨 일이 벌어지고 있는가?

  (a) 상사는 직원에게 매우 화가 나 있다.
  (b) 우체국에 소포가 하나 있다.
  (c) 중요한 소포가 배송 지연상태에 있다.
  (d) 상사와 직원은 소포를 배달 중이다.

정답 (c)

 대화의 전반적인 내용을 묻고 있는 문제이다. 여자의 두 번째 말에서 '소포가 나중에 도착한다'고 이야기한 것으로 보아 주된 내용은 이것에 관한 이야기가 이어질 것을 추측하며 들어야 한다. 이어서, 남자는 왜 지연(hold-up)되었냐고 물어보고, 대표단들에게도 그 사실을 알리라고 했으므로 '무언가 중요한 소포가 배송 지연되고 있다'는 것을 알 수 있다.

| 필수표현 정리 |

hold-up n. 지연, 정체   apparently adv. 분명히, 확실히   tracking code (소포) 배송번호   inform A of B A에게 B를 알리다
delegate n. 대표, 사절

40 난이도 ★★☆

Script

M: What is your inspiration?
W: I recently got to go to India and the people were so majestic.
M: The population of India is soon going to surpass that of China.
W: There were so many people, and their struggles were so evident, yet their will to live was so strong.
M: I can see that in your depiction of the cities and family life.
W: Thank you, my goal is to forge a kind of alliance between our people and India through my paintings.

Q. Which is correct according to the conversation?

  (a) The artist is a photographer and a musician.
  (b) The interviewer is famous for his interviews.
  (c) India has more people than China.
  (d) The artist got inspiration from her travels.

우리말 해석

M: 어디서 영감을 얻으셨나요?
W: 최근에 인도를 방문할 일이 있었는데, 인도의 많은 사람들이 있었어요.
M: 인도의 인구가 중국보다 곧 많아진다고 하지요.
W: 정말 많은 사람들이 있었어요. 삶이 힘든 것은 분명했지만, 열심히 살아가려는 의지도 아주 강했습니다.
M: 인도의 도시들과 가족 생활을 그린 선생님의 그림에서 그들의 삶의 의지가 느껴지더군요.
W: 고맙습니다. 제 그림을 통해 우리나라 사람들이 인도에 일종의 유대감을 갖게 하는 것이 제 목표입니다.

| 질문 | 대화의 내용과 일치하는 것은?

  (a) 예술가는 사진가이자 음악가이다.
  (b) 기자는 인터뷰를 잘 하는 것으로 유명하다.
  (c) 인도의 인구가 중국의 인구보다 많다.
  (d) 예술가는 여행에서 영감을 얻었다.

정답 (d)

 대화는 기자가 화가를 인터뷰하는 내용으로 이루어져 있다. 처음에 어디서 영감을 얻었냐고 남자가 묻자, 화가는 최근에 인도를 여행한 이야기를 하면서, 인도의 많은 사람들을 보고, 그들이 갖고 있는 삶의 의지에서 영감을 얻었다고 한다. 두 번째 남자의 말에서 인도의 인구가 중국보다 곧 많아진다고 하였으므로 (c)는 오답이다.

| 필수표현 정리 |

inspiration n. 영감   depiction n. 묘사, 서술   alliance n. 동맹, 연합

41　난이도 ★☆☆

Script

M: I cannot make a commitment to this project.

W: What changed? Yesterday you were totally thrilled to join the team.

M: A new business venture presented itself that I cannot pass up at the moment.

W: So that means no time to help the homeless, not now that there's money to be made?

M: Don't make me feel worse than I do.
If I don't concentrate all my efforts on my job my boss might let me go.

W: Seriously? That's ridiculous! You've been there for too long.

Q. What is correct according to the conversation?

(a) The homeless are a problem.

(b) The man is going to quit his job soon.

(c) A new business venture impedes volunteering.

(d) Helping the homeless is his priority.

우리말 해석

M: 난 이 프로젝트에 전념할 수가 없어.

W: 무슨 일 때문에 그래? 어제는 팀에 합류하게 되어 정말 감격했었잖아.

M: 새롭게 소개 받은 벤처 사업을 당장 거절할 수가 없었어.

W: 그래서 집 없는 사람들을 도울 시간이 없다는 거야? 지금 돈을 벌지도 못 할 거면서.

M: 날 더 비참하게 하지 마. 만약 내 일에 모든 노력을 쏟지 못하면 아마도 날 해고할 거야.

W: 진심으로 하는 말이야? 우습군! 넌 거기서 오랫동안 일 해왔잖아.

|질문| 대화의 내용과 일치하는 것은?

(a) 집 없는 사람들이 문제가 된다.

(b) 남자는 곧 직장을 그만 둘 것이다.

(c) 새로운 벤처사업이 자원 봉사를 방해하고 있다.

(d) 집 없는 사람들을 돕는 일이 그가 우선적으로 여기는 일이다.

정답 (c)

 대화의 내용과 일치하는 것을 묻는 문제이다. 대화에서 남자는 가난한 사람들을 도울 시간이 없다고 하였고, 그 이유는 대화의 두 번째에서 '새롭게 소개 받은 벤처 사업을 당장 거절할 수 없다'고 하는 부분에 잘 나타나 있다. 즉, 남자는 "help the homeless"에 함께 하고 싶지만, 그럴 수 없다는 이야기를 하고 있으므로 가장 적절한 것은 (c)이다.

| 필수표현 정리 |

commitment n. 헌신　　pass up v. 놓치다, 거절하다　　impede v. 방해하다　　priority n. 우선순위

42　난이도 ★☆☆

Script

W: So, here's the plan. I get in tomorrow around seven. I can either meet you at your house or downtown.

M: You will want to put your stuff at my house so you don't have to lug it everywhere we go all night.

W: Good thinking! So meet at your house. When do you get off work?

M: I finish about six o'clock. The show starts at eight so time will be tight.

W: I banked on it. I'm wearing my outfit for the show on the train.

M: Good idea. So, as soon as you get here we can grab a quick bite to eat and then head out. I am so excited to see the performance!

우리말 해석

W: 내 계획을 들어봐. 내일 일곱 시쯤 도착해서 너희 집이나 시내에서 만날 수 있을 거야.

M: 우리 집에 짐을 놔두기만 하면 되는 거야. 그러면, 밤새 어디를 가든지 힘들게 끌고 다닐 필요가 없잖아.

W: 좋은 생각이야! 그럼 너희 집에서 만나자. 언제 일이 끝나는데?

M: 저녁 여섯 시에 끝날 것 같아. 공연이 여덟 시에 시작하니깐 시간이 빠듯할 것 같은데.

W: 너무 기대가 된다. 공연을 위해 기차에서 의상을 바꿔 입을 거야.

M: 좋은 생각이야. 네가 도착하면 빨리 뭐 좀 먹고 출발하자. 공연을 보게 되어서 너무 흥분된다!

Q. What can you infer about the conversation?

(a) The friend is visiting from out of town.

(b) They are brother and sister.

(c) The performance is a concert.

(d) The show sold out last week.

| 질문 | 대화를 통해서 추론할 수 있는 것은?

(a) 친구가 다른 도시에서 방문 할 것이다.

(b) 그들은 남매 사이이다.

(c) 공연은 콘서트이다.

(d) 공연 티켓은 지난주에 매진되었다.

정답 (a)

 대화를 통해 추론할 수 있는 내용을 묻는 문제이다. 첫 번째 남자의 말, "~so you don't have to lug everywhere we go all night."에서 여자가 다른 도시에서 방문하는 것임을 알 수 있다. 따라서 가장 적절한 것은 (a)이다. (b)와 (c)는 대화를 통해 알 수 없는 사실이고, 두 사람이 공연을 볼 예정이라는 것은 알 수 있지만 (d)의 내용도 추론할 수 없다.

| 필수표현 정리 |

lug v. 질질 끌다   bank on v. 의지하다, 기대하다   outfit n. 의상   grab a bite to eat 간단히 먹다   head out v. 출발하다

43 난이도 ★☆☆

Script

M: Did you hear the announcement this morning?

W: Yes, the one about how we are supposed to be conserving water?

M: You hit it right on the nail. So, why are you still running water unnecessarily?

W: Do you mean the sprinklers? They are vital to the growth of the garden.

M: Do the plants need that much water? They have been running for at least half-and-hour. The bill will be sky-high.

W: I get your point.

Q. What will the woman probably do next?

(a) The woman will water the plants.

(b) The woman will turn off the sprinklers.

(c) The woman will fetch well water.

(d) The woman will pay the water bill.

우리말 해석

M: 오늘 아침에 공고 들었어?

W: 응, 물을 어떻게 절약해야 하는 것에 관한 것 말하는 거야?

M: 제대로 알고 있네. 그런데 왜 불필요하게 물을 낭비하고 있는 거야?

W: 스프링클러 말하는 거야? 정원을 관리하는 데에 필수적인 거야.

M: 식물들이 그렇게 많은 물을 필요로 해? 적어도 한 시간 반은 쏟아져 나오고 있는 것 같은데. 요금이 엄청 나오겠는걸.

W: 어떤 의미인지 알겠어.

| 질문 | 여자가 다음에 할 일은 무엇인가?

(a) 여자는 식물에 물을 줄 것이다.

(b) 여자는 스프링클러를 끌 것이다.

(c) 여자는 우물에서 물을 길을 것이다.

(d) 여자는 요금을 지불할 것이다.

정답 (b)

 여자가 다음에 할 일을 묻는 문제이다. 남자가 수도 요금(bill)이 매우 많이 나올 것(sky-high)이라는 말에 여자는 무슨 말인지 이해한다고 밀하였으므로, 물을 절약한다는 의미의 행동으로 이어지는 것이 내용상 가장 자연스럽다. 따라서 여자가 물을 절약하는 방법은 스프링클러를 끄는 것의 (b)가 가장 적절하다.

| 필수표현 정리 |

announcement n. 공고   conserve v. 절약하다   vital a. 필수적인   hit it right on the nail 정확히 맞추다, 정곡을 찌르다
unnecessarily adv. 불필요하게   sky-high adv. 매우 비싼   get one's point 요점을 이해하다   turn off v. 끄다

44　난이도 ★☆☆

Script

W: Do you know who our speaker is going to be for the commencement ceremony? Last year it was the Vice-President!

M: I heard it was the Ambassador to Argentina. He is an alumnus.

W: I didn't know that! What an honor. I would love to interview him for the newspaper. That would be a great story.

M: Yeah, former student makes it big time. He was actually a media communications major.
He would probably love to do an interview.

W: How intriguing! I bet he even wrote for the same school paper! He is my new idol! I will have to try to get that interview.

M: Well, You're welcome! You wouldn't have even known without the important information I provided you.

Q. What can you infer from the conversation?

(a) The students have to drop out of school next semester.
(b) The students are pre-medicine majors.
(c) The Ambassador will address issues.
(d) The Ambassador is speaking at their graduation.

우리말 해석

W: 누가 우리 졸업식 연사가 될지 혹시 알아? 작년에는 부통령이었어.

M: 응. 아르헨티나 대사라고 들었어. 그가 우리 동창이래.

W: 난 몰랐어. 영광이네. 그를 인터뷰 하면 좋은 기사거리가 될 것 같은데.

M: 맞아. 예전에 다녔던 학생이 크게 성공 한 거야. 실제로 그는 언론학 전공이었고, 아마도 인터뷰를 하고 싶어 할 거야.

W: 흥미로운데! 그도 나처럼 똑같이 학교 신문에 글을 썼겠지! 그는 내 우상이야. 인터뷰를 정말 시도해 봐야겠는걸.

M: 천만에. 아마 내가 알려준 정보 없이는 알지도 못했을 거야.

| 질문 | 대화 내용에서 추론 할 수 있는 것은?

(a) 학생들은 다음 학기에 학교를 그만둬야 한다.
(b) 학생들은 예비 의대생이다.
(c) 대사가 문제를 다룰 것이다.
(d) 대사는 졸업식에서 연설을 할 것이다.

정답 (d)

 대화를 통해 추론할 수 있는 내용을 묻는 문제이다. 올해 졸업식(commencement ceremony)에 연사가 누구인지 아느냐는 남자의 질문에 여자가 '아르헨티나 대사'(Ambassador)라고 말한다. 즉, 졸업식 연사는 대사로 정해졌고, 대사가 졸업식에서 연설을 할 것이란 것을 알 수 있으므로 정답은 (d)이다.

| 필수표현 정리 |

commencement ceremony 졸업식　　Vice-President n. 부통령　　ambassador n. 대사　　alumnus n. 졸업생, 동창생
intriguing a. 흥미를 자극하는　　idol n. 우상　　address an issue 문제를 다루다, 해결하다.

45　난이도 ★☆☆

Script

W: I noticed you eavesdropping on our private conversation.

M: I thought it such degradation that I was not allowed in on the meeting.

W: But that gave you no place to try and listen in on the meeting. It was private for good reasons. There are concerns that are frankly none of your business.

M: As a core manager, I feel that I should be included in all discussions concerning my team of workers.

우리말 해석

W: 네가 우리들의 은밀한 대화를 엿들었다는 사실을 알아.

M: 회의에 참석 하는 게 허락되지 않아서, 나의 좌천에 관한 것이라 생각했어요.

W: 그러한 사실이 우리의 미팅을 엿들 수 있는 여지를 주는 건 아니지. 어떤 이유에서건 그건 사적인 것이야. 너와는 전혀 상관없는 일이야.

M: 핵심 인사로서, 저의 팀에 관련된 모든 토의에는 참여되어야 한다고 생각합니다.

W: Irrevocably I am your superior and you should adhere to my policies instead of your own ideas, or else I will have to reconsider your position.

M: Is that a threat?

Q. Which is correct according to the conversation?

(a) The boss is reprimanding one of her managers.

(b) The boss is giving one of her manager's a stipend.

(c) The manager is throwing a tantrum.

(d) The manager is clearing the air.

W: 바뀌지 않는 사실은 내가 당신의 상사이고 당신은 당신의 생각이 아닌 나의 방침을 준수해야 해. 그게 싫다면, 당신의 직위를 다시 한 번 고려해봐야 할 것 같은데.

M: 협박하시는 것입니까?

| 질문 | 위의 대화 내용과 일치하는 것은?

(a) 상사가 매니저 중에 한 명을 꾸짖고 있다.

(b) 상사가 그의 매니저에게 연금을 주고 있다.

(c) 매니저는 짜증을 내고 있다.

(d) 매니저는 분위기를 쇄신하고 있다.

정답 (a)

 대화의 내용과 일치하는 것을 묻는 문제이다. 대화에서 "I am your superior and you should adhere to my policies"에 언급되었듯이, 여자는 '내가 당신의 상사이고, 당신은 나의 방침을 따라야 한다'는 다소 강한 어조로 이야기 하고 있다. 또한, 여자는 사적인 대화를 남자가 엿들었다(eavesdrop)는 사실에 불쾌해 하면서, 마지막 말에서 "I will have to reconsider your position"(직위를 고려해 볼 수 도 있다)고 하였으므로 일치하는 사실은 (a)이다.

| 필수표현 정리 |

eavesdrop v. 엿듣다, 도청하다   degradation n. 좌천, 파면   irrevocably adv. 돌이킬 수 없게   reprimand v. 꾸짖다, 질책하다.

46 난이도 ★★☆

Script

On November 4, 2008 Barack Hussein Obama was elected the 44th President of the United States. He is the first African American to hold the office. Obama was the junior United States Senator from Illinois from January 2005 until November 2008, when he resigned following his election to the presidency. Obama is a graduate of Columbia University and Harvard Law School, where he was the first African American president of the Harvard Law Review.

Q. What does the speaker imply about the President?

(a) Barack Obama was the first African American politician.

(b) Being a Senator is not a hard job compared to the presidency.

(c) President Obama's significance at Harvard is burgeoning.

(d) President Obama broke significant boundaries in American politics.

우리말 해석

2008년 11월 4일에, Barack Hussein Obama는 미국의 제 44대 대통령으로 당선되었다. 그는 정권을 잡은 최초의 아프리카 계 미국인이다. Obama가 대통령직의 당선에 따라 사임했을 때, 그는 2005년 1월부터 2008년 11월까지 Illinois주의 하급 미 상원의원이었다. Obama는 Columbia 대학을 졸업하였고, Harvard Law Review 의 최초 아프리카 계 미국인 편집장이 었던 Harvard Law School의 졸업생이다.

| 질문 | 화자는 대통령에 대해 무엇을 함축하고 있나?

(a) Barack Obama는 최초의 아프리카 계 미국인 정치가였다.

(b) 상원의원이 되는 것은 대통령이 되는 것과 비교해 볼 때 힘든 일이 아니었다.

(c) Harvard에서 대통령Obama의 중요도는 발전하고 있다.

(d) 대통령Obama는 미국 정치계의 중요한 장벽을 허물었다.

정답 (d)

 주어진 담화를 통해 추론할 수 있는 내용을 묻는 문제이다. 미(美) 대통령으로 취임한 Barack Obama의 정치적 배경을 소개하며, "the first African American to hold the office."에서 알 수 있듯이, 미국 최초의 아프리카 계 대통령이라는 사실이 부각되어 언급되었다. 따라서 이를 통해 추론할 수 있는 (d)가 가장 적절한 내용이다. (a)에서 "the first African American politician"은 담화를 통해 알 수 없는 사실이다.

| 필수표현 정리 |

elect v. ~을 선출하다, 선임하다, 당선시키다   junior a. 하급의, 하위의, (~보다)후배의   senator n. 상원의원
resign v. 사직(사임)하다, 퇴직하다   significance n. 중요도; 의미, 의의, 취지(meaning)

47 난이도 ★★★

Script

Martha Graham is the mother of modern dance. Graham invented a new language of movement, and used it to reveal the passion, the rage and the ecstasy common to human experience. She danced and choreographed for over seventy years, and during that time was the first dancer ever to perform at the White House, and the first dancer ever to travel abroad as a cultural ambassador. Her influence on dance is likened to Pablo Picasso's effect on the visual arts.

Q. Why does the speaker compare Martha Graham to Pablo Picasso?

(a) To compare the art of painting and dance.

(b) To emphasize the importance of her influence on dance.

(c) To show who were the first artists to perform at the White House.

(d) To explain what a cultural ambassador is.

우리말 해석

Martha Graham은 현대 무용의 어머니이다. Graham은 움직임의 새로운 언어를 창조하였고, 인간의 경험에 보편적인 격노와 무아의 경지의 열정을 분출하기 위해 그것을 사용하였다. 그녀는 70년 이상을 춤을 추었고 안무가로서 일했고, 또한 그 시간 동안에 그녀는 백악관에서 공연한 최초의 무용가였고, 문화 대사로 해외로 여행한 최초의 무용가였다. 그녀의 춤에 끼친 영향력은 시각 예술에서 Pablo Picasso와 같은 영향력을 끼쳤다.

| 질문 | 왜 화자는 Martha Graham와 Pablo Picasso를 비교하는가?

(a) 그림과 춤을 비교하기 위해서.

(b) 춤에서 그녀의 영향력의 중요성을 강조하기 위해서.

(c) 누가 최초로 백악관에서 공연한 예술가인지 보여주기 위해서.

(d) 문화 대사가 무엇인지 설명하기 위해서.

정답 (b)

> **만점 해설** 담화를 통해 추론할 수 있는 내용을 묻는 문제이다. 담화의 전반부에서 Martha Graham의 안무가로서의 업적들에 대해서 이야기하고, 마지막 문장, "Her influence~ the visual arts"라는 부분에서 "Picasso"만큼의 영향력을 끼쳤다는 것을 강조하고 있다. 따라서 정답은 (b)가 가장 적절하다.

| 필수표현 정리 |

rage n. 격노, 분노   ecstasy n. 무아의 경지, 황홀경; 도취, 환희의 절정
choreograph v. 안무가로서 일하다; (음악)~에 발레를 안무하다   likened to v. 비유되다   visual arts 시각예술

48 난이도 ★★☆

Script

Ladies first. That's how it works with the mongoose lemur, as the female occupies the dominant position in the hierarchy. Family groups stay close together when traveling and feeding, but first choice in food and the lead in mating go to her. Females do present a united front with males when defending their territory from other groups through displays of aggression, including vocalizations, charges and scent marking.

Q. What is the main point of the lecture?

(a) Leading is not a dominant quality of female mongoose lemurs.

(b) Female mongoose lemurs govern their male counterparts.

(c) Female mongoose lemurs attack from behind.

(d) Female mongoose lemurs defend their territory.

우리말 해석

숙녀 먼저. 이것이 몽구스 여우 원숭이를 위해 운영하는 방법인데, 암컷이 그 계층에서 주요한 위치를 차지하고 있기 때문이다. 가족집단은 여행할 때나 먹이를 먹을 때 매우 밀접하게 함께 지내지만, 먹을 것을 선택하는 것과 짝짓기에서의 주도적인 역할은 암컷의 몫이다. 암컷들은 다른 집단으로부터 자신들의 영역을 방어할 때, 소리지르기, 돌격, 냄새 표시 등을 포함한 공격행위를 수컷과의 연합을 통해 드러낸다.

| 질문 | 강의의 주요 요점이 무엇인가?

(a) 지휘는 암컷 몽구스 여우 원숭이의 지배적인 특징이 아니다.

(b) 암컷 몽구스는 그들의 수컷 상대를 통치한다.

(c) 암컷 몽구스는 뒤에서부터 공격한다.

(d) 암컷 몽구스는 그들의 영토를 방어한다.

정답 (b)

 강의의 주제를 묻는 문제이다. "Ladies first."라고 시작하면서 암컷 몽구스 여우 원숭이의 지배적인 위치에 대한 이야기가 주된
내용이다. 따라서 가장 적절한 것은 (b)이다. (a)와 (d)는 강의 내용과 다른 부분이고, (c)는 강의를 통해서 알 수 없는 부분이기 때
문에 적절하지 않다.

| 필수표현 정리 |

mongoose lemur n. 몽구스 여우 원숭이   hierarchy n. 계급 제, 계층 제, 서열   united front n. 공동 전선

defend v. ~을 막다, 지키다, 방어(방위)하다   aggression n. 침략 (행위); (부당한) 공격   vocalization n. 목소리 내기, 발성

charge n. 돌격, 진격

49 난이도 ★★★

Script

In Costa Rica, President Oscar Arias announced in 2007 that the country aims to be carbon neutral by 2021. He wants to mandate a 7 percent ethanol mix into gasoline as well as possibly mixing biodiesel. CATIE, a Latin American agricultural and natural resource research center, is interested in forming guidelines for the sustainable production of bio-fuels. A certification process needs to be set up to improve the social, economic, and environmental conditions that bio-fuels are produced in. The President backed CATIE's plans to initiate conversion techniques for all of the oil-based sectors.

Q. What does CATIE aim to accomplish?

(a) They intend to create guiding principles in order to effectively transform the environment.

(b) The intention of CATIE is to develop sustainable social and economic bio-fuels.

(c) CATIE's guidelines for the environment call for the excavation of new bio-fuels that improve the environment.

(d) They plan on creating conditions that allow the bio-fuels to manifest in a world of change.

우리말 해석

Costa Rica에서, 2007년에 대통령 Oscar Arias는 그 국가는 2021년까지 탄소 중립국이 되는 것을 목표로 한다고 선포했다. 그는 바이오 디젤을 섞는 것 뿐만 아니라, 에탄올의 7%를 가솔린에 섞을 수 있도록 권한을 부여하고자 한다. 라틴 아메리카의 농업과 천연 자원 조사 센터인 CATIE는 생 원료의 친 환경적 생산을 위한 지침라인을 형성하는데 관심을 가지고 있다. 한 증명 절차는 생 원료가 생산되는 곳의 사회적, 경제적, 환경적인 조건을 향상시키기 위해 세워져야 할 필요가 있다. 대통령은 CATIE가 모든 석유를 기초로 한 모든 분야에서 변환 기술을 주도하는 것을 지지했다.

| 질문 | CATIE는 무엇을 성취하기 원하는가?

(a) 그들은 환경을 효과적으로 변형시키기 위해 지침 원칙을 창조하고자 한다.

(b) CATIE의 목적은 친 환경적인 사회와 경제적인 생물 연료를 개발하는 것이다.

(c) 환경을 위한 CATIE의 지침서는 환경을 향상시키는 새로운 생물 원료의 발굴을 필요로 한다.

(d) 그들은 변화하는 세상에서 생물 원료가 나타날 수 있는 조건을 만들어 낼 것을 계획하고 있다.

정답 (a)

 담화의 전반적인 주제를 이해했는지를 묻는 문제이다. 담화의 중반, "~is interested in forming guidelines for the sustainable production of bio-fuels."라는 부분과 마지막의 "~needs to be set up~ , and environmental~."부분에서 친환경적인 지침라인 형성에 관심이 있다는 내용으로 요약할 수 있다. 따라서 적절한 것은 (a)이다.

| 필수표현 정리 |

mandate v. ~의 통치를 위임하다, 명령(지시, 요구)하다   agricultural a. 농업의, 농사의

sustainable a. (환경을 파괴하지 않고) 지속할 수 있는, 견딜 수 있는   manifest v. ~을 명백하게 하다, ~을 증명하다

50　난이도 ★★☆

Script

On July 2, 2002, Harlow and Jean Cagwin watched their farmhouse be demolished to make way for a housing subdivision. That day marked the end of Harlow's 75 years on the farm where he'd grown up. It also brought the end to an eight-year-long project documenting the Cagwin's daily struggles to raise a profitable herd of beef cattle on 118 hardscrabble acres 35 miles southwest of Chicago. The documentary will follow the progression of the reconstruction of the Cagwin's farm into a lucrative subdivision.

Q. What reason is implied for documenting Cagwin's life on the farm?

(a) Photographs of the farm could be displayed as a fundraiser.
(b) The cultivation of profit was necessary to cow herding.
(c) Making a profit out of the farm was a challenge.
(d) Herding cows on the property was damaging to cultivation.

우리말 해석

2002년 7월 2일, Harlow와 Jean Cagwin은 택지 분양을 위한 방법으로, 그들의 농가가 파괴되는 것을 보았다. 그날은 Harlow가 자라난 농장에서의 75년 인생이 끝난 날로 기록되었다. 그리고 시카고의 남서쪽으로 35마일 떨어진 118개의 척박한 토지에서 가축 소의 이익을 상승시키기 위해 Cagwin가 매일 노력한 8년간에 걸쳐 계획한 문서들이 결국 종지부를 찍는 날이 되었다. 그 문서들은 Cagwin 농장을 수익창출을 할 수 있는 토지로 세분하여 재건하는 절차를 따를 것이다.

|질문| 농장에서의 Cagwin의 삶을 기록화하는 데 어떤 이유를 내포하고 있는가?

(a) 농장의 사진들은 자금 조달로서 전시될 수 있었다.
(b) 경작의 이윤은 소떼를 돌보는 데 필수적이었다.
(c) 농장의 이윤을 만드는 것은 도전적이었다.
(d) 그 지역에서 소를 돌보는 것은 경작지를 파괴하는 것이었다.

정답 (c)

 주어진 문제는 담화를 통해 추론할 수 있는 내용을 묻고 있다. 담화의 중반 이후의, "~ and the end of and eight-year-long project documenting the Cagwin's daily struggles~"에서 Cagwin이 오랜 기간 동안 농장에서 가축소의 이익을 상승 시키기 위한 노력을 해왔음을 알 수 있다. 따라서 그의 삶을 기록화하는 것이 내포하는 이유로 가장 적절한 것은 (c)이다.

| 필수표현 정리 |

demolish v. (건물 따위를) 파괴하다, ~를 폐기하다　　subdivision n. 택지 분양, 구획 나누기　　struggle v. 발버둥치다, 다투다, 싸우다 ; n. (~사이의) 싸움, 전투　　hardscrabble a. 척박한 토지　　herd n. 짐승의 떼, 가축의 무리　　cultivation n. 경작, 개간, 재배 사육

51　난이도 ★★☆

Script

Under the frozen surfaces of Himalayan glaciers on the flanks of Mount Everest and its fellow giant peaks, caves wind through the ice. They follow tortuous paths carved out by flowing melt water, with breathtaking underground formations and claustrophobic squeezes that open into huge galleries. As climate change heats up, how glaciers melt is a life-and-death question. The glaciers melt into rivers of water that surge and carve dramatic crevasses into the land in one foul sweep. With ever-rising temperatures the surges have the impact of an avalanche.

우리말 해석

에베레스트산과 주변의 거대한 봉우리 자락에 있는 히말라야 빙하의 아래에 얼음 사이로 동굴이 펼쳐있다. 얼음이 녹으며 생긴 물이 흐르며 구불구불한 동굴이 형성되었다. 지하에 숨막히듯 좁은 동굴을 따라가면 끝에는 넓은 큰 방과 같은 공간이 있다. 기후 변화로 기온이 올라감에 따라, 빙하가 녹는 것은 생사를 갈라놓는 문제가 되었다. 빙하가 녹아서 강으로 흘러가고 그 강물이 거대한 물결을 일으켜 단번에 육지에 크레바스(거대한 틈)를 만든다. 온도가 계속 올라감에 따라 거대한 물결은 산사태를 발생시킬 위험을 가지고 있다.

Q. What can be assumed by the information presented in the talk?

(a) The Himalayans are being lost to meltwater conditions.

(b) The meltwater will increase due to global warming.

(c) The tortuous paths of meltwater create escapes for molten rock.

(d) Huge galleries do not affect the environment in any way.

| 질문 | 주어진 대화로 추측할 수 있는 정보는 무엇인가?

(a) 얼음이 녹으면서 히말라야가 없어지고 있다.

(b) 지구온난화로 해빙수가 늘어날 것이다.

(c) 해빙수로 생긴 구불구불한 동굴은 용암이 나가는 통로가 된다.

(d) 거대한 땅 속 공간은 환경에 어떠한 영향도 미치지 않는다.

정답 (b)

 주어진 정보를 통해 추론할 수 있는 사실을 묻는 문제이다. 마지막 부분에 정답을 추론할 수 있는 근거가 제시되었는데, 기후가 따뜻해지고 있다고 했고, 따뜻해지면 얼음이 녹아 강으로 흘러가면 거대한 물결(surge)을 만든다는 내용이 나온다. 게다가 마지막 문장에서 온도가 계속 올라감에 따라 생기는 거대한 물결이 산사태를 일으킬 수도 있다고 하였다. 거대한 물결은 얼음이 녹아 물이 많아져서 생기는 것이다. 따라서 정답은 (b)이다.

| 필수표현 정리 |

glacier n. 빙하　　flank n. 옆, 측면　　tortuous a. 구불구불한　　meltwater n. 해빙수　　claustrophobic a. 밀실 공포증의
surge n. 거대한 물결

52 난이도 ★★☆

Script

Hell may not have frozen over yet, but the weather on Earth is getting almost as outlandish. In the span of a year there's been a laundry list of far-out conditions: unlikely 90-degree heat in Moscow, snow blanketing much of temperate South Africa, hurricane-force winds in Europe, and a vast patchwork of record droughts and floods. Climate modelers had predicted an uptick in intense weather as a response to global warming but could not forecast exactly where and when anomalies would hit.

Disaster predictions are merely a wise guess that often misses the target due to the conditional aspect that global warming has brought to normal weather patterns. Conditions around the world are highly unpredictable.

Q. What is the usual climate condition of Moscow?

(a) The weather conditions are unstable.

(b) The climate is usually sunny.

(c) The climate is usually cold.

(d) The temperate conditions change.

우리말 해석

지옥은 아직 얼어붙지 않았겠지만, 지구의 날씨가 매우 이상해지고 있다. 1년 동안에만 이상기후 현상이 많이 발생했다. 모스크바의 온도가 화씨 90도(섭씨 약 32.2도)까지 올라가기도 했고, 온난한 남아프리카에 눈이 내리기도 했으며, 유럽에 허리케인 바람이 불기도 했고, 넓은 지역에서 홍수와 가뭄이 일어나기도 했다. 기후 연구가들은 지구 온난화의 영향으로 격렬한 날씨가 증가할 것을 예측하긴 했지만, 정확히 어디서 언제 이상기후가 발생할 것인지 예측하지는 못했다.

재난 예측은 온난화가 정상적인 날씨 양상에 가져온 변수 때문에 종종 실패하는 일종의 추측에 불과하다. 전세계적인 상황은 매우 예측하기가 어렵다.

| 질문 | 모스크바의 평소 기후는 어떠한가?

(a) 날씨가 변덕스럽다.

(b) 보통은 맑다.

(c) 보통은 춥다.

(d) 기온 상황이 변한다.

정답 (c)

 담화의 내용과 일치하는 것을 묻는 문제이다. 모스크바의 이상 기후가 온도가 높았던 내용이 나오므로, 정상적인 날씨는 그에 반대되는 '춥다'라는 것을 추론할 수 있다. (d)에서 기온이 변한다고 했는데, 기온은 변하는 것이 일반적인 진리이므로 정답이 되기에는 적절하지 않다. (d)가 답이 되기 위해서는 평소에 모스크바는 온도변화가 평소에도 계속 일어난다는 내용이 나와야 한다.

| 필수표현 정리 |

outlandish a. 기이한, 이상한　　laundry list 상세한 표　　far-out a. 과격한, 파격적인　　patchwork n. 이것저것, 잡동사니
uptick n. 상승　　anomaly n. 변칙, 예외

49

53 난이도 ★★☆

Script

Archaeologists have struck lightning in a Mexican volcanic lake. Their dives in frigid water at an elevation of 13,832 feet turned up eight wooden scepters shaped like bolts from the sky. The archaeologists assigned to the site predict that these scepters were likely used to sway the Aztec rain god, Tlaloc. After the Spanish conquest in the early 1500s, colonial historians wrote of local efforts to get more rain--or a break from too much. The rain god Tlaloc is also evidenced in narrative poetry, drawings, and other records recovered from excavation sites of the region.

Q. What is correct according to the lecture?

(a) The scepters discovered were shaped like lightening.
(b) Lightening struck in a volcano in Mexico.
(c) Colonial historians dove in frigid water for research.
(d) The frigid water was full of trash.

우리말 해석

고고학자들은 멕시코의 한 화산호수에서 뜻밖의 성과를 거두었습니다. 그들은 13,832 피트 높이에서 얼음장 같은 물에 잠수한 결과 8개의 나무로 된 번개 모양의 홀(笏)을 발견했습니다. 현장에 배치된 고고학자들은 이 홀들이 아즈텍의 비의 신인 Tlaloc을 조종하는데 사용된 것으로 예측합니다. 1500년대 초기의 스페인의 정복 전쟁 후에 비를 더 내리게 하거나 아니면 비를 그치게 하는 지역의 노력에 대하여 식민지 역사가들은 기록하였습니다. 비의 신인 Tlaloc에 대한 기록은 서사시, 그림, 그리고 그 지역에서 발견된 다른 자료에서도 찾아볼 수 있습니다.

|질문| 강의의 내용과 일치하는 것은?

(a) 발견된 홀(笏)은 번개처럼 생겼다.
(b) 멕시코의 한 화산에 번개가 쳤다.
(c) 식민지 시대의 역사가들은 연구를 위해 차가운 물에 잠수하였다.
(d) 얼음장 같은 물은 쓰레기로 가득했다.

정답 (a)

 **만점 해설** 강의의 내용과 일치하는 것을 묻는 문제이다. 주된 내용은 멕시코에서 고고학자들이 홀(왕이 권위의 상징으로 가지고 다니던 막대기)을 발견한 이야기다. 두 번째 문장 후반부에 그 생김새가 하늘의 번개(bolt)와 비슷하다고 하였다. bolt와 lightning이 같은 뜻이란 것을 알면 쉽게 정답에 접근할 수 있다. 첫 문장에서 "strike lightning"이라는 표현은 '횡재를 하다'는 뜻으로 번개가 친다는 (b)와는 다른 의미라는 것도 기억해두자.

| 필수표현 정리 |

lightning n. 번개, 뜻밖의 횡재, 큰 행운   frigid a. 매우 추운   elevation n. 높이, 고도   sway v. 흔들다, 조종하다
conquest n. 정복   recover v. 회수하다   excavation n. 발굴

54 난이도 ★★★

Script

Most species of penguins live in the southern hemisphere, except for the Galapagos penguin that lives in the equatorial region. Dominant theories have held that penguins evolved in cold habitats near the South Pole and migrated to equatorial regions ten million years ago during a cooler period. In 2005 near the city of Ica, Peruvian scientists discovered two large fossil penguins from 42 million years ago. The scientist who discovered the birds said, "They looked different from anything we've seen. They really shake up notions about early penguins."

우리말 해석

적도 부근에 사는 Galapagos 펭귄을 제외한 대부분의 펭귄은 남반구에 서식합니다. 주도적인 학설들은 펭귄이 남극 주위의 서식지에서 진화하여 약 1,000만년 전 추운 시기에 적도부근으로 이주하였다고 합니다. 2005년에 Ica시 근처에서 페루의 과학자들은 4,200만년 된 두 개의 거대한 펭귄 화석을 발견했습니다. 화석을 발견한 과학자는 "이전에 보던 것과는 완전히 다르게 생겼습니다. 이 화석 때문에 초기 펭귄의 모습에 대한 기존의 생각이 몹시 흔들리고 있습니다."고 말했습니다.

Q. What does the talk imply about the origin of penguins?

(a) Penguins are actually derived from the North Pole.

(b) Penguins are hostile creatures that originated in cold climates.

(c) The actual origin of penguins is basically never going to be solved.

(d) The actual derivation of penguins may not be from cold regions.

| 질문 | 이야기가 암시하고 있는 바는 무엇인가?

(a) 펭귄은 사실 북극에서 탄생하였다.

(b) 펭귄은 추운 지역에서 탄생된 적대적인 생명체이다.

(c) 펭귄의 실제 기원은 절대로 밝혀지지 않을 것이다.

(d) 펭귄이 실제 탄생된 곳이 추운 지방이 아니었을 수도 있다.

정답 (d)

담화를 통해 추론할 수 있는 내용을 묻는 문제이다. 주도적인 학설에 따르면 펭귄은 추운 지역에서 탄생하여 약 1000만 년 전에 적도지방으로 이주했다고 했다. 하지만 2005년에 새로 발견된 화석은 4200만 년이나 된 것으로서 기존의 생각을 완전히 흔들어 놓는다고 했다. 따라서 이제까지 주도적인 학설의 내용과 반대되는 내용을 담고 있는 (d)가 정답이다.

| **필수표현 정리** |

hemisphere n. 반구   equatorial a. 적도지방의   habitat n. 서식지   migrate v. 이주하다   fossil n. 화석
shake up v. 뒤흔들다   derive from v. ~에서 유래하다   hostile a. 적대적인

55 난이도 ★★☆

Script

Myanmar is composed of a variety of ethnic groups that are each distinguishable by their distinct race, culture, language, and practices. The second largest ethnic group in Myanmar is the Shan. The Shan constitute over 9 percent of the region's diverse population. ①They are closely related to another ethnic group called the Tai in terms of ethnicity, culture and linguistics. Both of them are traditionally wet-rice farmers and Theravada Buddhists. ②But they are discernible by their headdresses that are a part of their colorful, customary costume. The Shan consists of 33 different ethnic sub-groups.

우리말 해석

미얀마는 인종, 문화, 언어, 관습 등으로 구별되는 다양한 민족들로 구성되어 있다. 미얀마에서 두 번째로 큰 민족은 Shan이다. 미얀마의 다양한 민족 중 9%가 넘는 사람들이 Shan이다. 민족성과 문화, 그리고 언어학적인 관점에서 Shan은 다른 민족인 Tai와 밀접하게 연관되어 있다. 그들은 또한 전통적으로 벼농사를 지었고 Theravada 불교신자이다. 그러나 다채로운 의복문화의 일부인 머리 장신구로 그 둘을 구분할 수 있다. Shan 민족은 33개의 다른 하위 민족 집단으로 구성되어 있다.

Q. Which is correct about the Shan according to the talk?

(a) They are an ethnic sub-group of Myanmar.

(b) Their traditions are based on Buddhism.

(c) They can be distinguished from the Tai.

(d) They are relatives of the Tai people.

| 질문 | 대화에 따르면 Shan 민족에 대하여 올바른 것은 무엇인가?

(a) 그들은 미얀마의 하위 민족 집단이다.

(b) 그들의 전통은 불교에 기반을 두고 있다.

(c) 그들과 Tai 민족을 구별할 수 있다.

(d) 그들은 Tai 민족과 친척이다.

정답 (c)

대화를 통해 Shan 민족에 관한 사실을 확인하는 문제이다. ①에서 Shan족과 Tai족이 유사하다고는 하지만 ②에서 머리 장신구를 통하여 구별할 수 있다고(discernible)했으므로 (c)가 정답이다. 본문에서 다 언급된 내용이 선택지에 나와서 헷갈리기가 쉬운 문제이다. 특히 (b)에서 불교신자라고 해서 전통이 불교에 기반되었는지는 알 수 없으니 주의하자.

| **필수표현 정리** |

be composed of ~ ~으로 구성되다 (be made up of ~, consist of ~)   ethnic a. 민족의
distinguishable a. 구별 가능한 (discernible)   constitute v. 구성하다   in terms of ~의 관점으로 볼 때,
headdress n. 머리 장신구   customary a. 관습적인   costume n. 의상, 의복

56 난이도 ★☆☆

Script

After capturing city after city along the Nile River in 730 B.C., troops commanded by King Piye of Nubia stormed the great walled capital of Memphis with flaming arrows. Piye modeled himself after powerful pharaohs such as Ramses II, claiming to be the rightful ruler of Egypt. His triumph over the northern chiefs would unite all Egypt under Nubian rule for three-quarters of a century.

Q. What is the main idea of the lecture?

(a) The Nubians fought with flaming arrows.

(b) King Piye was the conquering leader of Nubia.

(c) Conquering Egypt was accomplished by the pharaoh.

(d) The Nile River had many communities of people.

우리말 해석

B.C 730년경 나일강 가에 늘어선 도시들을 점령한 후에, Nubia 의 왕 Piye의 명령을 받은 군대는 불을 뿜는 화살을 가지고 거대한 벽으로 둘러싸인 Memphis의 수도로 쳐들어갔다. Piye왕은 Ramses 2세와 같은 강력한 파라오를 역할 모델로 하며, 이집트의 적법한 통치자이기를 주장하였다. 북쪽 부족장들에 대한 승리는 75년간 이집트 전역을 Nubia의 법으로 통합할 수 있도록 하였다.

| 질문 | 강의의 요점이 무엇인가?

(a) 누비안 사람들은 불을 뿜는 화살을 가지고 싸웠다.

(b) Piye왕은 누비아의 정복 왕이다.

(c) 이집트의 정복은 파라오에 의해 완수되었다.

(d) 나일 강은 많은 주민 공동체로 이루어져있다.

정답 **(b)**

 **만점 해설** 주어진 문제는 강의의 요점을 묻는 문제이다. 누비아의 Piye왕은 이집트 전역을 정복하여 통치하였다는 것이 주된 내용이며, 특히 뒷부분, "His triumph over the northern chiefs~"(북쪽 부족들에 대한 승리)에서 '75년간 누비아의 법에 의해 통합하였다'고 하였으므로 정답은 (b)가 가장 적절하다.

| 필수표현 정리 |

troop n. 군대   command v. 명령하다   storm v. 돌격하다   claim v. 주장하다, 요구하다   rightful a. 올바른, 합법적인
triumph v. 승리하다   chief n. 족장   unite v. 통합하다

57 난이도 ★☆☆

Script

For many immigrants heading north, the first dangerous crossing is not the one into the U.S. The peril begins at the southern border from Guatemala to Mexico. Sneaking into Mexico is as easy as rafting across the Suchiate River that borders the two countries. But on the other side, migrants face ruthless bandits and officials demanding bribes. Every year, hundreds of thousands of Central Americans cross illegally into Mexico.

Q. What does the article imply about migrating north?

(a) The cross is not dangerous.

(b) No one likely profits from it.

(c) It is a risk worth taking.

(d) The officials are very corrupt.

우리말 해석

북쪽으로 향하는 이민자들에게 있어서 미국으로 넘어가는 것이 첫 번째 위험인 것은 아니다. 위험은 과테말라에서 멕시코로 넘어가는 남쪽 국경지대에서 시작된다. 멕시코로 몰래 넘어 들어가는 것은 두 나라의 경계를 이루는 Suchiate강을 뗏목을 타고 건너는 것만큼이나 수월하다. 그러나 다른 한쪽의 이주자들은 무자비한 산적 때와 뇌물을 요구하는 공무원들을 마주치게 된다. 매년 수십만 명의 중앙아메리카 인들이 불법으로 멕시코로 건너간다.

| 질문 | 담화에서 북쪽으로 이동하는 것에 대해서 함축하고 있는 것은 무엇인가?

(a) 건너가는 것은 위험하지 않다.

(b) 아무도 그것으로부터 이익을 얻지 못한다.

(c) 위험을 무릅 쓸 만한 가치가 있다.

(d) 공무원들이 매우 부패하였다.

정답 **(c)**

담화를 통해 추론할 수 있는 내용을 묻는 문제이다. 중반 이후의 "~migrants face ruthless bandits and officials demanding bribes"에서 이민자들이 국경을 넘어가는 일에 있어 많은 어려움이 있음을 알 수 있다. 그럼에도 불구하고 '매 년 수 십만 명의 사람들이 불법으로 넘어간다' 고 하였으므로 함축하고 있는 내용은 (c)가 가장 적절하다.

| 필수표현 정리 |

immigrant n. 이주자   peril n. 위험   border n. 경계   sneak v. 몰래 기어 들어가다   raft v. 뗏목으로 건너다
ruthless a. 무자비한   bandit n. 도적, 산적   bribe n. 뇌물   illegally adv. 불법적으로

58 난이도 ★☆☆

Script

In drought-parched Los Padres National Forest in southern California, a huge fire erupted in July 2007, scorching 240,000 acres. Years of sparse rain primed the region for the second largest fire in California history. Though limits have been imposed, golf courses in nearby southern Nevada still use 8 percent of the region's water. Well water allows the lush greens of the Primm Valley Golf Club to flourish in the Mojave Desert, where only hardy desert plants normally survive. The Mojave Desert occupies a significant portion of southern California.

Q. What can be inferred from the lecture?

(a) The scorching of the forests cannot affect the environment.

(b) The golf courses are abusing the area's water resources.

(c) The Mojave Desert would flourish without the golf courses.

(d) Hardy desert plants will survive no matter what conditions.

우리말 해석

가뭄으로 바짝 말라버린 남부 캘리포니아 주의 Los Padres 국립 산림 지에서 2007년 7월 큰 불이 발생하여 240,000에이커의 면적을 태워버렸습니다. 몇 년간 드문드문 내린 비는 캘리포니아 역사상 두 번째로 큰 산불을 촉발시켰습니다. 비록 취수에 대한 제한이 있지만, 남부 네바다 주에 있는 골프장은 여전히 그 지역 물의 8퍼센트를 사용합니다. 우물물은 Primm Valley 골프클럽의 싱싱한 잔디들이, 오직 내한성 있는 사막 식물들만이 대게 살아남을 수 있는 Mojave 사막에서도 무성하게 자랄 수 있도록 도와줍니다. Mojave 사막은 남부 캘리포니아의 상당부분을 차지합니다.

| 질문 | 강의로부터 추론할 수 있는 것은 무엇인가?

(a) 말라버린 숲은 환경에 영향을 주지 않는다.

(b) 골프장이 그 지역의 물을 남용하고 있다.

(c) 모하브 사막은 골프장 없이도 무성하게 자란다.

(d) 어떤 조건에서도 내한성 식물들은 살아남을 것이다.

정답 (b)

강의로부터 추론할 수 있는 내용을 묻는 문제이다. 강의 중반의 "Though limits have been imposed~"을 보면, '법적인 제재가 있었음에도 여전히 물을 사용한다' 는 것을 알 수 있다. 따라서 이를 통해 추측할 수 있는 것은 골프장이 물을 남용하고 있다는 내용의 (b)가 가장 적절하다.

| 필수표현 정리 |

drought-parched a. 가뭄으로, 바짝 마른   erupt v. 발생하다, 분출하다   scorch v. 태우다. 마르게 하다
sparse a. 드문드문한   prime v. 촉발시키다   impose v. 부과하다   lush a. 싱싱한   flourish v. 무성하게 자라다
abuse v. 남용하다

59 난이도 ★☆☆

Script

The new administration is looking to refurbish our original policies and standards of creation in the workplace. We are looking for current employees to raise the bar on the level of commitment and creativity. We would like you all to bring something new and forward moving to the table next week. Keep in mind that there is a position newly opened in our administration since the retirement of our comrade Mr. John Wesley. We are looking to fill that position as soon as possible.

Q. What will likely happen at the next meeting?

(a) The administrative position will be filled.
(b) Someone will be fired.
(c) The administration will collapse.
(d) The company will merge with another company.

우리말 해석

새로운 행정부서는 기존에 직장에서 유지되던 정책과 창조성의 기준을 쇄신할 방법을 찾고 있습니다. 우리는 현재 헌신과 창조의 수준에 대한 기대치를 높여줄 직원을 찾고 있습니다. 우리는 당신들 모두가 다음 주 회의 시간에 뭔가 새로운 것을 가지고 나아오기를 기대합니다. 우리의 동료였던 John Wesley가 은퇴한 이후로 우리 행정부서에 새롭게 빈자리가 생겼다는 사실을 명심 하세요. 우리는 이 자리가 가능한 빨리 충원되기를 기대합니다.

|질문| 다음 회의에서 일어날 수 있는 일은 무엇인가?

(a) 행정부서에 충원이 될 것이다.
(b) 누군가가 해고 될 것이다.
(c) 행정부는 붕괴될 것이다
(d) 회사가 다른 회사와 합병될 것이다.

정답 (a)

> **만점 해설** 담화를 통해 다음에 일어날 상황을 추론할 수 있는 내용을 묻는 문제이다. 'We are looking for current employees~'에서 직원을 고용하려는 계획이 있음을 알 수 있다. 또한 마지막 부분, '~there is a position newly opened~' 라고 하였으므로 '행정부서에 충원이 될 것이다' 라는 내용이 가장 적절하다.

| 필수표현 정리 |

administration n. 행정부서, 당국   refurbish v. 쇄신하다   policy n. 정책   workplace n. 일터
raise the bar 기대치를 높이다   retirement n. 은퇴   comrade n. 동료

Script

Living on the edge of active volcanoes, tidal waves, and earthquakes, Indonesia's people do not take life's essentials for granted. For centuries, good harvests have been celebrated with elaborate pomp and pageantry at Java's Sekaten Festival. The sacred offerings are believed to ward off disaster. The festivities are part of the celebration surrounding the birth of the Prophet Mohammed. The festival is an unusual event held for the seven days before Mohammed's birthday on May 2.

Q. What can be assumed about Indonesian culture according to the lecture?

(a) Their environment has affected their customs and traditions.
(b) Their environment caused the death of the Prophet.
(c) Taking things for granted is considered a major sin.
(d) Volcanoes, waves, and earthquakes decide their future.

우리말 해석

활화산 기슭에서, 밀려드는 파도 및 지진과 함께 살아가는 인도네시아의 사람들은 생명유지에 꼭 필요한 요소들을 당연히 얻어지는 것이라고 생각하지는 않는다. 수세기 동안, 자바의 Sekaten 축제일에는 정교하게 치장된 옷과 장식들을 입고서 풍성한 수확을 찬미하는 의식이 진행되었다. 신성한 제물은 재난을 물리친다고 믿어져 왔다. 축제는 예언자 Mohammed의 탄생을 둘러싼 축하의 일부분이었다. 그 축제는 Mohammed의 생일인 5월 2일 직전에 7일간 열리는 이색적인 행사다.

| 질문 | 강의를 듣고 추론할 수 있는 인도네시아의 문화는 무엇인가?

(a) 그들이 살아가는 환경은 그들의 관습과 전통에 영향을 미쳤다.
(b) 그들이 살아가는 환경은 예언자의 죽음에 영향을 미쳤다.
(c) 살아가는데 필요한 것들을 당연히 얻는다고 생각하는 것은 큰 죄이다.
(d) 화산과 파도, 지진이 그들의 미래를 결정했다.

정답 (a)

 **만점 해설** 강의를 통해 추론할 수 있는 내용을 묻는 문제이다. "~Indonesia's people do not take life's essentials for granted." 에서 '인도네시아 사람들은 자연 환경의 영향을 많이 받기 때문에 그들이 누리는 자연에 대한 제사를 지낸다' 는 것을 알 수 있다. 즉 환경이 인도네시아 사람들의 전통을 만들어 간다는 의미이다. 따라서 정답은 (a)가 가장 적절하다.

| 필수표현 정리 |

on the edge of ~ 직전의   active volcano 활화산   tidal n. 조수의   elaborate pomp 정교한 치장
pageantry n. 화려한 꾸밈   ward off v. 물리치다   sacred offering 신성한 제물   surrounding a. 둘러싸고 있는

Grammar

1　| 출제 Point |　관용표현(전치사)

난이도 ★☆☆ / 기출빈도 ★★☆

A: What do you say to __________ a party this coming holiday?

B: No, thanks. I have an important exam coming.

(a) be going to
(b) going to
(c) go to
(d) have been going to

A: 이번 휴일 때 파티 가는 거 어때?

B: 고맙지만 안 돼. 곧 중요한 시험이 있거든.

| 필수어휘 |

What do you say to 명사/동명사 ~?
　　　　　　　　　　~ 하는 거 어때?

정답 (b)

만점 해설　"What do you say to~?"에서 **"to"는 부정사가 아니라 전치사라는 것**을 알고 있는지 묻는 문제이다. 따라서 정답은 (b)가 적절하다. Calvin's Tip에 주어진 "제안"할 때 쓰는 표현을 함께 알아두자.

"제안"할 때 쓰는 표현

What do you say to 동명사/명사~?
= How about 동명사/명사~?
= What about 동명사/명사~?
= Let's 동사원형~.

2　| 출제 Point |　관사

난이도 ★☆☆ / 기출빈도 ★★★

A: How much money do you make for the job?

B: Since I have a lot of experience on the field, I make about a hundred dollars __________ hour.

(a) an
(b) of
(c) the
(d) per an

A: 너 그 일하면서 얼마나 벌어?

B: 그 분야에 많은 경험이 있기 때문에, 한 시간에 대략 백 달러 정도 벌어.

| 필수어휘 |

field n. 분야, 방면
make money 돈을 벌다

정답 (a)

만점 해설　'~단위 당' 혹은 '~ 마다'라는 표현을 알고 있는지 묻는 문제이다. "per"가 단위나 개체의 의미로 쓰일 때 '~당, ~마다'라는 의미를 가지며, 이때 단위나 개체는 반드시 **무관사 명사**가 수반된다. 일반적으로 "per" 대신 부정관사 "a/an"이 더 많이 사용된다는 것을 기억하자.

"per" & "a/an" ~당, ~마다

▷I make $100 per an hour. (×)
▷I make $100 per hours. (×)
▷I make $100 <u>an hour</u>.(=$100 per hour 무관사 단위!)

난이도 ★☆☆ / 기출빈도 ★★★

A: Do you think she is going to be fired today?
B: I ___________________.

(a) don't hope so
(b) hope not so
(c) hope not
(d) don't hope it

A: 오늘 그녀가 해고당할까?
B: 그렇게 안 되길 바래.

| 필수어휘 |
be fired 해고 당하다

정답 **(c)**

만점 해설 상대방의 질문에 대해서 부정적으로 대답할 때, "don't"나 "doesn't" 혹은 "didn't + 동사원형" 대신 "동사+not"을 사용하는 경우가 있다. 즉, "I don't hope so."가 아니라 "I hope not."을 사용해야만 한다. 또한 think의 경우 "I don't think = I think not", 둘 다 사용할 수 있다는 것을 알아두자.

"Not"을 이용한 특수부정의 동사들
S + hope / think / believe / fear / be afraid / suppose / guess + not

난이도 ★★☆ / 기출빈도 ★★★

A: How is she now? Has she got _________ better?
B: Unfortunately, she still needs to take some serious treatment.

(a) some
(b) so
(c) any
(d) still

A: 그녀는 좀 어때? 좀 나아졌어?
B: 불행히도, 그녀는 여전히 중요한 치료를 받아야 해.

| 필수어휘 |
get better (몸, 상황) 나아지다, 더 좋아지다
take treatment 치료받다

정답 **(c)**

만점 해설 의문문에서 **비교급의 강조는 항상 any를 사용한다**는 것을 알고 있는지 묻는 문제이다. 비교급을 강조할 때 쓰는 표현들을 함께 기억해두면 정답에 쉽게 접근할 수 있다.

비교급 강조

even / much / still / far	+ 비교급
a bit / a little bit / a lot	+ 비교급
way / any (의문문에서만 사용)	+ 비교급

5　| 출제 Point |　부정어구

난이도 ★★☆ / 기출빈도 ★★★

A: Can I have another coffee, please?
B: Sorry, but there's __________ left.

(a) anything
(b) any
(c) no
(d) none

A: 커피 한 잔 더 해도 될까요?
B: 죄송하지만, 남은 게 없어요.

정답 (d)

만점 해설　"there + be"의 뒤에는 "명사 주어"만 위치할 수 있다. (b)와 (c)는 부사 혹은 형용사이므로 정답이 될 수 없다. 보기에서 명사는 (a)와 (d)뿐이다. 하지만 'anything'은 부정문이나 의문문과 함께 쓰이므로 정답은 (d)이다. 이러한 경우에 "none = no coffee"며, none은 항상 "no + 명사" 대신 사용된다는 것을 기억하자.

부정어구

not 부사	no 부사/형용사	none 명사	nothing 명사
I am <u>not</u> (동사부정) a person you expect.	I have <u>no</u> (명사부정) money.	I have <u>none</u>. (=no money / any money)	I have <u>nothing</u> to give you.

6　| 출제 Point |　without 가정법

난이도 ★★☆ / 기출빈도 ★★★

A: I am so grateful to hear that you finally made it!
B: Without your help, I __________________
accepted to the program.

(a) couldn't be
(b) hadn't be
(c) were
(d) couldn't have been

A: 네가 드디어 성공했다니 정말 기쁘다!
B: 너의 도움이 없었더라면, 난 그 프로그램에 합격할 수 없었을 거야.

| 필수어휘 |
be grateful to V ~해서 기쁘다
　　　　　 for N ~ 때문에 기쁘다
　　　　　 that S V S가 V해서 기쁘다
make it ~을 이루다, 성공하다, 해내다

정답 (d)

만점 해설　"without 가정법"을 묻는 문제이다. without은 가정법 과거와 과거완료 두 용법 모두 다 사용 가능하다. 즉, without N(=but for N)는 '~이 없다면(가정법과거)' 혹은 '~이 없었더라면(가정법과거완료)' 둘 중 하나로 사용이 가능하다. 본문의 내용상 '너의 도움'은 그 프로그램에 **합격한 이전에 있었으므로**, '너의 도움이 없었더라면' 즉, **"가정법 과거완료"**로 해석해야 자연스럽기 때문에 정답은 (d)이다.

without 가정법

가정법과거	가정법과거완료
Without N (= But for N = If it were not for N), S would/should/could/might 동사원형	Without N (= But for N = If it had not been for N), S would/should/could/might have Vpp

7 | 출제 Point | 동사 remind의 용법

난이도 ★★☆ / 기출빈도 ★★☆

A: I can't believe you have done this to me!
B: Stop right there, and can I remind you
____________________?

(a) of having done the thing with you
(b) of one thing
(c) to doing the thing with you
(d) to one thing

A: 네가 나한테 그런 짓을 하다니 정말 믿을 수가 없어!
B: 잠깐만 (네가 화내기 전에), 뭐하나 상기시켜 줘도 되겠어?

정답 (b)

만점 해설 동사 "remind"의 용법을 알고 있는가를 묻는 문제이다. 즉, "remind A of ~ing"는 잘못된 표현이라는 것을 알아야 한다. **"remind A of" 뒤에는 반드시 "명사"를 수반**하여 "remind A of B"의 구문으로 쓰인다는 것을 기억하자.

Calvin's Tip

remind 바로 알기!

remind A of B (반드시 명사) A에게 B를 상기시키다.
remind A to V A에게 to 동사원형 하는 것을 상기시키다
remind that S + V
c.f. remind A of Ving (×)

---

8 | 출제 Point | 독립분사구문

난이도 ★★☆ / 기출빈도 ★★★

A: Mr. Brown guaranteed me possession of the building by April.
B: ________________ it is true, I can't show it to you without his direct order.

(a) Granting that
(b) Granted that
(c) Having granted that
(d) Having been granted that

A: Brown씨가 4월까지 그 건물에 관한 소유권을 저에게 보증했습니다.
B: 그게 사실이더라도, 그의 직접적인 지시 없이 당신에게 그 건물을 보여 줄 수 없습니다.

| 필수어휘 |
guarantee v. 보증하다, n. 보증
possess v. 소유하다,
possession n. 소유.

정답 (a)

만점 해설 주어진 문제는 **독립분사구문**을 알고 있는지를 묻는 문제이다. "비록 ~일지라도"의 뜻을 가지고 있는 "granting that~"이 들어가며, 이것은 관용어구처럼 쓰이는 것이므로 기억해 두면 정답에 빠르게 접근할 수 있다.

Calvin's Tip

독립분사 구문

1. Generally speaking, 일반적으로 말하면
2. Strictly speaking, 엄밀히 말하면
3. Judging from~ ~으로 판단해 보건 데
   c.f.) Judged from (x)
4. Frankly[Honestly] speaking, 솔직히 말하면
5. Granting[Admitting] that~ ~을 인정하더라도, 비록 ~일지라도
6. Talking of~ ~으로 말하자면
7. Considering[Seeing] that~ ~으로 고려해 보건 데
8. Roughly speaking, 대충 말하자면
9. Historically speaking, 역사적으로 말하면
10. All things considered, 모든 사실을 고려하면
11. Looking back, 과거를 돌아보니...
12. Given~ ~라면
13. Supposing~ ~라면
14. Compared with~ ~을 비교하면
15. Seeing that~ ~을 보면, ~이므로

9 ｜ 출제 Point ｜ 수량표현

난이도 ★☆☆ / 기출빈도 ★★★

A: Do you know anything about Neil Armstrong?
B: Of course. He is one of ______________ who landed on the Moon.

(a) the first astronomers
(b) the first astronauts
(c) a first astronomer
(d) first astronauts

A: Neil Armstrong에 대해서 아는 것이 있어?
B: 물론이지, 그는 달에 착륙한 최초의 우주 비행사 중의 한 명이야.

｜ 필수어휘 ｜
astronomer n. 천문학자
astronaut n. 우주비행사

정답 **(b)**

만점 해설　**수량표현**을 묻는 문제로, 이러한 유형은 주로 **주어와 동사 일치 문제**로 출제된다. 주어진 문제에서는 **"one of the 복수명사"**의 형태를 찾는 것이 관건이다.

각종 수량 표현

단수명사+단수동사	the+복수명사+단수동사	복수명사+복수동사	셀 수 없는 명사+단수동사
one	the number of	two/three	little (부정의 의미)
every	(the number 가주어)	many	a little (긍정의 의미)
each	one of	few (부정의 의미)	much
a/an	each of	a few (긍정의 의미)	amount of
either	every one of	a couple of	a great deal of
neither	either of	several	a good deal of
	neither of	a number of(=many)	
	both (of)		

10 ｜ 출제 Point ｜ 관계대명사 but

난이도 ★★★ / 기출빈도 ★☆☆

A: I should've blocked the ball.
B: Stop accusing yourself of the loss. There's nobody __________ makes mistakes.

(a) that
(b) but
(c) which
(d) whom

A: 그때 그 공을 막았어야만 했는데.
B: 그만 자책해. 세상에 실수 안 하는 사람은 없어.

｜ 필수어휘 ｜
accuse A of B　A에게 B에 관해서 비난하다, 고소하다, 책임을 묻다

정답 **(b)**

만점 해설　관계대명사 **"but"**에 관한 문제이다. 관계대명사 but은 관계대명사 "that" 이하에 동사의 부정형이 있을 때, **"that +부정어"** 대신에 사용한다. 즉, "that + V"의 부정형은 "but +동사"의 긍정형이다.

관계대명사 but
There is nobody **that doesn't** make mistakes.
= There is nobody **but makes** mistakes.

11 | 출제 Point | 명사절(의문사절)의 어순

난이도 ★★☆ / 기출빈도 ★★★

A: Do you smell anything?
B: Yeah, I'll go check _________________.

   (a) what is the smell from
   (b) what from the smell is
   (c) the smell is from what
   (d) what the smell is from

A: 무슨 냄새 나는 것 같지 않아?
B: 응, 내가 가서 어디서 냄새가 나는지 알아볼게.

정답 (d)

> **만점 해설** 명사절 "what"의 어순을 묻는 문제이다. 명사절의 어순은 "의문사" 또는 "접속사" 다음에 **"주어+동사"의 순서**로 온다는 것을 기억하자.

명사절이란?

▷ 명사절은 문장에서 **명사의 역할을 수행하는 절**이다.
즉, 문장에서 주어, 목적어, 보어로 사용되는 "주어 + 동사"의 절이다.

▷ 모든 명사절의 어순은 "접속사/의문사 + S + V + 목 / 보 / 수식어"임을 명심하자.
절대로 "접속사 V +S + 목 / 보 / 수식어"의 순서로 사용하지 않도록 주의하자!

▷ what으로 시작하는 절은 **앞에 명사가 위치할 수 없으며**, 뒤에 주어나, 목적어나, 보어가 생략된 **불완전한 문장**을 가진다.

12 | 출제 Point | 타동사로 착각하기 쉬운 자동사

난이도 ★★☆ / 기출빈도 ★★★

A: Did you hear that the office building right next to the gas station _____________ last night?
B: Yes I did, and someone is going to be in big trouble.

   (a) was collapsed
   (b) had been collapsed
   (c) collapsed
   (d) had collapsed

A: 어제 밤에 그 주유소 옆에 있던 건물이 무너지는 소리 들었어?
B: 응 들었어, 누군가 굉장히 곤란한 처지에 놓이겠군.

| 필수어휘 |
collapse v. 붕괴되다
be in trouble 곤란한 처지에 놓이다

정답 (c)

> **만점 해설** 문맥상 지난 밤에 일어난 일에 대해, 두 화자가 '현재' 시점에서 이야기 하고 있으므로 시제는 "과거"를 쓰는 것이 적절하다. 따라서 정답은 (c)이다. Calvin's Tip에 주어진 동사들은 모두 자동사이지만, 국어의 영향 때문에 타동사로 사용하고 싶은 욕구가 생기는 동사들이다. 이것들은 자동사이므로 뒤에 목적어가 올 수 없으며, 수동태도 불가능하다는 것을 함께 기억해 두자.

타동사로 착각하기 쉬운 자동사 (수동태불가!)

happen	발생하다	disappear	사라지다	arise	일어나다	complain	불평하다
collapse	붕괴되다	function	작동하다	apologize	사과하다	graduate	졸업하다
appear	나타나다	occur	발생하다	wait	기다리다	range from A to B	범위에 이르다

13 | 출제 Point | 동사＋대명사＋부사
난이도 ★☆☆ / 기출빈도 ★★★

A: Calvin, I think I misplaced my keys. Did you happen to see them?
B: Not again! I ___________________ when you were talking on the phone.

(a) put them on the dining table
(b) put it on the dining table
(c) put on them on the dining table
(d) put on it on the dining table

A: Calvin, 열쇠를 어디에 두었는지 모르겠어. 혹시 본 적 있어?
B: 다시는 그러지마! 네가 전화하는 동안, 내가 식탁에 올려놨어.

| 필수어휘 |
misplace v. 잘못 두다, 둔 곳을 잊다

정답 (a)

만점 해설 "동사＋대명사＋부사"의 어순을 묻는 문제이다. 영어 어순에서는 동사 뒤에 대명사와 부사를 쓸 때는 이와 같은 어순으로 쓰는 것이 옳다. 주어진 문제의 "put on"과 같은 "phrasal verb(구동사)"는 대명사를 목적어로 수반할 때 반드시 **동사와 부사 사이에 목적어를 위치**시켜야 한다는 것을 기억하자.

phrasal verb 정리

call off	취소하다	point out	지적하다	turn on	켜다
pick up	집다	try on	시험 삼아 입어보다	lay off	정리해고 하다
take off	벗다	hand in	제출하다	put off	미루다
give up	포기하다	pull over	잠시 주차하다	wake up	깨우다

14 | 출제 Point | 전치사의 목적어로 쓰인 관계대명사
난이도 ★★★ / 기출빈도 ★★★

A: I've studied TEPS for a long time, but it never seems easy.
B: I know, but that depends on the instructor __________ you learn.

(a) that
(b) whom
(c) from whom
(d) who

A: 난 오랫동안 TEPS 공부를 해왔지만, 한 번도 쉬워 보인 적이 없어.
B: 맞아, 그러나 그건 네가 어떤 선생님에게 배우느냐에 달린 것 같아.

| 필수어휘 |
depend on N ～달려있다, ～에 의지하다

정답 (c)

만점 해설 주어진 문제의 보기를 보면 **관계사 문제**임을 쉽게 알 수 있다. 관계사는 일반적으로 **선행사를 수반**하면서 **불완전한 문장**을 동반하는 경우가 많다. 그러나 문제에서는 뒤에 완벽한 문장을 동반하고 있으므로, 불완전한 문장을 동반하는 (a), (b), (d)는 정답일 수 없다. 따라서 정답은 (C)이다.

관계사의 원칙

선행사 수반 + 불완전한 문장을 동반하는 관계사 : which, that, who, whom
선행사 수반 불가 + 불완전한 문장을 동반하는 관계사 : what
선행사 수반 + 완벽한 문장을 동반하는 관계사 : whose (무관사 명사 수반)
선행사 수반 + 완벽한 문장을 동반하는 관계사 : where, when, why
선행사 수반 + 완벽한 문장을 동반하는 관계사 : 전치사+whom, 전치사+which

＊절대 that을 사용하면 안 되는 경우

▷ that은 관계대명사의 **"계속적 용법"**으로 **사용이 불가능**하다. (that 앞에 콤마 사용금지)
▷ 관계대명사 that 앞에 **"전치사 사용"**이 불가능하다.

＊앞 문장 전체를 받을 수 있는 유일한 관계대명사는 "which"이다.

A: How did the physics exam go?
B: Well, there were a number of _________ questions
   I spent much of the time on.

(a) puzzle
(b) puzzled
(c) puzzling
(d) being puzzled

A: 물리 시험 어땠어?
B: 음, 문제 풀이에 시간이 오래 걸리는 헷갈리는 문제들이 많이
   있었어.

| 필수어휘 |
How do(does/did) S go? S가 어땠어?
puzzling a. 헷갈리는, 곤혹하게 하는
a number of 복수N (= many + N) 많은

정답 (c)

 **만점 해설** 제한적 용법(명사수식)으로 쓰인 현재분사와 과거분사 중에 알맞은 표현을 고르는 문제이다. **현재분사**는 **"능동" 또는 "진행"**의 의미일 때 쓰이며, **과거분사**는 **"수동 또는 "완료"**의 의미일 때 쓰인다. 즉, 수식을 하는 분사와 수식을 받는 명사의 관계가 능동적인 관계인지 수동적인 관계인지를 먼저 파악해야 한다. "question"과 빈 칸의 분사의 관계가 **"능동"**이므로 (c)가 정답이다.

과거분사 vs. 현재분사 제대로 찾기!

현재분사는 그 동작의 행위자가 수식을 받는 명사이지만, 과거분사는 그 동작의 행위자는 문장 내에서 알 수 없으며, 수식을 받는 명사는 행위자가 아닌 그 동작을 받는 사람이나 사물이라는 것을 기억하여 정답에 접근해보자.

e.g.

▷ a puzzling question: question과 puzzling의 관계 → 능동, 진행
  "puzzling"이라는 행동은 "question" 스스로에 의해서 이루어진다.

▷ a sleeping lion: sleeping과 lion의 관계 → 능동, 진행
  "lion"이 "sleeping"이라는 동작을 스스로 하고 있다.

▷ a murdered cop: cop과 murdered의 관계 → 수동, 완료
  "murdered"라는 동작은 "cop"이 행한 것이 아니다.
  또한 "cop"에게 "murder" 라는 동작은 행한 것이 아니라 받은 것이다.

16 | 출제 Point | 완료조동사

난이도 ★★☆ / 기출빈도 ★★★

A: I brought a little surprise for you!
B: You _________________ .

    (a) wouldn't have
    (b) couldn't have
    (c) shouldn't have
    (d) must have

A: 네가 깜짝 놀랄 작은 선물을 가지고 왔어!
B: 뭐 하러 그랬어.

정답 (c)

만점 해설　완료 조동사의 형태는 "**조동사 + have Vpp**"의 형태로 조동사에 따라 그 의미가 달라지므로, 앞 뒤 문맥을 파악하여 적절한 조동사를 고르는 것이 관건이다. 주어진 문제에서는 A가 '깜짝 놀랄만한 작은 선물로 가져왔다'고 말하였으므로, "You shouldn't have (done it)." 즉, '**그렇게 할 필요가 없었다**'는 의미의 대답으로 이어져야 자연스럽다.

완료조동사 "조동사 + have pp" 바로 알기!

must have Vpp	과거사실에 대한 강한 추측 : ~이었음에 틀림이 없다 I **must have misplaced** my bag. 내가 가방을 잘못 두었음에 틀림이 없다.
may/might have Vpp	과거사실에 대한 50% 확신 추측 : 아마도 ~였을 것이다 He **might have been** sick. 아마도 그가 아팠었나 봐.
cannot have Vpp	과거사실에 대한 강한 부정 추측 : ~이었을 리가 없다 He **cannot have been** a spy. 그가 스파이였을 리가 없어.
should have Vpp	과거에 이루지 못한 사실 (후회) : ~했어야만 했다 I **should have told** you earlier. 너에게 좀 더 일찍 말했어야만 했는데.
could have Vpp	과거에 이루지 못한 사실 : ~할 수 있었다 I **could have become** a lawyer. 난 변호사가 될 수 있었다.
would have Vpp	과거에 이루지지 않은 사실 : ~될 수 있었다 He **would have been killed** without the seat belt. 안전벨트가 없었다면, 그는 죽었을 수도 있었어.

17 | 출제 Point | 대부정사

A: Would you like to have some dessert?
B: Yes, I _________________ .

(a) would love to
(b) would love to do
(c) would love to do so
(d) would love doing it

A: 디저트 먹을래?
B: 그래, 나야 너무 좋지!

정답 **(a)**

만점 해설 to 부정사의 반복을 피하기 위해서 사용하는 **"대부정사의 용법"**을 묻는 문제이다. "to+동사원형"은 to까지만 써서 반복을 피하지만, "to+be동사"는 "to be"까지 쓴다는 것을 따로 기억하자!

대부정사의 사용

A: **Are** you ready to go?
B: No, but I need **to be** (ready) soon.

A: Do you want **to play soccer**?
B: Yes, I want to (play soccer), but I have a lot of work to do.

18 | 출제 Point | 가정법 if의 생략과 주어 동사의 도치

A: _________________ more time, I could've got into a better college.
B: That is exactly what losers always say.

(a) Had I had
(b) If I had
(c) Have I had
(d) If I have

A: 만약 시간이 좀 더 있었다면, 그 대학에 들어갈 수 있었을 텐데.
B: 패배자들은 항상 그렇게 얘기하더라.

정답 **(a)**

만점 해설 주어진 문제는 **"가정법 if의 생략"**을 묻고 있다. 가정법 과거완료의 문장에서 if가 생략되면 조동사 "had"를 주어 앞에 쓰면서 '**주어와 동사의 어순을 도치시킨다**'는 것을 알고 있는지를 묻는 문제이다. 빈칸 뒤의 문장에서 **"could have VPP"**가 쓰였으므로, '가정법 과거완료'임을 알 수 있다. 따라서 "if"가 생략되고 동사의 형태가 적절하게 쓰인 (a)가 정답이다.

가정법 도치 바로 알기!

If S should 동사원형	→	Should S 동사원형	가정법미래
If S were	→	Were S	가정법과거
If S 동사의 과거형	→	Did S 동사원형	가정법과거
If S had Vpp	→	Had S Vpp	가정법과거완료

19 | 출제 Point | 분사구문

난이도 ★★★ / 기출빈도 ★★★

A: _______________ by the district attorney, he is now facing a ruthless trial.

B: He deserves it.

(a) Indicted
(b) Indicting
(c) Having indicted
(d) Having been indicted

A: 그 지방검사에게 기소 당해서, 그는 앞으로 무자비한 재판을 받게 될 거야.

B: 그는 그럴만해.

| 필수어휘 |

district attorney 지방검사
face v. 직면하다, ～를 향하다/바라보다
ruthless a. 무자비한, 냉혹한, 무정한
deserve v. ～할만하다. ～하는 게 당연하다

정답 (a)

만점 해설 **분사구문**은 종속절의 주어와 주절의 주어의 반복을 피하기 위해서, **종속절의 주어를 생략**해서 문장을 좀 더 세련되게 만드는 역할을 수행한다. 주어진 문제에서는 주절의 주어인 "he"가 기소를 당했다는 의미이므로 수동형인 "indicted"가 되고, 시간의 전후가 없으므로 완료형을 쓸 필요가 없다. 따라서 정답은 (a)이다.

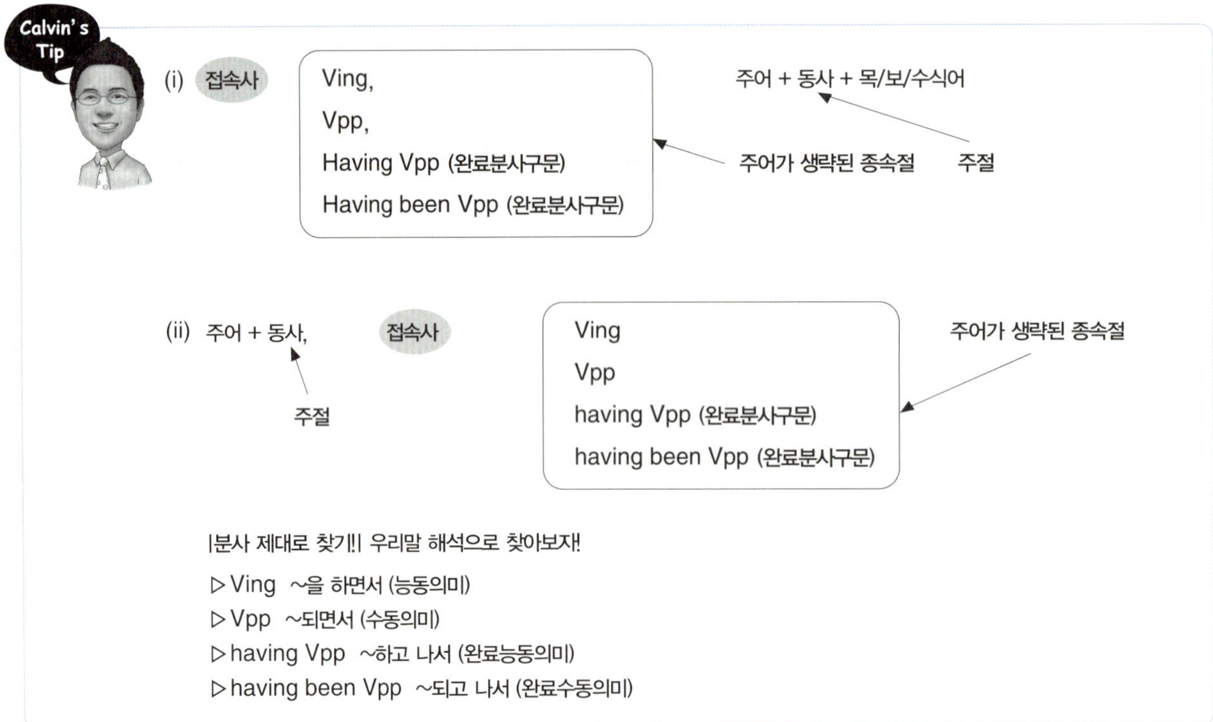

A: Have you considered ＿＿＿＿＿＿ Jane that you failed the class?
B: No, I just don't like to see her disappointed.

(a) tell
(b) to tell
(c) telling
(d) having to tell

A: 네가 그 수업에 낙제했다고 Jane에게 말하는 것을 생각해 봤어?
B: 아니, Jane을 실망 시키고 싶지 않아.

| 필수어휘 |
consider v. 고려하다
disappoint v. 실망시키다

정답 (c)

만점 해설 **동명사를 목적어**로 취하는 동사 중의 하나인 **"consider"**의 용법을 알고 있는지를 묻는 문제이다. 동사 다음에 "~ing"가 사용된 (c)와 (d)중에서 문맥상 Jane에게 말하는 것을 생각해 보았느냐는 의미이므로 정답은 (c)가 적절하다.

consider & suggest

consider		suggest
S + consider **Ving**		S **+ Ving**
consider **N**		suggest **that S + (should) V + 목/보/수식어**
consider **N1 N2**		**N to someone**
consider **that S + V +목/보/수식어**		

▷ **동명사를 목적어로 수반하는 동사**

admit	인정하다	deny	부인하다	imagine	상상하다	put off	미루다
advocate	옹호하다	enjoy	즐기다	mind	꺼리다	resist	저항하다
avoid	피하다	escape	탈출하다	miss	놓치다	risk	위험을 감수하다
delay	늦추다	give up	포기하다	postpone	미루다	quit	관두다

21 | 출제 Point | 접속사 vs 전치사

난이도 ★★☆ / 기출빈도 ★★★

__________ the installation of the newest software, we decided to show all the steps in detail since our major clients are housewives.

(a) Once
(b) While
(c) During
(d) As

새로운 소프트웨어 설치가 진행되는 동안, 자사는 주요 고객들이 주부라는 이유 때문에 모든 과정을 자세하게 보여주기로 결정하였습니다.

| 필수어휘 |
installation n. 설치
install v. 설치하다
in detail 자세히, 자세하게
major a. 주된
minor a. 작은 부분의, 중요하지 않은

정답 (c)

만점 해설 **전치사**는 뒤에 **명사나 동명사가 위치**하지만, **접속사**는 생략되는 경우를 제외하고는 반드시 **주어 동사가 위치**해야만 한다. 빈 칸 뒤에 주어 동사가 아닌 명사구가 있으므로 접속사인 while과 once는 오답이며 전치사가 필요하다. as가 접속사로 사용될 때는 '~할 때' 혹은 '~이기 때문에' 의미로 많이 쓰이며, 전치사로 쓰일 때는 주로 '~로서' 라는 의미를 나타낸다. 따라서 as가 전치사로 사용되었다 하더라도 의미상 어울리지 않는다. 따라서 '~동안' 이라는 의미의 전치사 "during"이 정답이다.

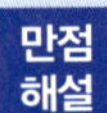

헷갈리기 쉬운 접속사 vs. 전치사

접속사	전치사
Because + S + V + 목/보/수식어	because of + N / Ving
Although + S + V + 목/보/수식어 Though Even though	despite/in spite of + N / Ving

22 | 출제 Point | 현재완료시제 vs 과거시제

난이도 ★★☆ / 기출빈도 ★★★

He __________ New York several times last year because he invested a lot of money in NASDAQ.

(a) has been to
(b) went to
(c) gone to
(d) has gone to

그가 NASDAQ에 많은 돈을 투자했기 때문에 그는 작년에 뉴욕에 여러 번 갔다 왔다.

정답 (b)

만점 해설 빈 칸에 들어갈 **동사의 시제**를 묻는 문제 유형으로, 현재완료와 과거시제 중에서 고르게 하는 문제가 자주 출제된다. **현재 완료는** 과거와 현재를 모두 포함하고 있는 시제이므로 **명백한 과거**를 나타내는 부사 "ago, last, yesterday" 등과 함께 사용될 수 없다는 것을 잊지 말자. 대신에 과거부터 현재까지의 의미를 모두 포괄하는 부사 "recently, since, so far, until now, lately, for, during"등과 잘 어울린다는 것도 함께 알아두자.

been to vs. gone to

▷ have been to 장소 : 그 장소에 갔다 오다
▷ have gone to 장소 : 그 장소로 가버렸다 (다시 돌아왔는지 알 수 없음.)

23 | 출제 Point | 동명사의 관용적 표현

난이도 ★★★ / 기출빈도 ★★★

North Korea has had trouble ___________ its poverty cycle while South Korea has become one of the most prosperous economies in Asia.

(a) escaping
(b) for escaping
(c) to escape from
(d) escape from

남한이 아시아에서 경제적으로 번영하는 나라 중의 하나가 되는 동안, 북한은 가난의 굴레에서 벗어나는데 어려움을 겪었다.

| 필수어휘 |
poverty n. 가난
poverty cycle 가난의 굴레
prosperous a. 번영하는

정답 (a)

만점 해설 동명사의 관용적 표현들은 기출빈도가 높은 편이며, 각각의 뜻을 알고 있어야 정확하게 정답에 접근할 수 있다. 주어진 문제에서는 **'~을 하는 데에 어려움을 겪다'** 라는 뜻으로 "**have trouble ~ing**" 구문이 쓰였고, 주의할 것은 동사의 형태를 항상 "**~ing**" 형태로 쓴다는 것을 기억하자. 또한, 동사 "escape"가 타동사로 쓰일 때는 전치사 "from"을 수반할 수 없다는 것도 함께 알아두자.

"어려움"을 나타내는 동명사의 관용적 표현

S has/have trouble ~ing	~데 문제가 있다 She **has trouble speaking** up in class. 그녀는 수업시간에 크게 말하는 데 문제가 있다.
S has/have difficulty ~ing	~데 어려움이 있다 I always **have difficulty solving** grammar questions. 나는 문법 문제를 푸는데 항상 어려움이 있다.
S has/have a 형용사 time	~ 시간을 가지다 He **had** such **a good time having** a party with his friends. 그는 그의 친구들과 파티 하면서 좋은 시간을 가졌다.

*trouble과 difficulty 앞에 무관사임을 명심하자.

24 | 출제 Point | 가정동사의 용법

난이도 ★★☆ / 기출빈도 ★★★

The city council consistently insists that more public schools _________ opened in the area to minimize the number of students in the classroom.

(a) is
(b) be to
(c) are
(d) be

시의회는 학급당 학생 수를 최소화하기 위해서, 그 지역에 더 많은 공립학교가 개교되어야 한다고 지속적으로 주장한다.

| 필수어휘 |
council n. 위원회, 지방의회
minimize v. 최소화하다
maximize v. 최대화, 극대화하다

정답 (d)

만점 해설 "**가정동사**"를 묻는 문제이다. 가정동사는 주로 '**명령, 주장, 충고, 제안, 요구**'의 의미를 가 지고 있는 동사이며 뒤에 that절을 동반한다. 이때 that절의 동사는 **should가 생략된 동사 원형**을 취한다. 그러므로 정답은 (d)이다.

가정동사

S | suggest/demand/insist/propose/command/require/request/order/advise/recommend | + that + S (should) 동사원형

25 | 출제 Point | so와 such의 어순

난이도 ★★☆ / 기출빈도 ★★★

History will tell you that he was a great speaker and motivator, but not ＿＿＿＿＿＿ President.

(a) so great a
(b) such great
(c) so a great
(d) such great a

역사는 당신에게 그가 위대한 연설가 이며, 동기를 주는 사람이지만 위대한 대통령은 아니라는 사실을 말해 줄 것입니다.

| 필수어휘 |
motivate v. 동기를 부여하다

정답 **(a)**

만점 해설 "so와 such의 어순"을 묻는 문제로 기출빈도가 높은 문제 유형이다. "so 형용사 a/an 명사"가 적절한 어순인데, 주어진 빈 칸 다음에 "President"가 주어졌으므로 적절한 어순은 (a)이다.

so & such 의 어순

▷ so
as (부사)
too
how
however (=no matter how)

+ 형용사 a/an 명사

▷ such
quite
what
whatever

+ a/an 형용사 명사

26 | 출제 Point | 사역동사의 용법

난이도 ★★☆ / 기출빈도 ★★★

As he was creating the first library, Sixtus IV had the Palatine Chapel ＿＿＿＿＿＿, later called the Sistine Chapel.

(a) to build
(b) build
(c) building
(d) built

Sixtus IV가 최초의 도서관을 건립할 때, 그는 나중에 Sistine 예배당이라 불리게 된 Palatine 예배당을 짓도록 했다.

| 필수어휘 |
chapel n. 교회, 예배당

정답 **(d)**

만점 해설 **사역 동사의 목적보어 자리**에 들어갈 수 있는 동사의 적절한 형태를 묻는 문제 유형이다. 비교적 기출 빈도가 높은 편이므로 이와 관련된 다음의 사항을 잘 기억해 두자. 주어진 문제에서는 목적어 "the Palatine Chapel"이 사물이므로, 목적보어 자리에 "수동형"이 와야 자연스럽다.

사역동사 바로 알기!

	make	목적어 + 동사원형
S +	let	
	help	목적어 + 동사원형/to 동사원형

S + have 목적어 + (동사원형) → 능동적 관계
　　　　　　　　　 (Vpp) → 수동적 관계

get + (to동사원형) → 능동적 관계
　　　 (Vpp) → 수동적 관계

Canada is a very large country ______________ with many natural resources from trees to petroleum.

(a) blessing
(b) blessed
(c) to bless
(d) to be blessed

캐나다는 삼림부터 원유까지 많은 천연자원을 가지고 있는 큰 나라이다.

| 필수어휘 |
petroleum n. 원유
bless v. 축복하다, 은혜를 베풀다

정답 **(b)**

"country"를 뒤에서 수식하고 있는 **분사의 형태**를 묻는 문제이다. country가 축복을 하는 것이 아니라 "with many natural resources"로부터 '축복을 받았다'는 **"수동"의 의미**이므로 "blessed"가 되어야 자연스럽다. (d) to be blessed도 수동의 의미를 가진 부정사의 형용사적 용법으로서 country를 수식할 수 있지만, 이런 경우 미래의 의미를 가지게 되어, '앞으로 축복받을'의 '미래'로 해석되므로 적절하지 않다.

명사 후치 수식구

▷ N + to 동사원형　　 **~할 명사**
▷ N + Ving (현재분사) **~하는 명사**
▷ N + Vpp (과거분사) **~된 명사**

The unemployment rate this quarter is ______________ that of two quarters ago.

(a) twice as high as
(b) higher twice than
(c) higher than twice
(d) as high as twice

이 번 분기의 실업률은 두 분기 이전의 실업률 보다 두 배 높다.

| 필수어휘 |
unemployment rate n. 실업률
quarter n. 분기

정답 **(a)**

비교급 **강조 부사의 위치**를 묻는 문제유형으로 어순을 묻는 유형 중에서 자주 출제되는 유형중의 하나이다. 비교급을 강조하는 부사, 부정어, 그리고 배수사는 항상 비교급 **바로 앞에 위치**한다는 것을 기억해두면 정답에 빠르게 접근할 수 있다. 따라서 정답은 (a)이다.

비교급 강조 / 부정 / 배수사의 위치

부정 (not)
배수사 (twice, a half, triple, a third)
강조 (even, much, still, far, a bit, a little bit, a lot)

(e.g.)

+ 비교급 →
not as tall as
twice as high as
a third as high as
still better
a bit better

29 | 출제 Point | 합성명사와 합성형용사

난이도 ★★☆ / 기출빈도 ★★☆

Kailua Beach, _________________ white-sand beach offers the perfect conditions for just about every type of water sport.

(a) popular three-miles-long
(b) popular three-mile-long
(c) a popular three-mile-long
(d) a popular three-miles-long

3마일 길이의 하얀 백사장으로 유명한 Kailua Beach는 거의 모든 종류의 수상 스포츠의 완벽한 조건들을 제공한다.

정답 (c)

만점 해설 합성명사는 두 개 이상의 단어가 '-'로 연결된 명사이며, **합성형용사**는 두 개 이상의 단어가 '-'로 연결된 형용사로서 명사를 수식한다. 이 때 **합성명사를 구성하는 각각의 단어는 복수가 가능**하지만, **합성형용사를 구성하는 단어들은 복수명사가 불가능**하다. 그러므로 정답은 (b) 또는 (c) 이며, 빈 칸 이후에 있는 beach는 셀 수 있는 명사이므로 (c)가 되는 것이 적절하다.

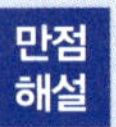

합성명사와 합성형용사

| ▷ 합성명사 | son-in-law → sons-in-laws | *각각의 구성 단어가 복수 가능 |
| ▷ 합성형용사 | a three-year-old boy (O)
a three-years-old boy (X) | *각각의 단어는 복수 불가능 |

30 | 출제 Point | 최상급의 강조

난이도 ★★☆ / 기출빈도 ★★☆

Phuket is _____________ best place for a honeymoon.

(a) by far the
(b) very
(c) by the far
(d) very the

푸켓은 신혼여행지로서 최적의 장소이다.

정답 (a)

만점 해설 주어진 문제는 **최상급 강조표현**을 알고 있는지를 묻는 문제이다. 그러나 (d)가 정답이 될 수 없는 이유는 "very"가 최상급을 수식할 때는 "the very best"가 되어야 하기 때문이다. 따라서 (a) by far the가 가정 적절하다.

최상급 강조 표현 "by far / very / ever"

▷ He is **by far the best** student in class.
▷ He is **the very best** student in class.
▷ He is **the best** student in class **ever**.

31 | 출제 Point | 명사절의 용법

______________________ did not prevent him from writing a cauple of best sellers.

(a) That never he went to college
(b) That never to college he went
(c) That he never went to college
(d) He never went to college

그가 대학에 다니지 않았다는 것이 그가 베스트셀러들을 쓰는 것을 막지 못했다.

정답 (c)

만점 해설 우선 빈칸에 들어가는 절이 전체 문장의 주어라는 것을 알아야 한다. **주어가 될 수 있는 절은 "명사절"**이며, 보기의 (d)는 주어로서 사용 될 수 없는 완벽한 단문이다. 명사절은 **"의문사/접속사 + S + V"**의 어순이므로 정답은 (c)이다.

"금지 / 단념 / 구별"의 의미를 갖는 주요 동사들: "V A from B"

▷ 막다, 방해하다, 저지하다

prevent	inhibit	bar	deter
prohibit	ban	keep	hinder

▷ 단념시키다   discourage   dissuade   stop

▷ 식별하다   tell   distinguish

---

32 | 출제 Point | 결과와 목적의 부사절

To lose weight, do not eat anything but fresh water at night ______________ your stomach can have enough time to digest what you had during the day.

(a) in order to
(b) providing that
(c) such that
(d) so that

체중을 줄이기 위해서는 네가 낮 동안에 먹었던 음식을 소화시킬 수 있는 충분한 시간을 주기 위해서, 밤에는 신선한 물 이외에 아무것도 먹지 말아라.

| 필수어휘 |
anything but A A를 제외하고 모두
nothing but A (= only A) 오직 A만
digest v. 소화하다, 요약하다, 이해하다

정답 (d)

만점 해설 "so that S + V + 목/보/수식어"은 '목적의 부사절(~하기 위해서)'이고 "such that S + V + 목/보/수식어"는 '결과의 부사절 (그 결과로 ~하다)'의 의미이다. 문맥상 빈 칸 뒤의 내용이 그 앞의 내용에 대한 목적이 되므로 정답은 (d)가 되어야 자연스 럽다. 참고로 "providing that"은 "if"와 같은 뜻이며, "in order to" 다음에는 동사 원형만이 올 수 있기 때문에 주어진 문제에 는 적절하지 않다.

목적의 부사절

S1 + V1 + 목 /보 / 수식어 so that/in order that S2 + V2 + 목 /보 / 수식어

(1) to 부정사의 부사적 용법: 목적의 용법
    S1 + V1 + 목 / 보 /수식어 to 동사원형
        so as to 동사원형
        in order to 동사원형

(2) 목적의 의미의 전치사구
    S1 + V1 + 목 / 보 /수식어 for the purpose of N/ Ving
        with a view to
        with the view of
        with the object of
        with the intention of

33 | 출제 Point | 관계대명사

난이도 ★★★ / 기출빈도 ★★☆

Korea might go into a deep recession, _______________ people had better hold on to their cash and not buy any property or commodity.

(a) in case of which
(b) in which case
(c) in that case
(d) in what case

한국은 아마도 깊은 불경기에 이를 것이다. 그러한 경우에 한국인들은 그들의 현물 자산이나 상품을 사지 말고 현금을 보유하는 것이 더 좋다.

| 필수어휘 |
recession n. 불경기 (depression), 경기 후퇴
hold on to v. 꼭 붙들다, ~에 의지하다, 매달리다
property n. 부동산, 현물 자산
commodity n. 상품

정답 **(b)**

만점 해설 빈 칸의 앞 뒤를 보면 완벽한 두 문장이 위치해 있는 것을 알 수 있다. **두 단문을 연결**시킬 수 있는 것은 '**접속사**'나 '**관계사**'이다. 문장의 내용을 보면, 빈 칸은 '그러한 경우'로 해석되어야 자연스러우므로 (c)가 정답처럼 보이지만, that은 전치사 뒤에서 관계사의 용법으로 사용될 수 없다. 또한 (a)는 which 뒤의 완벽한 문장을 수반할 수 없으므로 적절하지 않다. 따라서 (b)가 가장 적절하다.

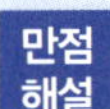

문제 14번의 Calvin's Tip 참고

34 | 출제 Point | 부정대명사의 용법

난이도 ★★☆ / 기출빈도 ★★☆

The Vatican is more sacred than _______________ in the world.

(a) any other city
(b) any other cities
(c) another cities
(d) some cities

바티칸은 전 세계의 어떤 도시보다 가장 성스러운 도시이다.

| 필수어휘 |
sacred a. 성스러운

정답 **(a)**

만점 해설 주어진 문제는 **명사의 수**에 관한 문제유형이다. 일반적으로 **another 다음**에는 **단수명사**, **other 다음**에는 **복수명사**가 온다. 그러나 **other 앞**에 "some, no, any, every"가 위치하면 명사는 반드시 **단수 명사**가 온다는 것을 기억하자.

부정대명사(형용사) another & other & the other
▷ another + 단수명사 : 또 다른 하나
▷ other + 복수명사 : 또 다른 여러 개
▷ the other(=the last) + 단수명사 : 마지막 하나
          + 복수명사 : 마지막 여러 개

___________ smart enough to know what a good apartment should be like, she will make a wise decision.

(a) As she being
(b) She being
(c) Being
(d) To be

그녀는 어떤 아파트가 좋은 지 알만큼 충분히 영리하기 때문에, 그녀는 현명한 결정을 할 것이다.

정답 **(c)**

만점 해설 주어진 문제는 접속사와 종속절에 반복되는 주어를 생략하면서, be동사의 형태를 "being"으로 바꾸는 **분사구문**을 묻는 문제이다. 일반적으로 종속절의 동사가 be동사인 경우에는 생략을 하지만, 주어진 문제에서와 같이 **서술적 용법**으로 뒤에 "smart"와 같은 형용사를 수반하는 경우에는 **생략하지 않는다.** (a)와 (b)는 반복되는 주어를 생략하지 않고 그대로 썼기 때문에 어색하며, (d)는 문법상 적절하지 않다.

문제 19번의 Calvin's Tip 참고

It is a purely amazing experience to see

___________________________.

(a) how fastly a Porsche runs
(b) how a Porsche fastly runs
(c) how fast a Porsche runs.
(d) how a Porsche runs fast

Porsche가 얼마나 빠르게 달리는 지를 보는 것은 정말 놀라운 경험이다.

정답 **(c)**

만점 해설 **의문사절의 어순**을 묻는 문제이다. "how"나 "what"으로 시작하는 의문사절은 **바로 뒤에 형용사 또는 부사가 위치되어야** 한다. 또한, "fast"는 형용사와 부사의 형태가 같다는 것도 기억해 두면 정답에 빠르게 접근할 수 있다. 따라서, "fast"의 올바른 형태와 의문사절의 어순이 바르게 위치된 (c)가 정답이다.

주의 해야 하는 부사들

▷ 형용사와 부사의 형태가 똑같은 어휘들

fast, last, pretty, well, long, ill, hard, high, near, late, short

▷ 'ly' 를 붙였을 때 다른 의미의 부사로 바뀌는 형용사

high 높은, 높게	vs.	highly 꽤, 대단히
late 늦은, 늦게	vs.	lately 최근에
near 가까운, 가까이	vs.	nearly 거의, 대략
hard 어려운, 열심히	vs.	hardly 거의 ~하지 않는
short 짧은, 짧게	vs.	shortly 곧, 간단히

37 ｜출제 Point｜ 5형식으로 사용된 think, 형용사 worth의 용법

난이도 ★★★ / 기출빈도 ★★☆

Because attending Harvard is too expensive,
I thought _______________________________ .

(a) it not worth my money to go study
(b) my money to go study not worth it
(c) it not to go study worth my money
(d) not worth my money to go study it

하버드대학을 다니는 것은 매우 비싸기 때문에, 난 그곳에 가서 공부하는 것에 돈을 쓸 가치가 없다고 생각한다.

정답 (a)

> **만점 해설**　주어진 문제는 "**주어+think+it(가 목적어)+worth (형용사 목적보어)**"를 묻는 문제이다. 기억해야 할 것은 형용사 "worth"는 **바로 뒤에 명사나 동명사를 수반**하여 "~할 가치가 있다"이라는 뜻을 가지며, **worth의 부정은 앞에 "not"**을 쓴다. 따라서 정답은 (a)가 적절하다. 주어진 문제에서 "to go study"는 바로 앞의 명사 money를 수식하는 형용사적 용법이라는 것도 알고 넘어가자.

5형식 동사

▷ 5형식의 문장?
"주어 + 동사 + 목적어 + 목적보어"의 어순을 가지며 **목적어와 목적보어는 가상의 "주어+동사"의 의미**를 가진다. 예를 들어 "I consider him a good friend"에서, 목적어(him)와 목적보어 (a good friend)는 '그가 좋은 친구이다' 라는 가상의 "주어 + 동사" 관계를 가진다.

｜5형식 동사｜

| consider | think | suppose | believe | let | make | cause | get | enable |
| ask | command | keep | prohibit | have | help | see | hear | watch |

38 ｜출제 Point｜ 완료분사구문

난이도 ★★★ / 기출빈도 ★★★

_______________ her beloved son who was only 4,
she wrote a beautiful song as a tribute to him.

(a) Losing
(b) Lost
(c) Having lost
(d) Having been lost

가장 사랑하는 네 살밖에 안된 아들을 잃고 나서, 그녀는 그를 기리기 위해서 아름다운 노래를 작곡하였다.

｜ 필수어휘 ｜
beloved a. 가장 사랑하는, 소중한
tribute n. 바치는 물건, 존경 애정의 표시

정답 (c)

> **만점 해설**　주어진 문제는 **분사구문의 시제**를 묻는 문제이다. 앞 뒤 문맥상으로 '그녀의 가장 사랑하는 아들을 잃고 나서, 그 곡을 썼다'는 내용이 되어야 자연스럽기 때문에 (c)또는 (d)가 적절하다. **"능동"**(having lost) **"수동"**(having been lost)의 관계에서 고민해 보면, '아들을 잃는 것'의 능동의 의미가 되어야 자연스럽기 때문에 정답은 (c)이다.

문제 19번의 Calvin's Tips 참고

39 | 출제 Point | 혼합가정법

If she had made more effort to be punctual,
________________________ at the firm now.

(a) she would have been working
(b) she could have worked
(c) she could have been working
(d) she would be working

그녀가 시간을 잘 지키기 위해 좀 더 노력했더라면, 지금 그
회사에서 일하고 있을 텐데.

| 필수어휘 |
punctual a. 시간을 잘 지키는
make an effort to V 노력하다, 애쓰다

정답 (d)

만점 해설 주어진 문제는 **혼합가정법의 동사 형태**를 묻는 문제이다. 내용을 보면, '그녀가 과거에 노력했다면, 현재 그 회사에서 일하고 있을 텐데' 되어야 자연스럽다. 즉, 과거의 사건에 대한 가정이 현재의 사실에 영향을 미치고 있을 때 혼합가정법을 사용하는데, 이때 주절의 동사형태는 "would(조동사) + 동사 원형"을 써서 **"가정법 과거"**의 동사를 써야 한다. 따라서 적절한 것은 (d)이다.

혼합가정법 바로 알기!

▷ 내용	if 절 (가정법과거완료) + 주절 (가정법과거)
▷ 형식	If S had Vpp + 목/보/수식어, S would/should/could/might 동사원형
▷ 우리말 해석	(과거에) ～했다면, (현재) ～일 텐데.

40 | 출제 Point | 부정어구로 문장 시작의 도치

Not until a man breaks up with a woman
________________________.

(a) he realizes he was truly in love
(b) he realized he was truly in love
(b) does he realizes he was truly in love
(d) does he realize he was truly in love

그 남자는 그 여자와 헤어지고 난 후에야 그녀를 진심으로
사랑했다는 것을 깨달았다.

정답 (d)

만점 해설 주어진 문제는 **"Not until"**의 부정어가 문장의 앞으로 강조되었을 때 **"동사+주어"의 어순으로 도치**되는 것을 묻고 있다. 문제에서는 동사 "realize"가 일반동사이므로 **조동사 "does"를 동사 앞으로 도치**시키는 것이 적절하다. TEPS에 자주 출제되는 문제 유형이므로 Calvin's Tip의 부정어구들을 미리 기억해 두자.

부정어 도치 구문

Not	+ V + S	* Not until 구문
Never		We do not know the value of health **until** we lose it.
Only		(우리는 건강을 잃어버릴 때까지 그것의 가치를 모른다.)
Little		= Not until we lose health **do we know** the value of it.
Hardly		= Only after we lose health **do we know** the value of it
Scarcely		= Only after we lose health, we **know** the value of it.
Nearly		
Seldom		
Barely		

41 | 출제 Point | it vs. one

난이도 ★★☆ / 기출빈도 ★★☆

(a) A: Have you found a job yet?
(b) B: I am still sending my resume to a number of places
(c) C: I am pretty sure you will find it soon.
(d) D: I hope so.

A: 직장 구했어?
B: 여전히 여러 회사에 이력서를 보내고 있어.
C: 난 네가 곧 직장을 구할 수 있을 거라 확신해.
D: 그랬으면 좋겠다.

정답 (c)
find it soon → find one soon

대명사 "it"과 "one"의 차이를 알고 있는 가를 묻는 문제이다. **it**은 특정한 **단수 명사**, 즉 "**the＋명사**"인 반면에, **one**은 불 특정한 **일반적인 단수 명사**, 즉 "a(n)＋명사"라고 정리할 수 있다. 주어진 문제에서는 특정한 직장이 아니라, 불 특정한 막연한 직장 하나를 찾아야 한다는 의미이므로 "find one soon"이 되어야 자연스럽다.

it vs. one

It	One
A: Do you like your dog?	A: Do you have any dog in your room?
B: Yes, I love **it**. (O) Yes, I love one. (X)	B: Yes, I have **one**.
→ your dog은 '특정한 한 마리의 강아지'이므로 it이 알맞다.	→ any dog은 '불특정한 강아지'를 지칭하므로 one이 알맞다.

42 | 출제 Point | 현재완료시제 vs. 과거시제

난이도 ★★★ / 기출빈도 ★★★

(a) A: Guess what? I just got a little puppy.
(b) B: Really? What did you name her?
(c) C: I didn't yet. Do you have anything good in mind?
(d) D: How about Sue?

A: 있잖아, 나 강아지 한 마리 생겼어.
B: 진짜? 이름을 뭐라고 지었어?
C: 아직 못 지었어. 무슨 좋은 이름이라도 알고 있어?
D: Sue는 어때?

정답 (c)
I didn't yet → I haven't yet.

대화의 흐름상, A는 강아지를 얻은 후부터 지금까지 강아지의 이름을 짓지 못한 것이므로 명백한 과거를 나타내는 "I didn't yet."은 적절하지 않다. 따라서 과거부터 현재까지의 시간을 묘사할 때 사용하는 현재완료를 쓰는 것이 자연스럽다. 앞의 질문이 "What did you name her?"로, "과거 시제"로 질문하였다고 해서 반드시 "과거 시제"를 사용하여 대답하지 않는 것을 기억하자.

(a) A: What do you do at work, Alice?
(b) B: I am just market analyst.
(c) C: How do you like it?
(d) D: Boring. All I do is crunch numbers all day.

A: Alice, 직장에서 무슨 일을 해?
B: 그냥 시장 분석원이야.
C: 하는 일은 어때?
D: 지루해. 내가 하는 일은 하루 종일 숫자 입력하는 것뿐이야.

| 필수어휘 |

analyst n. 분석자, 분석가
crunch v. 데이타를 처리하다
　　　　 n. 결정적인 시기, 위기

정답 (b)
just **market analyst** → just **a market analyst**

만점해설 주어진 문제는 **관사**를 묻는 문제이다. 영어 문장에서는 특정한 상황을 제외하고는 모든 단수 명사 앞에는 반드시 "a(n)" 또는 "the"가 있어야 한다. 그 단수명사가 **특정 명사이면 "the"**, **불특정한 일반명사이면 "a(n)"**을 사용한다는 것을 알아두자.

관사를 생략할 수 있는 경우

▷ 단수명사 앞	nature(자연) 앞　society　space
▷ 전치사 + 장소(건물) (: 본연의 목적)	college / school / church / hospital / bed / prison/jail / court / town in town, to college
▷ elect	Obama was elected President in 2009.
▷ man & woman	man: 남자 / 인류　　woman : 여자 (일반적인 의미)

44 | 출제 Point | as if 가정법

난이도 ★★★ / 기출빈도 ★★☆

(a) A: Why do you hate David so much?

(b) B: Because he talks as if he knows everything, Jenny!

(c) C: That's what everyone agrees on, but you know that he is still a nice person, isn't he?

(d) D: Oh, please. He is obviously not.

A: 왜 David를 그렇게 싫어하는거야?

B: 왜냐하면, 그는 항상 자기가 모든 걸 다 아는 것처럼 행동해서 그래. Jenny!

C: 모든 사람들이 David에 대해 그렇게 생각하지만, 그는 여전히 좋은 사람 이잖아, 그렇지 않아?

D: 제발, 그는 확실히 좋은 사람이 아니야.

정답 (b)

as if he **knows** everything

→ as if he **knew** everything

만점 해설 주어진 문제는 **as if 가정법**에서 사용하는 적절한 동사 형태를 알고 있는 지를 묻는 문제이다. 문맥상 내용으로 볼 때, David이 모든 걸 안다는 것은 불가능하지만, '그가 그런 척한다는 의미'이므로, 가정법과거가 필요하다. 따라서 문장 (b)에서 동사 "knows"를 과거형인 "knew"로 바꾸는 것이 옳다.

as if 바로 알기!

1. S + V as if S + V + 목 / 보 / 수식어: 직설법

   He talks as if he knows everything. (그는 그가 모든 것을 아는 것처럼 행동한다.)

   → 그가 모든 것을 알고 있는지 아닌지 화자는 모른다.

2. S + V as if S + V (과거형, were) + 목/ 보/ 수식어: 가정법과거

   He talks as if he knew everything. (그는 그가 모든 것을 아는 것처럼 행동한다.)

   (=In fact, he doesn't know everything.)

3. S + V as if S + had Vpp + 목 / 보 / 수식어: 가정법과거완료

   He talks as if he had known everything. (그는 그가 과거에 모든 것을 알았던 것처럼 지금 말한다.)

   (=In fact, he didn't know everything.)

45 | 출제 Point | 접속사가 생략되지 않은 분사구문

난이도 ★★☆ / 기출빈도 ★★★

(a) A: Look, I am going to dad's house. Do you want
to come with me?

**(b) B: No, but while talk to him, would you mind
mentioning the answering machine?**

(c) C: Did he play back the messages again?

(d) D: Yeah, I can't believe he did that again.

A: 이봐, 나 지금 아버지 집에 가는데, 같이 갈래?

B: 아니, 근데 아버지랑 얘기할 때, 자동응답기에 대해서 말 좀 해
줄래?

C: 아버지가 네 메세지를 또 들으신 거야?

D: 응, 아버지가 자동응답기를 몰래 들었다니, 정말 믿을 수가
없어.

정답 **(b)**

while **talk** to him → while **talking** to him

 **만점 해설** 주어진 문제는 **접속사가 생략되지 않은 분사구문**을 묻는 문제이다. 모든 접속사 뒤에는 주어와 동사가 수반되어야 하지만, 주절의 주어와 동일하거나 일반적인 주어일 경우에는 생략이 가능하다. 여기서는 주절의 주어 "you"가 생략되었으며, 주어와 동사와의 관계가 능동이므로 "talking"로 바뀌어야 옳다.

문제 19번의 Calvin's Tip 참고

46 | 출제 Point | 2형식 동사의 형용사 보어

난이도 ★☆☆ / 기출빈도 ★★☆

(a)When you are trying to impress people with words, the more you say, the more common you appear, and the less in control. (b)Even if you are saying something banal, it will seem originally if you make it vague and open-ended. (c)Powerful people impress and intimidate by saying less. (d)The more you say, the more likely you are to say something foolish.

말로써 사람들에게 감동을 줄 때, 당신이 말을 많이 하면 할수록 당신은 점점 더 평범해 보이며 자신을 통제할 수 없을 것이다. 비록 진부한 것을 말하더라도, 당신의 말에 끝을 맺지 않고 애매모호한 표현들을 사용한다면, 당신의 말은 신선하게 보일 것이다. 강한 영향력 있는 사람들은 말을 적게 하면서, 상대방을 감동시키고 위협한다. 당신은 말을 많이 하면 할수록, 점점 더 어리석은 말을 할 것이다.

| 필수어휘 |

banal a. 진부한, 평범한
vague a. 애매모호한
open-ended a. 끝을 정하지 않은
intimidate v. 겁주다, 협박하다, 위협하다

정답 **(b)**

seem **originally** → seem **original**

 **만점 해설** 주어진 문제는 불완전 자동사 뒤에 수반되는 **보어의 형태**를 묻는 문제 유형이다. 가능한 보어로는 형용사, to 부정사, 그리고 "that 주어 + 동사 +목 /보 /수식어" 등이 있지만, 부사는 불가능하다는 것을 기억하자.

불완전자동사 : "형용사 보어"를 수반하는 동사

seem	remain	go	prove	fall	appear
look sound	become	come	keep	be	disappear
feel	get	grow			
smell	taste				

47 | 출제 Point | 주격 관계대명사절에서 동사의 일치

난이도 ★☆☆ / 기출빈도 ★★☆

(a)Futures contracts evolved in markets for agricultural and mineral commodities to maintain the risk-sharing of forward transactions while lowering information costs. (b)A futures contract is an agreement that specify the delivery of a commodity or financial instrument at an agreed-upon future date at a currently agreed-upon price. (c)Most futures traded today are financial futures rather than commodity futures. (d)That is, the underlying asset is not a crop or mineral but a financial asset.

선물거래 계약은 미래에 있을 거래의 위험 분산을 위해서 정보의 비용을 낮추면서 농산물과 광물 시장에서 발전했다. 선물거래 계약은 현재 동의한 가격과 미래의 정해진 시간에 특정 상품이나 금융상품을 조달을 동의한 증서이다. 오늘날 거래되는 대부분의 선물거래는 실제 상품이기 보다는 금융상품이다. 즉, 기초를 이루는 거래 자산은 곡식이나 광물이 아닌 금융자산이다.

| 필수어휘 |

future n. 선물
evolve v. 발전하다, 진화하다
commodity n. 실물 상품
risk-sharing n. 위험 분산
transaction n. 거래
financial instrument 각종 금융상품
underlying a. 근원적인, 기초를 이루는
asset n. 자산

정답 (b)
that **specify** → that **specifies**

만점 해설　주어진 문제에서 정답에 접근하기 위해서는 **주격 관계 대명사** 다음에 오는 **동사의 수 일치**는 항상 그 앞에 위치한 명사 즉, 선행사에 일치시킨다는 것을 기억해야 한다. 주어진 문제에서는 주격 관계 대명사 "that"앞의 선행사 "an agreement"가 단수이므로 동사의 형태가 "specify"에서 "specifies"로 바뀌어야 적절하다.

주격 관계대명사 문장구조 알기!

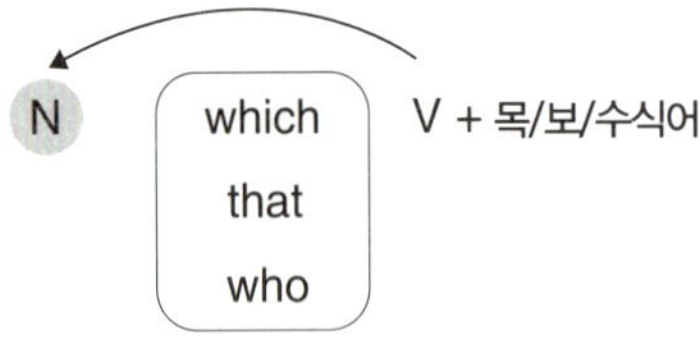

→ 관계대명사절의 동사는 항상 앞에 위치해있는 명사(선행사)에 일치시킨다.

(a)The future of Florida's imperiled coral reefs may be brighter with the creation of the nation's largest marine sanctuary. (b)The Florida Keys National Marine Sanctuary has designed to protect the reefs as well as 2,600 square nautical miles of water embracing both sides of the island chain. (c)The preserve includes the existing Key Largo and Looe Key. (d)Established by congress last fall, the sanctuary is off-limits to most tankers and other large vessels and cannot be mined for seabed minerals.

플로리다의 위험에 처해진 산호초지대의 미래는 국가의 가장 큰 해양보호지구의 형성으로 아마도 더 밝아질 것이다. 플로리다 키스 제도 국립 해양 보호지역은 그 지역의 산호초와 섬들의 양쪽을 둘러싸고 있는 2600해리에 달하는 바닷물을 보호하기 위해서 설계되었다. 그 보호지역은 현존 하는 Key Largo와 Looe Key를 포함하고 있다. 작년 가을에 의회에 의해서 설립된 이 보호지역은 대부분의 유조선과 또 다른 큰 배들의 접근이 제한되며, 이곳의 해저도 채굴이 금지된다.

| 필수어휘 |

imperil v. 위태롭게 하다, 위험하게 하다
coral n. 산호, a. 산호의
reef n. 암초
sanctuary n. 신성한 장소; 피신처; 안식처
nautica a. 항해의, 선박의
nautical miles 해리
square n. 정사각형; 제곱
embrace v. 포옹하다, 껴안다; 받아들이다
preserve v. 보호하다; 저장하다 n. 보존 지역
vessel 배, 용기
seabed 해저(海底)

정답 (b)
has designed to protect
→ **has been designed** to protect

만점 해설　문장 (b)의 동사 형태가 능동이 아니라 수동이 되어야 적절하다. 주어가 "The Florida National Marine Sanctuary"이므로, "design"하는 것이 아니라 "design"된다는 의미여야 적절하기 때문이다. 동사의 자리가 수동인지 확인하는 또 하나의 방법으로, "design"과 같은 타동사는 목적어를 수반해야 하므로 목적어의 유무를 통해 확인하는 것도 기억해 두자.

문제 15번의 Calvin's Tip 참고

49 | 출제 Point | 능동의미의 분사구문

난이도 ★★★ / 기출빈도 ★★★

(a)In the first half of the fifth century B.C. Coriolanus, a great military hero of ancient Rome, won many important battles, saved the city from calamity time and time again. (b)Because he spent most of his time on the battlefield, few Romans knew him personally, making him something of a legendary figure. (c)In 454 B.C., Coriolanus decided it was time to exploit his reputation and enter politics. (d)During his election for high rank of consul, he began his pubic address early in the race by displaying the dozens of scars he had accumulated over seventeen years of fighting for Rome without saying much.

기원전 5세기의 후반부 동안, 고대 로마의 전쟁 영웅인 Coriolanus는 여러 번 로마를 재앙에서 구출하며 매우 중요한 많은 전투에서 승리하였다. 그는 대부분의 시간을 전쟁터에서 보냈기 때문에 로마인들은 그를 개인적으로 잘 몰랐으며, 그로 인해 그들은 그를 거의 전설적인 인물로 만들었다. 기원전 454년에 Coriolanus는 그의 명성을 이용해서 정치에 입문하기로 결정했다. 지위가 높은 집정관의 선거기간 동안, 선거 초기에 있었던 대중 연설에서 그는 말을 아낀 채, 그가 17년 동안의 전쟁에서 얻은 여러 개의 흉터들을 보여주며 연설을 시작하였다.

| 필수어휘 |

ancient a. 고대의
calamity n. 재앙, 재난
exploit v. 개척하다, 이용하다
consul n. 로마의 집정관, 영사
address n. 연설
accumulate v. 쌓다, 모으다

정답 (a)

saved the city from calamity

→ **saving** the city from calamity

 **만점 해설**　주어진 문제는 **분사구문**에 관한 문제이다. "주어+동사+목/보/수식어"의 완벽한 문장 이후에 접속사와 주어가 생략된 "Ving/Vpp" 가 동반된 분사구문이다. 즉, "In the first ~ battles",까지 완벽한 문장이며 콤마 이후에 접속사와 주어 Coriolanus가 생략된 분사구문이다. "save"와 "Coriolanus"의 관계를 보면, 능동의 관계가 자연스럽기 때문에 "saved"가 아닌 "saving"으로 바뀌어야 옳다.

문제 19번의 Calvin's Tip 참고

(a)For the survivors and their children and grandchildren, seated solemnly in the overheated courtroom of the Bordeaux palace of Justice, it almost seemed like a sick joke. (b)Maurice Papon, on trial for sending 1,560 Jews to their deaths in concentration camps during the Nazi occupation of France, was finding his own life in confinement unbearable. (c)The "weight of detention," he said, was making it impossible for him to prepare his defense. (d)The lights kept him up at night. The chair in his cell was uncomfortable.

Bordeaux palace of Justice의 더운 법정에 앉아 있던 생존자와 그들의 자녀들 그리고 손자손녀들에게 있어서 이것은 역겨운 농담처럼 보였다. 과거 프랑스의 나찌 점령 기간 동안 포로수용소에서 1,560명의 유태인들을 죽음으로 몰아넣었던 Maurice Papon는 자신의 감금 속에 있는 그의 인생이 참을 수 없다고 항변하였다. 그는 그 감금의 무게(정도)가 그 자신을 변호하는 준비를 불가능하게 만든다고 말했다. 밤에는 불빛으로 인해 잠을 잘 수가 없다고 말했으며, 그의 감방에 있는 의자가 불편하다고 하였다.

| 필수어휘 |

solemn a. 엄숙한
occupation n. 점령
confinement n. 감금
unbearable a. 참을 수 없는
detention n. 구치, 구금, 유치

정답 (b)
on trial for **sending** 1,560 Jews
→ on trial for **having sent** 1,560 Jews

 **완료동명사**는 "having Vpp"의 형태를 가지고 있으며, 문장의 본동사보다 과거에 이루어진 사실을 나타낸다. 즉, 주어진 문제에서 "Maurice Papon, on trial for sending 1,560, was finding~"이라고 쓰면, "sending" 한 시점과 "was finding" 한 시점이 일정부분 겹친다는 의미가 된다. 하지만 내용상 그가 1,560의 유태인을 보낸 시점은 "was finding" 한 시점 보다 **"더 먼 과거"**임에 틀림이 없으므로, **"having sent"**를 쓰는 것이 적절하다.

완료동명사

▷ "주어+동사+동명사" → **동사와 동명사의 시점을 비교**

　　→ **동명사가 이루어지고 나서 동사가 이루어졌을 때** → 동명사는 반드시 **"having Vpp"**의 형태

Vocabulary

정답
&
해설

DIRECTIONS

This part of the exam tests your vocabulary skills. You will have 15 minutes to complete the 50 questions. Be sure to follow the directions given by the proctor.

01 | 출제유형 | colloquialism　　　　　　　　　　　난이도 ★☆☆

A: I'd like to book a flight to Paris.
　Is there a seat ＿＿＿＿＿＿?
B: Would that be a one-way or round-trip ticket?

(a) available
(b) applicable
(c) valid
(d) comfortable

A: 파리 편 비행을 예약하고 싶어요.
　좌석 가능한가요?
B: 편도를 원하나요, 왕복 티켓을 원하시나요?

available a. 이용 가능한 (suitable or ready for use; of use or service; at hand)

정답 **(a)**

> **만점 해설** 이 문제는 일상생활에서 빈번하게 사용되는 형용사 "available"의 용법을 묻는 문제입니다. 대화에서 A가 '＿＿＿＿＿＿한 좌석'이 있는지를 묻고 있으므로, 들어가기에 가장 적절한 형용사는 "available"이 되겠네요. 주의할 것은 이 형용사는 주로 명사의 뒤에서 수식한다는 것입니다.

| 필수어휘 |

available a. 이용 가능한 (suitable or ready for use; of use or service; at hand)
applicable a. 적용 가능한 (applying or capable of being applied; relevant; suitable; appropriate)
valid a. 유효한 (legally sound, effective, or binding; strong; powerful; efficient)
comfortable a. 편안한 (suitable; consistent; feel relaxation to stay)

"available"에 관하여!
available은 avail(이용하다)는 동사에서 파생된 형용사입니다. 주로 부정문에서 이익을 가져오다(profit), 쓸모가 있다(be of use)의 의미로 쓰입니다. **"of no avail"(전혀 쓸모 없는)**, **"without avail"(보람 없이)**의 형태로도 자주 쓰입니다.

▷ 사용할 수 있는	present and ready for use; at hand; accessible
▷ 얻을 수 있는	capable of being gotten; obtainable
▷ 당선 가능한	qualified and willing to serve or assist
▷ 유익한, 도움이 되는	capable of bringing about a beneficial result or effect

02 | 출제유형 | colloquialism　　　　　　　　　　　난이도 ★☆☆

A: Did you go to the soup kitchen yesterday?
B: Yes, It's my ＿＿＿＿＿＿ every Saturday.

(a) refreshment
(b) routine
(c) obligation
(d) pastime

A: 어제 무료 급식소 갔었어?
B: 응, 매주 토요일마다 가잖아.

routine n. 일상적인 일 (commonplace tasks, chores, or duties as must be done regularly)

정답 **(b)**

> **만점 해설** 주어진 문제는 논리적인 생각으로 내용에 대한 이해가 필요한 문제입니다. 어제 무료 급식소에 갔냐고 묻는 A의 질문에 "매주 토요일 마다"(every Saturday) 간다고 하였으므로, 빈 칸에 들어갈 말로는 일상적인 일(routine)이 가장 적절합니다.

| 필수어휘 |

soup kitchen 무료 급식소 (a place where food, usually soup, is served at little or no charge to the needy)
refreshments n. 다과 (drinks and small amounts of food provided during a meeting or a journey)
obligation n. 의무 (a social, legal, or moral requirement, such as a duty, contract)
pastime n. 기분전환 (a pleasant means of amusement, recreation, or sport; entertainment)

A: How much is the single __________ to Capetown?
B: That will be $90 excluding of the guide tip.

(a) fare
(b) fee
(c) charge
(d) money

A: 케이프타운으로 가는 편도 교통비가 얼마인가요?
B: 가이드 팁 빼고 90달러예요.

fare n. 교통비 (the price of conveyance or passage in a bus, train, airplane, or other vehicle)

정답 (a)

A의 질문에서 케이프 타운으로 가는 "편도(single)" 요금이 얼마인지를 묻고 있으므로, 빈 칸에 들어갈 적절한 단어는 **"fare"(요금)**입니다. 보기 (b)와 (c)도 비용, 요금을 뜻하지만, 교통비와 관련하여 쓰지는 않습니다. 참고로 편도요금은 "single fare", 왕복요금은 "double fare"임을 함께 기억해 둡시다.

| 필수어휘 |

excluding prep. ~를 제외하고 (omitting from consideration or account)
fee n. 수수료 (a charge for professional services; a sum paid or charged for a privilege)
charge n. 비용 (the price charged for some article or service)

04 | 출제유형 | collocation
난이도 ★★☆

A: Is it true that oil prices are going through the roof?
B: Yes, actually, the prices are already __________.

(a) sufficient
(b) erratic
(c) outrageous
(d) abrupt

A: 유가가 급격히 상승하고 있다는 게 사실이야?
B: 응, 벌써 엄청나게 비싸.

outrageous a. 과도한 (greatly exceeding bounds of reason; extortionate, exorbitant, prohibitive)

정답 (c)

유가가 급격히 상승한다고 하였으므로, 유가가 "outrageous(엄청 비싼)"라고 말하는 것이 논리적으로 어울립니다. '가격이 비싸다'고 할 때에 "extortionate, exorbitant, steep" 도 자주 쓰이는 어휘들이니 함께 알아둡시다.

| 필수어휘 |

go through the roof 폭등하다 (to increase beyond all expectations; skyrocket)
sufficient a. 충분한 (adequate for the purpose; enough)
erratic a. 정상에서 벗어난 (deviating from the usual or course in conduct or opinion; eccentric)
abrupt a. 갑작스런 (unexpectedly sudden; without notice to prepare the mind for the event; hasty)

05 | 출제유형 | logic　　　　　　　　　　　　　　　　　난이도 ★★☆

A: How come you came so late?
B: The whiteout conditions and blowing snow made my driving _________ .

(a) delightful
(b) bleak
(c) hazardous
(d) reckless

A: 왜 이렇게 늦게 왔어?
B: 사방천지가 눈으로 덮여있고, 몰아치는 눈보라 때문에 운전하기가 위험했어.

hazardous a. 위험한 (involving or exposing one to risk; full of risk; perilous; risky; detrimental)

정답 (c)

 주어진 빈칸에 들어갈 적절한 어휘는 대화의 내용을 통해서 유추해야 합니다. 늦은 이유에 대하여 말하고 있는 B의 말에서 사방천지가 눈으로 뒤덮여 있고, '눈보라는 운전을 _________ 하게 만든다' 는 내용이므로 들어갈 수 있는 형용사로는 (c)가 적절하겠네요.

| 필수어휘 |

whiteout n. 사방천지가 하얀 상태 (a condition of heavily falling or blowing snow in which visibility is very poor)
delightful a. 즐거운 (giving great pleasure or delight; pleasurable, enjoyable; charming, enchanting, delectable, agreeable)
bleak a. 우울한 (without hope or encouragement; depressing; dreary)
reckless a. 무모한 (utterly unconcerned about the consequences of some action; heedless)

06 | 출제유형 | collocation　　　　　　　　　　　　　　　난이도 ★★☆

A: I booked a hotel suite for our wedding anniversary. How do you feel?
B: I don't believe your _________ words anymore.

(a) empty
(b) void
(c) vacant
(d) blank

A: 우리 결혼기념일을 위해 호텔 스위트룸을 예약했어. 기분이 어때?
B: 너의 빈 말에 더 이상 속지 않아.

empty words 빈 말 (words devoid of sense; just complimentary words)

정답 (a)

 더 이상 믿지 않는다고 하였으므로 "빈 말(empty words)" 혹은 "달콤한 말(sweet talk)"이 답이 될 수 있죠. 보기의 다른 단어들도 '비어있다' 는 의미를 지니지만 word와 어울려 의미를 만들어 내지는 않는다는 것을 알아야 합니다. 즉, 이 문제는 실제로 쓰는 표현을 아는지 묻고 있어요.

| 필수어휘 |

void a. (i) 빈 (without contents; empty; devoid; destitute)
　　　　(ii) 효과 없는 (having no legal force or effect; useless; ineffectual; vain)
vacant a. 비어있는, 살지 않는 (having no occupant; unoccupied; not in use)
blank a. (i) 백지의 (having no marks; not written or printed on)
　　　　(ii) 멍한 (disconcerted; nonplussed; speechless; showing no attention, interest, or emotion)

07 | 출제유형 | logic

난이도 ★★☆

A: How's your business going?
B: I'm still concerned about _________ sales figures.

(a) soaring
(b) elevating
(c) slumping
(d) mounting

A: 사업은 잘 되어가고 있어?
B: 판매 수량이 줄어서 여전히 걱정이 많아.

slump v. (i)급격히 떨어지다 (to drop or fall heavily; collapse)
(ii)악화되다 (to decline or deteriorate, as health, business, quality, or efficiency)

정답 (c)

사업이 어떻게 되어가고 있냐고 묻는 A의 말에 '판매수량이 _________ 되어서 걱정이 많다'고 하였으므로, 들어갈 적절한 동사는 slump(줄다)가 되어야 적절하네요. 주어진 대화의 문맥을 통해서 의미를 파악해야 합니다. 나머지 동사들은 모두 '오르다, 상승하다'의 의미라는 것도 알아둡시다.

| 필수어휘 |

soar v. 높이 치솟다 (to increase quickly by a great deal)
elevate v. 오르다, 올리다 (to move or raise to a higher place or position)
mount v. (i) 오르다 (to go up; climb; ascend)
(ii) 장착시키다 (to attach to or fix on or in a support, backing, setting)

08 | 출제유형 | idiomatic expression

난이도 ★★☆

A: Do you think Willy is a good partner to start a new business with?
B: Sure! He certainly _________ a thing or two about running a business on a shoestring.

(a) makes
(b) knows
(c) opens
(d) builds

A: 새로운 사업을 시작하는데 Willy가 좋은 사업 파트너라고 생각해?
B: 물론이야. 그는 적은 돈으로 사업을 운영하는 방법을 잘 알고 있어.

know a thing or two ~에 정통하다, 잘 알다 (be up to a thing or two; know one's stuff)

정답 (b)

Willy가 좋은 사업 파트너인지 묻고 있는 A의 질문에, B는 '물론'이라고 대답하였으므로, 그는 '사업을 잘 아는' 사람이어야 합니다. 그래서 "know a thing or two"(~을 잘 알다)가 답이 되겠네요. 이 문제는 '이디엄'을 묻는 문제입니다. "a thing or two"가 "know"라는 단어와 결합하여 특별한 의미를 만들어 낸다는 사실에 관심을 기울이세요.

| 필수어휘 |

run a business 사업을 운영하다(operate a business or company)
on a shoestring 적은 돈으로(do something with small amount of money)

동사 know!

▷ **know** the ropes	~요령을 알다 (to be familiar with the details of an operation)
▷ in the **know**	내막을 잘 아는 (possessing inside, secret, or special information)
▷ **know** one's stuff	잘 알다(be experienced or knowledgeable in one's field at hand)
▷ **know** better than to do	~ 할 만큼 어리석지는 않다(recognize something as wrong)

09 | 출제유형 | collocation   난이도 ★★☆

A: Was your girlfriend rescued? The quake's death __________ reached almost 900.

B: The tremors continued endlessly so I couldn't help her.

   (a) toll
   (b) poll
   (c) row
   (d) loll

A: 여자 친구는 구출 되었어? 지진으로 인한 사망자수가 거의 900 명이래.

B: 계속되는 진동 때문에 그녀를 도울 수 없었어.

death toll 사망자 수 (the number of deaths)

정답 **(a)**

 **만점 해설** 지진의 피해로 인한 숫자가 900명에 이르렀다고 하였으므로, 사망자수(death toll)가 가장 어울리는 답이 됩니다.

| 필수어휘 |

toll n. 인명피해 (the extent of loss, damage, suffering resulting from some action or calamity)

poll n. 투표 (a survey in which people are asked their opinions about something)

death row 사형수 감방 (a death cell or a condemned cell)

loll v. 축 늘어져 기대다 (to sit or lie in a very relaxed position; lounge; sprawl)

"toll"에 관하여!

toll은 종을 친다는 뜻인데, 주로 사람이 죽었을 때 종을 쳐서 많은 사람들이 알 수 있도록 하였습니다. 지금은 비유적인 의미로 진화하여 사망자수(death toll)의 의미를 가지게 되었다는 사실을 떠올리면 쉽게 공부할 수 있겠죠?

▷ 요금	a payment or fee exacted by the state, the local authorities
▷ 사용료	a compensation for services, as for transportation or transmission
▷ 세금	a tax, duty, or tribute, as for services or use of facilities
▷ 타격을 주다	take its toll
▷ 장거리 전화요금	a payment made for a long-distance telephone call
▷ 요금 징수소	toll booth

10 | 출제유형 | collocation

난이도 ★★☆

A: I spent a lot buying various kinds of ingredients last month.
B: Join the club! We really need to be _________ food shopper.

(a) stingy
(b) compatible
(c) viable
(d) savvy

A: 지난달에 음식 재료 사는데 돈을 너무 많이 쓴 것 같아.
B: 나도 그래! 우리 좀 현명한 구매자가 되어야 해.

savvy a. 잘 아는, 현명한 (shrewdly informed; experienced and well-informed; canny)

정답 (d)

 A와 B 모두 음식 재료를 사는데 너무 많은 돈을 쓴다고 하였다. 그러므로, 현명한 구매자가 되어야 돈을 절약할 수 있겠죠. 그래서 정답은 **"savvy(현명한)"** 이 어울립니다.

| 필수어휘 |

join the club 나도 마찬가지야
ingredient n. 재료 (a constituent element of anything; component)
stingy a. 인색한 (reluctant to give or spend; not generous; niggardly; penurious)
compatible a. 조화로운, 호환되는 (capable of existing or living together in harmony)
viable a. 실행 가능한 (capable of success or continuing effectiveness; practicable)

11 | 출제유형 | phrasal verb

난이도 ★★☆

A: He _________ up when a journalist asked him about his drunk-driving.
B: Shame on him!

(a) let
(b) blew
(c) added
(d) threw

A: 기자가 음주 운전에 대해 캐물었을 때 그가 화를 냈어.
B: 부끄러운 줄 알아야지!

blow up v. (i) 화내다 (When you blow up, you become angry.)
(ii) 과장하다 (When you blow something up, you exaggerate it.)

정답 (b)

 기자가 음주 운전에 물었을 때 A의 행동에 대하여 부끄러운 줄 알아야 한다고 말하고 있어요. 그러므로 A는 뭔가 부끄러움을 모르는 했다는 것을 쉽게 추측할 수 있습니다. B의 "Shame on him!"은 기자가 음주 운전에 물었을 때 A의 행동에 대하여 부끄러운 줄 알아야 한다는 의미입니다. B의 대답이 A의 말의 빈칸에 들어갈 수 있는 적절한 말을 찾는 단서가 됩니다. 따라서 **화내다 (blew up)"**이 가장 적절하다고 할 수 있어요.

| 필수어휘 |

let up v. 줄어들다, 그치다 (to slow down; diminish; to come to a stop; cease)
add up v. (i) 이치에 맞다 (When something adds up, it makes sense.)
(ii) 계산하다 (When you add something up, you calculate the total.)
throw up v. 토하다 (to vomit when something smells or tastes disgusting)

12 | 출제유형 | logic

난이도 ★☆☆

A: I got turned down from fifty companies already. I'm so devastated.
B: Life is about __________ and experience.
Life is about not being afraid to fail.

(a) diversion
(b) compassion
(c) ambition
(d) challenge

A: 벌써 50개의 회사로부터 입사 거부를 당했어. 그래서 너무 실망스러워.
B: 인생은 도전과 경험이야. 인생은 실패를 두려워 하지 않는 거야.

challenge n. 도전 (a test of one's abilities or resources in a demanding but stimulating undertaking)

정답 (d)

 A가 여러 번 입사에 실패하여서 너무 실망스럽다는 말에, B는 '인생은 _________ 과 경험'이라고 말하면서 위로하고 있습니다. 대화의 흐름으로 볼 때, 들어가기에 가장 적절한 말은 "challenge(도전)"가 되겠네요.

| 필수어휘 |

diversion n. 여가활동 (distraction from business, care, etc.; recreation; amusement; a pastime)
compassion n. 동정심 (a deep awareness of and sympathy for another's suffering)
ambition n. 야망 (an earnest desire for achievement or power, fame, or wealth; aspiration)

13 | 출제유형 | colloquialism

난이도 ★★☆

A: I __________ breakfast, so I'm starving now. Let's grab a bite to eat around here.
B: Anything in particular?

(a) skipped
(b) ditched
(c) scooped
(d) skimmed

A: 아침을 굶어서 너무 배가 고파. 뭐 좀 먹을 곳을 찾아보자.
B: 특별히 생각하는 거 있어?

skip v. 건너뛰다, 빼먹다 (to miss or omit; to pass over without reading, noting, acting)

정답 (a)

 A의 빈칸 다음의 말에서 "I'm starving now" 라고 말하고 있어요. 따라서 배가 너무 고픈 것의 원인이 되기에 적절한 동사를 찾으면 "skip"(건너뛰다)이 되겠습니다. '수업에 참석하지 않다', '책을 읽을 때 필요한 부분만 본다' 라는 의미도 함께 기억해 둡시다.

| 필수어휘 |

ditch v. 도망치다 (escape from; absent oneself from a class without permission or reason)
scoop v. 퍼 올리다 (to gather up or to put hastily by a sweeping motion of one's arms or hands)
skim v. 걷어내다 (to take up or remove floating matter from the surface of a liquid)

A: Let's start __________ . Something's wrong on our draft.
B: It's true. We should go back to the drawing board.

(a) up for grabs
(b) from rags to riches
(c) at loose ends
(d) from scratch

A: 우리 처음부터 다시 시작하자. 초안이 좀 잘못된 것 같아.
B: 그래 처음부터 다시 시작 하는 게 나을 거 같아.

from scratch 처음부터 (from the beginning, without relying on resources or other advantages)

정답 (d)

 A의 빈칸 다음의 말에서 "초안에 무엇인가가 잘못되어있다"고 말하고 있습니다. 이 말에 B가 동의 하고 있으므로 '새롭게 시작하자'는 의미의 **"from scratch"**가 되어야 적절하겠네요. 이것은 **"from nothing"과 동일한 의미**라는 것도 함께 기억합시다.

| 필수어휘 |
up for grabs 획득 가능한 (available to anyone willing to expend the energy to get it)
from rags to riches 가난뱅이에서 부자로 (from being poor to being wealthy)
at loose ends 불안한, 직장 없는 (in an uncertain or unsettled situation or position)

A: I was supposed to travel with a friend but she __________ me down at the last moment.
B: Why don't you look for somebody else?

(a) brought
(b) let
(c) put
(d) laid

A: 친구랑 여행가기로 되어 있었는데, 마지막 순간에 날 실망시켰어.
B: 다른 사람을 찾아보는게 어때?

let down 실망시키다 (lower or deflate someone)
cf〉 **Let your hair down**: When you let your hair down, you relax and enjoy yourself freely.

정답 (b)

 A는 친구랑 여행가기로 되어 있었고, 그것에 대하여 B는 다른 친구랑 가라고 말합니다. 즉, A는 여행가기로 한 친구와 무슨 문제가 있었음을 추론할 수 있겠습니다. 그러므로 친구가 **"실망시켰기(let down)"** 때문이라는 내용이 앞에 온다면 대화가 자연스럽겠네요.

| 필수어휘 |
bring down (i) 낮추다, 줄이다, 죽이다(lessen; reduce; kill)
(ii) 낙담시키다(to cause to be in low spirits; depress)
put down (i) ～ 에 기인하다 (to attribute; ascribe)
(ii) 기록하다 (to write down; register)
lay down (i) 단정하다 (to assert firmly)
(ii) 저장하다 (to stock; store)
(iii) 버리다 (to give up; yield)

16 | 출제유형 | idiomatic phrase

난이도 ★☆☆

A: What's wrong with your freezer?
B: It's been acting up lately, I think it's out of
__________ .

  (a) order
  (b) sorts
  (c) place
  (d) date

A: 냉장고에 무슨 문제 생겼어?
B: 최근에 작동이 잘 안되었는데, 아무래도 고장 난 거 같아.

out of order 고장 난 (not operating properly;
in disrepair)

정답 **(a)**

만점 해설 냉장고에 무슨 문제가 있는지 묻고 있는 A의 말에, B가 최근에 냉장고가 "act up(제대로 작동하지 않는다)"고 하였으므로, "고장 난 (out of order)"이 가장 어울리는 답이 되겠네요. 고장 났다고 할 때, **"break-down, on the fritz"**등도 자주 쓰이니 기억하세요.

| 필수어휘 |

act up v. 제대로 작동하지 않다 (not working properly; to behave badly)
out of sorts (i) 우울한 (in low spirits; depressed)
        (ii) 아픈 (in poor health; indisposed; ill)
        (iii) 기분이 안 좋은(in a bad temper; irritable)
out of place (i) 정리가 되지 않은 (not in the correct or usual position or order)
        (ii) 자리가 불편한 (unsuitable to the circumstances or surroundings; inappropriate)
out of date 오래된, 구식의 (too old to be used; old-fashioned, no longer in style)

"order"에 관하여!

▷a tall **order**	어려운 부탁 (a very difficult or formidable task, requirement, or demand)
▷call to **order**	시작하다 (to begin a meeting)
▷in **order**	적절한, 순조로운 (appropriate; in a state of proper arrangement, preparation)
▷in **order** that	~하기 위하여 (so that; to the end that; in order to, as a means to)
▷in short **order**	즉각적으로 (with promptness or speed; rapidly)

A: I _________ out with Lucy and haven't talked to her for nine months.
B: Don't worry! Time will solve all your problems.

(a) fell
(b) ruled
(c) pigged
(d) made

A: 나는 Lucy와 다투어서 거의 9개월 동안이나 말하지 않았어.
B: 걱정 하지마! 시간이 모든 문제를 해결해 줄 거야.

fall out 다투다 (to quarrel; disagree)

정답 **(a)**

만점 해설 주어진 문제는 대화의 내용을 통해서, 빈칸에 들어갈 적절한 동사를 찾는 문제입니다. A의 말에서 빈칸 뒤의 내용이 'Lucy와 거의 9개월 동안 이야기 하지 않았다'고 하였으므로, 그 앞에 올 수 있는 적절한 말은 **"fall out(다투다)"**이 되어야겠네요.

| 필수어휘 |

rule out (i)배제하다 (to prove to be unrelated or not for consideration; eliminate; exclude)
　　　　　(ii)불가능하게 하다 (to make impossible or impracticable)
pig out 막 퍼먹다 (overeat or eat immodestly)
make out (i)작성하다 (to write out or complete)
　　　　　(ii)분별하다 (to decipher; discern)

"fall"과 관련 있는 phrasal verb정리

▷**fall apart**	붕괴하다 (to break down; collapse)
▷**fall back**	후퇴하다 (to give ground; retreat; to recede)
▷**fall behind**	뒤떨어지다, 빚진 (to fail to keep up a pace; lag behind; financially in arrears)
▷**fall down**	기대에 못 미치다 (to fail to meet expectations; lag in performance)
▷**fall for**	(i) 사랑에 빠지다 (to feel love for; be in love with) (ii) 속다 (to be deceived or swindled)
▷**fall off**	(i) 감소하다, 줄어들다 (to become less; decrease) (ii) 살을 빼다 (to lose weight)
▷**fall on/upon**	(i) 공격하다 (to attack suddenly and viciously) (ii) 우연히 만나다 (to meet with; encounter)

18 | 출제유형 | colloquialism   난이도 ★★☆

A: I've got a doctor's appointment at 3pm.
   I'm having trouble breathing.
B: What a pity! Your days are __________ .

   (a) reduced
   (b) counted
   (c) numbered
   (d) extended

A: 나 세시에 의사랑 약속 있어. 숨 쉬기가 힘들어.
B: 불쌍하구나! 살아갈 날이 얼마 안 남았구나.

number ~년 살다 (to live or have lived a number of years)

정답 (c)

 **만점 해설** 주어진 대화의 내용을 보면, A는 숨쉬기가 힘들어 의사를 만나기로 했다고 하였고, 그것에 대하여 B가 불쌍하다고 말합니다. 빈칸에 들어갈 말은 그 다음에 이어지는 내용이므로, **"Your days are numbered.(살날이 얼마 안 남았구나.)"** 가 가장 적절하네요. 굉장히 부정적인 뉘앙스의 표현이기 때문에 자주 써서는 안 됩니다.

| 필수어휘 |

Your days are numbered. 인생이 얼마 안 남다

number v. 열거하다 (to mention individually or one by one; enumerate)

reduce v. 줄이다 (to bring down to a smaller extent, size, amount, number)

count (i) 세다 (to reckon up; calculate; compute) (ii) 고려하다 (take into account)

extend v. 연장하다 (to stretch out; draw out to the full length)

19 | 출제유형 | essential compound adjective   난이도 ★★☆

A: You'd better wrap up the report soon!
   The deadline is just around the corner.
B: Don't be so pressing! As you know I'm an(a)
   __________ person.

   (a) even-handed
   (b) easy-going
   (c) stuck-up
   (d) hot-tempered

A: 리포트 빨리 마무리 지어! 마감일이 코앞이야.
B: 너무 재촉 하지마! 나 느긋한 거 너도 알잖아.

easy-going a. 느긋한 (calm and unworried; relaxed and rather casual)

정답 (b)

 **만점 해설** '마감일이 코앞이므로 서둘러 재촉하라'고 하고 있는 A의 말에 '재촉 하지마' 라고 답한 B의 말이 이어집니다. 그 후에 B가 '나는 __________ 한 사람이다' 라는 말을 하고 있으므로, 빈칸에 들어가기에 가장 적절한 사람의 성격 또는 성질을 나타내는 형용사는 **"easy-going(느긋한)"**이 되겠네요.

| 필수어휘 |

wrap up v. 마무리하다 (to conclude; finish work on)

around the corner 곧 다가오는 (very soon; imminent; on the horizon)

even-handed a. 공평한 (showing no partiality; fair)

stuck-up a. 잘난척하는 (snobbishly conceited, vain, arrogant, snobbish, snooty)

hot-tempered a. 화를 잘 내는 (easily angered; short-tempered)

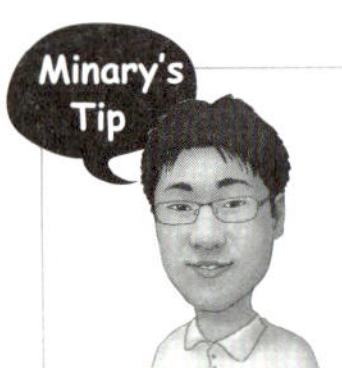

"wrap" 관련 표현 정리

▷under **wraps**   비밀인 (secret or concealed)
The army wants this research project kept **under wraps**.

| ▷ **wrapped** up in | 몰두한, 전념한 (intensely absorbed in; completely immersed or absorbed in)
She is **wrapped up in** her studies. |
| | 연루된 (involved in; bound up with)
They were **wrapped up in** criminal activities. |

20 | 출제유형 | collocation

난이도 ★☆☆

A: Is it true that women usually spend upwards of thirty percent of their income on looking good?

B: I spend more than that on cosmetics, clothes and __________ complexion.

(a) neutral
(b) flat
(c) fair
(d) random

A: 여자들이 보통 외모에 신경 쓰느라 수입에 30% 이상을 지출한다는데 사실일까?

B: 난 화장품이나 옷, 피부 미백에 그 보다 더 많은 돈을 써.

fair a. 흠 없는 (free from blemish, imperfection, or anything that impairs the appearance, quality)

정답 **(c)**

만점 해설 A는 여자들이 외모에 돈을 많이 쓴다는 사실을 무척 궁금해 하면서 B에게 그게 사실인지 묻습니다. B는 외모에 더 많은 돈을 쓴다고 말하면서 구체적인 항목을 열거합니다. 즉, 외모와 관련된 표현을 알아야 풀 수 있는 문제입니다. "fair"은 일반적으로 '공평하다'는 의미로 알고 있지만, 굉장히 다양한 의미를 많이 함축하고 있어요. 위 대화에서는 **"흠 없이 아름답다(fair)"**는 의미로 쓰였어요.

| 필수어휘 |

neutral a. 공평한 (not taking part or giving assistance in a dispute or war between others)
flat a. 평평한 (having a smooth, even, level surface)
random a. 임의의 (proceeding, made, or occurring without definite aim, reason, or pattern)

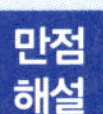

"flat" 관련한 표현 정리

▷ 편평한	horizontally level: a flat roof
▷ 밋밋한	having lost its flavor, sharpness, or life, as wine or food; stale
▷ 바람이 빠진	deflated; collapsed: a flat tire
▷ 싱거운, 김이 빠진	without flavor; not spiced: flat coke
▷ 확실한	absolute, downright, or positive without qualification: a flat denial
▷ 지루한	prosaic, banal, or insipid: a flat style
▷ 일정한	without modification or variation: a flat rate
▷ 거래가 뜸한	commercially inactive: a flat day in the stock market
▷ 돈이 없는	lacking money; broke
▷ 단조로운	lacking resonance and variation in pitch; monotonous: a flat delivery of the speech
▷ 생기 없는	without vitality or animation; lifeless; dull: flat writing

21 | 출제유형 | logic

난이도 ★★☆

A: Does Prof. Minary still enjoy cracking jokes behind the bars?

B: His trademark sense of humor is still __________, and he's in great spirits.

  (a) sheer
  (b) intact
  (c) adequate
  (d) dull

A: 미나리 교수님이 감옥에서도 여전히 농담을 하셔?

B: 그의 유머감각은 여전해. 그리고 활기가 가득 차 있으셔.

intact a. 손상되지 않은 (not altered, broken, or impaired; remaining uninjured, sound)

정답 (b)

만점 해설 A는 미나리 교수님이 감옥에서 조차 농담을 하냐고 묻습니다. B의 대답에서, 빈칸 뒤에 이어지는 내용이 여전히 활기가 가득 차 있다는 말로 보아서, 유머감각이 아직 녹슬지 않았다는 것을 알 수 있어요. 즉, 빈 칸 뒤의 B의 말에서 **'그는 여전히 활기가 가득 차 있다'** 고 하였으므로, 유머감각이 **"intact(손상되지 않은)"** 하다는 의미가 되는 것이 문맥상 가장 적절합니다.

| 필수어휘 |

sheer a. 속이 비치는, 완전한 (transparently thin; diaphanous; clear; completely: sheer stockings)
adequate a. 충분한 (sufficient to satisfy a requirement or meet a need)
dull a. 지루한 (causing boredom; tedious; uninteresting)

"dull"관련한 표현 정리

▷ 무딘	not sharp; blunt: a dull knife
▷ 지루한	causing boredom; tedious; uninteresting: a dull sermon
▷ 생기 없는	not lively or spirited; listless
▷ 희미한	not bright, intense, or clear; dim: a dull day; a dull sound
▷ 한산한	slow in motion or action; not brisk; sluggish: a dull day in the stock market
▷ 둔한	mentally slow; lacking brightness of mind; somewhat stupid; obtuse
▷ 뻐근한	not intense or acute: a dull pain

22 | 출제유형 | phrasal verb

난이도 ★☆☆

A: I want to __________ on my English because I haven't studied it for two years.

B: Good decision! You will be fluent some day.

  (a) itch for
  (b) brush up
  (c) snap up
  (d) single out

A: 지난 2년간 하지 못했던 영어 공부 다시 시작할래.

B: 결정 잘했어! 언젠가 유창해지겠네.

brush up on 복습하다, 다시 시작하다 (to revive, review, or resume studies, or skills)

정답 (b)

만점 해설 주어진 문제의 빈 칸에 들어갈 적절한 어휘를 찾기 위해서는 B의 대답을 유의해서 보면 되겠네요. A의 말에서 목적어의 위치가 비어 있으므로 '______을 다시 공부하겠다' (brush up on)의 의미가 되는 것이 가장 자연스럽습니다. 참고로 "bone up on subject(열심히 공부하다)" 라는 표현도 함께 기억해 둡시다.

| 필수어휘 |

itch for v. 안달 나다 (have a liking for; crave for; yearn for)
snap up v. 재빨리 손에 넣다 (to acquire quickly: snapped up the tickets)
single out v. 선택하다 (select from a group)

23 | 출제유형 | phrasal verb

난이도 ★★☆

A: What's the best piece of business advice you've ever been given?
B: Stay focused and disciplined. _________ a plan and have a vision.

(a) Ward off
(b) Stick to
(c) Sort out
(d) Round up

A: 당신이 받았던 비즈니스에 관한 가장 훌륭한 조언은 무엇인가요?
B: 목표와 훈련을 잊지 않는 것입니다. 계획에서 벗어나지 않고, 비전을 잊지 않는 것이지요.

stick to 고수하다 (maintain one's attachment or loyalty to; remain faithful to)

정답 **(b)**

 **만점 해설** 주어진 대화의 내용을 보면 A가 비즈니스에 관한 조언을 묻고 있습니다. B는 애초에 세운 계획과 비전에서 벗어나지 않는 것이 비결이라고 말합니다. 그러므로 계획과 비전에서 **끝까지 벗어나지 않아야** 성공할 수 있기 때문에 정답은 **"stick to"**입니다.

| 필수어휘 |

ward off v. 피하다, 막다 (turn aside; try to prevent; avert: took vitamins to ward off head colds)
sort out v. 해결하다 (When you sort something out, you find a solution for it)
round up v. (i) 잡다. 체포하다 (When you round people or animals up, you catch them.)
          (ii) 반올림하다 (When you round up a figure, you increase it to the nearest whole number.)

"stick" 관련한 표현 정리

▷ **stick around** | 근처에서 기다리다 (to wait in the vicinity; linger)
▷ **stick out** | 내밀다 (to extend; protrude: Stick out your tongue.)
▷ **stick up** | 강탈하다 (to rob, especially at gunpoint)
▷ **stick up for** | 옹호하다 (to speak in favor of; come to the defense of; support)

24 | 출제유형 | a multisensory word

난이도 ★★★

A: The callous couple _________ money from the charity to fund a lavish lifestyle.
B: Do you envy them? They will pay the penalty soon.

(a) milked
(b) rigged
(c) deprived
(d) withdrew

A: 그 냉담한 커플이 화려한 생활을 하려고 자선단체로부터 돈을 속여 빼앗았어.
B: 그 사람들을 부러워 하는거야? 그들은 곧 벌을 받게 될 거야.

milk v. 속여서 빼앗다 (obtain money or benefits from, in order to achieve personal gain; exploit)

정답 **(a)**

 **만점 해설** A의 이야기에 대하여 B는 반드시 그들이 벌을 받을 것이라고 이야기를 합니다. 그러므로 A는 뭔가 나쁜 행동을 하였음을 알 수 있습니다. 그러므로 **"milk(속여서 이득을 취하다)"**가 문맥상 가장 적절합니다. 참고로, 'A에게서 B를 빼앗다'는 의미로 쓰일 때, "deprive A of B"의 형태로 쓰인다는 것도 함께 기억해 둡시다.

| 필수어휘 |

callous a. 냉담한 (very cruel and shows no concerns for other people)
rig v. 조작하다 (to manipulate fraudulently: to rig prices)
deprive v. 빼앗다 (to take something away from)
withdraw v. (i) 인출하다 (to remove money from an account) (ii) 취소/철회하다 (to recall or retract)

25 | 출제유형 | phrasal verb   난이도 ★★☆

A: I'm still nervous about the upcoming finals.
B: Don't worry! We're sure that you will __________ your exam easily.

(a) break through
(b) cram for
(c) get through
(d) fall through

A: 기말고사 때문에 여전히 불안해.
B: 걱정마! 난 네가 쉽게 통과할거라 확신해.

get through 완수하다, 통과하다 (to complete; finish; pass)

정답 (c)

만점 해설 A는 기말고사 때문에 불안하다고 하고 있고, 여기에 대해서 B는 걱정하지 말라고 하면서 '네가 쉽게 __________ 할 것'이라고 '확신한다'고 말하고 있어요. 따라서 빈 칸에 들어가기에 가장 적절한 동사는 "get through(통과하다)"입니다.

| 필수어휘 |

break through v. 갑작스럽게 큰 발전을 이루다 (to make a quick advance through an obstruction)
cram (for) v. (i) 벼락치기로 공부하다 (to prepare hastily for an impending examination)
           (ii) 마구 밀어 넣다 (thrusting one thing into another; to stuff)
get through v. 성공하다, 연락하다 (to succeed, as in meeting, reaching, or contacting by telephone)
fall through v. 실패하다 (to come to nothing; fail of realization)

26 | 출제유형 | logic   난이도 ★★☆

Phishing is generally designed to trick people into giving up personal information, most commonly for the purpose of __________ theft.

(a) data
(b) identity
(c) mind-set
(d) individuality

피싱은 일반적으로 사람들을 속여 개인의 정보를 넘겨주도록 하는 것을 말하는데, 대부분이 개인의 신용정보 절도가 목적이다.

identity n. 신용정보 (Information, such as an identification number, used to establish or prove a person's individuality, as in providing access to a credit account)

정답 (b)

만점 해설 최근에 기승을 부리는 'voice phishing'을 고려해 보면 정답은 의외로 쉽게 찾을 수가 있어요. 사람들을 trick하는 이유는 단 하나 "신용정보(identity)"를 훔치기 위한 것입니다. 따라서, 가장 적절한 어휘는 (b)가 되겠습니다.

| 필수어휘 |

data n. 자료, 지식 (the form of facts or statistics that you can analyze)
mind-set n. 마음가짐, 태도 (an attitude, disposition, or mood)
individuality n. 개성 (the aggregate of characteristics that distinguish one person from others)

27 | 출제유형 | essential verb
난이도 ★★☆

The blizzard cut power, ________ drivers and prompting governors in Davao to issue a disaster declaration.

(a) enhancing
(b) sweating
(c) separating
(d) stranding

눈보라가 전력을 중단시키고, 운전자들을 꼼짝 못하게 하였으며 Davao의 정치가들로 하여금 재난 경보를 발령하도록 촉구하였다.

strand v. 꼼짝 못하게 하다 (to bring into or leave in a difficult or helpless position)

정답 (d)

심한 눈보라가 운전자들을 어떤 상태로 몰아넣을 수 있을지 생각해 보면 답을 쉽게 찾을 수 있습니다. 즉, '심한 눈보라(blizzard)' 가 '운전자들의 발을 묶었다(strand)' 는 표현이 재난의 상황에 어울리는 표현입니다.

| 필수어휘 |

enhance v. 증가시키다, 강화시키다 (to raise to a higher degree; intensify; magnify, augment)
sweat v. (i) 땀을 흘리다, 분비하다 (to perspire freely or profusely; exude moisture)
　　　(ii) 열심히 일하다 (to work hard)
　　　(iii) 고통을 겪다 (to experience distress, as from anxiety)
separate v. 분리시키다 (to set apart; disconnect; dissociate; sever)

28 | 출제유형 | essential adjective
난이도 ★★★

Although the World Cup is still a year away there are signs that the excitement in South Africa is already __________.

(a) palpable
(b) lousy
(c) imminent
(d) abundant

비록 월드컵이 1년이나 더 남았지만, 남아프리카에서 흥분의 열기 는 쉽게 느낄 수 있다.

palpable a. 쉽게 느낄 수 있는 (plainly seen, heard, perceived; being touched or felt; tangible)

정답 (a)

주어진 문제에서 핵심 단어만 나열해 보면 "Although ~still ~excitement ~ is ~ ________." 관계가 성립합니다. 즉, 비록 시간은 많이 남았지만 열기는 곳곳에서 느껴진다는 의미입니다. **"palpable"**은 **'기운을 몸소 느낄 수 있다'** 는 의미로 "excitement"와 잘 어울리는 단어이며, 따라서 정답은 (a)입니다.

| 필수어휘 |

lousy a. 불쾌한, 역겨운 (very painful or unpleasant; extremely contemptible; nasty)
imminent a. 임박한 (likely to occur at any moment; impending; on the horizon)
abundant a. 풍부한, 풍성한 (present in great quantity; more than adequate; copious; profuse)

29 | 출제유형 | a multisensory noun   난이도 ★★☆

Many magazines also offer a 'back _________'
service for previously published editions.

(a) issue
(b) edition
(c) release
(d) publication

많은 잡지사들이 이전에 출판된 판들을 '과월호' 서비스로 제공한
다.

issue n. 발행물, −판 (something that is printed or
published and distributed, a given number of a
periodical)

정답 **(a)**

만점 해설 일반적으로 잡지의 '과 월호'는 "back issue"라고 합니다. 오래 전에 출간된 서적의 경우에는 "old edition"이라고 합니다.
즉, 이 문제는 magazine과 어울리는 어휘를 묻고 있습니다. 그러므로 정답은 **"back issue(과월호)"**가 되겠습니다.

| 필수어휘 |

edition n. 같은 판으로, 1회에 발행한 책 전부 (the whole number of copies of a work printed and published at one time)
release n. (i) 출판 (publication, performance, exhibition, or sale)
　　　　(ii) 개봉 (a new CD, video, film etc. that is available to buy or see)
publication n. 출판, 발행, 출판물 (an issue of printed material; publishing a book, periodical, map, piece of music)

"edition" 관련한 표현정리

▷**a cheap <pocket, popular> edition**	염가(포켓, 보급)판
▷**a revised <an enlarged> edition**	개정〈증보〉판
▷**a publishing house**	출판사

30 | 출제유형 | logic   난이도 ★☆☆

Water is life, yet our nation's water infrastructure is so
_________ that our clean potable water and flood
protection face unprecedented threats.

(a) commensurate
(b) updated
(c) chaotic
(d) outdated

물은 생명이다. 그러나 우리나라는 물을 위한 기본적인 시설들이
너무 낙후되어서, 깨끗한 먹을 수 있는 물의 보호와 홍수에 대한
방지책이 전례 없는 위협에 직면해 있다.

outdated a. 낙후된 (no longer in use or fashionable;
obsolete; outmoded; antiquated)

정답 **(d)**

만점 해설 핵심 단어만 나열하면 **"Water infrastructure is ~face ~ threats."**이 됩니다. '수자원 기반시설이 너무 ~ 되어서 위협에
직면해 있다'는 의미입니다. '위협에 직면해 있다'는 것은 **"outdated"**가 되었기 때문이라는 것과 가장 잘 어울리기 때문에 정답은
(d)가 되겠네요.

| 필수어휘 |

commensurate a. 비례하는 (corresponding in size or degree; proportionate)
updated a. 최신의 (the newest thing of its kind)
chaotic a. 혼란스러운 (completely confused or disordered)

31 | 출제유형 | essential verb
난이도 ★★☆

The emergency measure allows officials to arrest and
__________ protesters without a court order, and to
restrict gatherings.

(a) scatter
(b) salvage
(c) detain
(d) behead

긴급조치가 공무원들로 하여금 법원 영장 없이 시위대를 체포하거
나 감금시키고 집회를 제한할 수 있도록 허가하였다.

detain v. 감금하다 (to keep under restraint or in custody)

정답 (c)

주어진 문제에서 핵심 부분만 나열해 보면 "arrest and ______ protesters without a court order" 입니다. 문제의 핵심은 "court order"란 단어에 있어요. 즉, 법원의 명령 없이 할 수 없는 것이 무엇인지를 파악하면 쉬워지네요. "arrest(체포)"와 **"detain(감금)"**은 공무원들이 자의적으로는 할 수 없는 것들이기 때문에 정답은 (c)가 가장 적절합니다.

| 필수어휘 |

scatter v. 흩어버리다 (to separate and drive off in various directions; disperse)
salvage v. 구출하다 (to save from loss or destruction; retrieve, recover, rescue)
behead v. 목을 베다 (to cut off the head of; kill or execute by decapitation)

32 | 출제유형 | collocation
난이도 ★★☆

She __________ a job at a tour agency and was sent
to isolated hot tropical island.

(a) landed
(b) applied
(c) placed
(d) lent

그녀는 여행사에서 일자리를 얻게 되어 외딴 열대의 섬으로 파견
보내어졌다.

land v. 얻다 (to catch or capture; gain; win; to land a job)

정답 (a)

이 문제는 "동사+명사"의 collocation을 묻는 문제이기 때문에 논리적인 접근으로는 풀기 어렵습니다. land는 동사로 쓰일 때, '착륙시키다' (land an airplane in an airport), '물고기를 낚다'(land a fish), '일격을 가하다' (land a punch on)의 의미로 주로 쓰입니다. 그러나 구어로는 '노력하여 획득하다' (land a prize/job)의 의미로 자주 쓰인다는 것을 알아둡시다.

| 필수어휘 |

apply v. (i) 적용하다 (to make use of as relevant, suitable, or pertinent)
(ii) 지원하다 (to make an application or request; ask: to apply for a job; to apply for a raise)
place v. (i) 위치에 두다 (to put in the proper position or order; arrange; dispose)
(ii) 게시하다 (to put in a suitable place for some purpose)
lend v. 빌려주다 (provide money temporarily on condition that the amount borrowed be returned)

107

33 | 출제유형 | a multisensory verb　　난이도 ★★☆

India has accused a terrorist group of carrying out the plot, which _________ more than 160 lives.

(a) deported
(b) vanished
(c) claimed
(d) segregated

인도는 160명 이상의 목숨을 앗아간 계획을 실행한 테러리스트 집단을 고소하였다.

claim v. 목숨을 빼앗다 (take as an undesirable consequence of some event or state of affairs)

정답 (c)

 이 문제에서는 동사 "claim"이 가지는 다양한 의미를 묻고 있습니다. 일반적인 "claim"의 의미는 '요구하다' 입니다. 그러나 "claim ~ lives"의 형태로 쓰이면 '목숨을 앗아가다' 라는 의미로 쓰인다는 것을 알아야 합니다. 주어진 문제에서, 테러리스트 집단이 음모를 실행(carry out the plot)하였고, 그 결과 160명 이상의 생명을 **"claim(앗아가다)"**고 하는 것이 가장 자연스럽습니다.

| 필수어휘 |
deport v. 추방하다 (to expel an alien from a country; banish)
vanish v. 사라지게 하다 (to cause to disappear)
segregate v. 분리시키다 (to separate or isolat from others or from a main body or group)

34 | 출제유형 | idiomatic expression　　난이도 ★★★

It is fantastic that audience would _________ the stars on the famous red carpet.

(a) rub shoulders with
(b) tie the knot
(c) make the scene
(d) run away with

관중들이 붉은 융단 위에서 인기배우와 어울리는 것은 환상적인 일이다.

rub shoulders with 어울리다, 사귀다 (to come into association with; mingle with)

정답 (a)

 영화계의 시상식 날을 떠올려 보면 red carpet이 떠오릅니다. 관중들이 유명한 시상식에서 영화배우(stars)들과 **"rub shoulders with(어울리는 것)"**는 '환상적인 일이 될 것이다' 라는 내용이 문맥상 가장 자연스럽습니다. "tie the knot"은 "famous red carpet"과는 어울리지 않으며, 뒤에 목적어가 오지 않는 자동사적 용법으로 쓰이므로 정답이 될 수 없습니다.

| 필수어휘 |
get the red-carpet treatment 극진한 대접을 받다 (get special treatment)
roll out the red carpet 정중하게 접대하다 (give special treatment)
tie the knot 결혼하다 (to marry; take the plunge; walk down the aisle)
make the scene 나타나다 (to appear in a particular place or engage in a particular activity)
run away with (훔치고) 달아나다 (to go away with; to elope with; to abscond with; steal)

Our results are __________ with the idea that severe headaches can be triggered by external factors such as hot weather.

(a) lavish
(b) motivated
(c) unanimous
(d) consistent

우리의 결론은 극심한 두통이 더운 날씨와 같은 외부의 요소에 의해 일어날 수도 있다는 사실과 일치하다.

consistent a. 일치하는 (being in agreement with itself; In agreement; compatible)

정답 (d)

 "Our results are ~ with the idea" 부분만 이해할 수 있으면 쉽게 풀 수 있습니다. 보기에 있는 단어들을 빈칸에 넣었을 때, 말이 되는 것을 찾는다면 가장 자연스러운 것은 **"consistent(일치하는)"**입니다. 즉, '우리가 얻은 결과와 그 생각은 일치한다' 는 내용입니다. "unanimous"는 주로 의견의 완벽한 일치를 의미할 때 사용합니다.

| 필수어휘 |

lavish a. 풍성한 (characterized by extravagance and profusion)
motivated a. 의욕을 느끼는 (provided with a motive or given incentive for action)
unanimous a. 만장일치의 (of one mind; in complete agreement)

Breast milk has an abundance of antibodies and can boost the baby's immune system, ultimately this immunity dwindles, leaving the baby __________ to many diseases.

(a) immune
(b) impervious
(c) susceptible
(d) resistant

모유는 많은 양의 항체를 포함하고 있어서 아기들의 면역 체계를 강화시켜 주지만, 결국에는 면역성이 줄어들어 아기들을 많은 질병에 취약한 상태가 된다.

susceptible a. 쉽게 영향 받는; 취약한 (easily influenced; likely; to be affected; vulnerable)

정답 (c)

 주어진 문제는 문맥상 빈칸에 들어가기에 적절한 형용사를 고르는 문제입니다. 내용을 보면 '모유가 많은 양의 항체를 포함하고 있지만, 결국에는 면역성이 줄어든다(dwindle)'고 하였으므로, 질병에 걸릴 가능성은 높아진다는 내용이 되겠죠? 그러므로 정답은 많은 질병에 **"susceptible (취약한)"**이 정답입니다.

| 필수어휘 |

antibodies n. 항체 (a protein substance produced in the blood in response to a specific antigen)
boost v. 들어 올리다 (to lift or raise by pushing from behind or below; increase; raise)
dwindle v. 줄어들다 (to become gradually less until little remains; diminish; lessen; wane)
immune a. 면역력 있는 (protected from a disease), 영향 받지 않는(not affected or susceptible)
impervious a. 손상되지 않는 (incapable of being injured or impaired; impenetrable)
resistant a. 저항력 있는(able to tolerate environmental conditions or physiological stress)

37 | 출제유형 | idiom

난이도 ★★☆

He moved to his parents' seaside cottage to have a break from the __________ of the big city.

(a) ins and outs
(b) hustle and bustle
(c) wining and dining
(d) high and low

그는 휴식을 취하기 위해 복잡한 도시로부터 벗어나 해변에 있는 부모님 별장으로 이사 갔다.

hustle and bustle 혼란한, 혼잡스러운 (be in confusion)

정답 **(b)**

> **만점 해설** 주어진 문제는 "A and B" 형태로 자주 쓰이는 관용어구를 묻는 문제입니다. 내용을 보면, 휴식을 취하기 위해(to have a break) 해변의 별장(seaside cottage)로 옮겼다고 하였으므로, **"복잡한(hustle and bustle)"** 도시를 떠났다는 것이 논리적으로 자연스럽습니다.

| 필수어휘 |

ins and outs 자초지종 (the intricate details of a situation or process)
wine and dine 융숭하게 대접하다 (entertain someone or treat someone to a fine meal)
high and low 어디에서나, 모든 곳 (in every possible place; everywhere)

A and B 정리

▷**odds and ends**	잡동사니, 시시한 것	▷**prim and proper**	까다로운
▷**give and take**	공평한 조건에서의 교환	▷**on and off**	때때로
▷**part and parcel**	중요부분, 요점	▷**up and down**	솔직한, 흥망성쇠
▷**rack and ruin**	형편없는, 황폐한	▷**wine and dine**	대접하다

38 | 출제유형 | idiom

난이도 ★★★

The strong likelihood of lay-offs has been __________ over the personnel section for months.

(a) a sword of Damocles
(b) sour grapes
(c) a hot potato
(d) a bed of roses

언제 닥칠지 모르는 정리해고에 대한 위험성이 몇 달간 인사과에 드리워졌다.

a sword of Damocles 언제인지 모르는 신변에 닥칠 위험
(sword hovering over one's head)

정답 **(a)**

> **만점 해설** 주어진 문제는 자주 쓰이는 관용어구를 묻는 문제입니다. **"a sword of Damocles"**는 '언제인지 모르는 신변에 닥칠 위험'을 의미하는 표현입니다. 그러므로, "strong likelihood of lay-offs(해고의 높은 가능성)"과 어울려서 가장 자연스러운 의미가 됩니다. 따라서 정답은 (a)가 되겠네요.

| 필수어휘 |

sour grapes 얻지 못하는 것에 대한 비난 (disparagement of something that is unattainable)
a hot potato 곤란한 문제 (a problem so controversial and sensitive that it is risky to deal with)
a bed of roses 안락한 상태, 위치 (a state of great comfort or luxury)

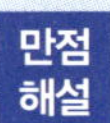

The doctor will ＿＿＿＿＿＿＿ some diagnostic tests to determine the cause of your hair loss.

(a) address
(b) run
(c) arrange
(d) cast

의사가 탈모의 원인을 확인하기 위하여 몇 가지 진단을 실시할 것이다.

run some tests 몇 가지 검사를 하다 (screen for something)

정답 (b)

 **만점 해설** 이 문제의 유형은 "동사+명사"의 collocation으로써 논리적인 접근으로는 풀 수 없습니다. "test"라는 명사와 어울리는 동사를 찾는 것이 이 문제의 핵심이 되겠네요. 그러므로 정답은 **"run some tests(검사하다)"** 가 됩니다.

| 필수어휘 |

diagnostic a. 진단의 (concerned with diagnosis; used for furthering diagnosis)

address v. 연설하다 (to make a formal speech to; speech; discourse; harangue)
　　　c.f.) address the issues 문제를 다루다 (deal with)

arrange v. 정돈하다 (to place in proper, desired, or convenient order; adjust properly)
　　　c.f.) arrange an appointment 약속을 정하다
　　　c.f.) arrange flowers 꽃꽂이를 하다 / arrange shoes 신발을 정리하다

cast v. 던지다 (to throw or hurl; fling)
　　　c.f.) cast doubts on ~를 의심하다/ cast a vote 투표를 하다/ cast a spell on 마법을 걸다

"run" 관련 Phrasal Verb 정리

▷**run out of**	다 써버리다 (to exhaust a quantity or supply of) She couldn't bake a cake because she had run out of sugar.
▷**run out**	종료하다 (to terminate; expire) My subscription ran out last month.
▷**run off with**	훔쳐서 달아나다 (to abscond with (something); steal or borrow) He ran off with the money.
▷**run down**	추적하다, 뒤쫓다 (to pursue until captured;chase) The detective swore that he would run down the criminal.
▷**run for**	입후보하다 (attempt to win political election) He decided to run for a political office.
▷**run into**	우연히 만나다 (come across) I thought we would run into you at the mall.

"run" 관련 표현 정리

▷**run-of-the-mill**	평범한, 보통의
▷**run a business**	사업을 운영하다
▷**on the run**	도주 중인
▷**run the risk**	위험을 무릅쓰다

40 | 출제유형 | a multisensory word

난이도 ★★★

In gambling, the ________ and the amount wagered determine the payout if successful; the predictability determines the frequency of success.

(a) ratio
(b) rate
(c) notch
(d) odds

도박에서는 가능성과 내기에 건 돈의 양이 이겼을 때의 지불금액을 결정한다. 예측가능성은 성공의 빈도를 결정한다.

odds n. 일어날 가능성 (the likelihood of a thing occurring rather than not occurring)

정답 (d)

만점 해설 "odds"는 **일어날 가능성**이나 **유리한 조건을 의미**합니다. 복수형태이지만, 단수의 의미로 사용가능한 명사입니다. '이길 가능성'과 '내기에 건 돈'(the amount wagered)이 '지불금액(payout)'을 결정하는 것은 도박에서 자연스러운 현상이 되겠습니다. 보기 (a) ratio는 '비교되는 두 대상 사이의 상대적인 비율'이라는 의미일 때 사용된다는 것도 참고로 알아둡시다.

| 필수어휘 |

ratio n. 비, 비율 (relation in degree or number between two similar things)
rate n. 비율 (a quantity measured with respect to another measured quantity)
notch n. 단계, 급 (step, degree, or grade)

"odd" 관련한 표현정리!
odd는 그 뒤에 결합하는 명사에 따라 다양한 의미를 지니는 형용사입니다. 특히 '예상치 못한, 뜻밖의' 의미로 가장 흔히 쓰입니다.

▷ 이상한, 괴짜의	fantastic; bizarre an odd person; odd manners
▷ ~ 남짓의	more or less, esp. a little more
▷ 홀수의	numbers like 3, 15, and 181 are odd numbers.
▷ 한 짝의	being part of a pair, set, or series of which the rest is lacking: an odd glove
▷ 임시의, 이따금	odd jobs
▷ 외딴	out-of-the-way; secluded: a tour to the odd parts of the Far East.

41 | 출제유형 | essential verb

난이도 ★★☆

Although vaccines are safe and effective for the most parts, they may _________ some side effects, such as a fever or rash.

(a) trigger
(b) rummage
(c) dissolve
(d) shrink

비록 백신은 대개의 경우 안전하고 효과적이지만, 열이나 뾰루지와 같은 부작용을 일으킬 수도 있다.

trigger v. 발생시키다 (to cause something it to begin to happen or exist; spawn; generate; bring about)

정답 (a)

만점 해설 "trigger"는 '방아쇠를 당기다'의 의미에서 파생하여 문제나 사건을 일으키다(cause)의 의미로 주로 쓰입니다. "Although vaccines are safe(비록 백신이 안전하지만)"이라고 하였으므로, safe와 상반되는 의미를 지니는 "side effects"를 '발생시킬(trigger)수도 있다'는 말이 논리적으로 맞습니다. 그러므로 정답은 **"trigger(일으키다)"** 가 적절합니다.

| 필수어휘 |

effective a. 효과적인 (having an intended or expected effect; efficient)
side effect 부작용 (a secondary and usually adverse effect of a drug or therapy; reaction)
rummage v. 샅샅이 뒤지다 (to search thoroughly or actively through a place, receptacle, etc.)
dissolve v. 용해하다 (to make a solution of, as by mixing with a liquid; to melt; liquefy)
shrink v. 수축하다 (to become reduced in extent or compass; contract)

42 | 출제유형 | collocation

난이도 ★☆☆

Rescuers were digging through the debris fields with _________ hands for survivors after a tragic earthquake hit the central region leaving thousands homeless.

(a) green
(b) bare
(c) exhausted
(d) conscientious

비극적인 지진이 중심부를 강타하고 수천 명의 이재민을 남겼을 때, 구조대원들은 잔해들을 맨손으로 뒤지고 있었다.

bare a. 살을 드러낸 (without covering or clothing; naked; nude; bare legs)

정답 (b)

만점 해설 이 문제는 대표적인 "형용사+명사"의 collocation 문제입니다. 먼저 "hands" 와 어울리는 형용사는 "green"과 "bare" 입니다. 그러나 "green hand"는 '미숙한 사람(an inexperienced person)'을 의미하기 때문에 주어진 문제에서는 **"with bare hands(맨손으로)"**가 정답이 되겠네요.

| 필수어휘 |

green a. 미숙한 (immature in age or judgment)
exhausted a. 지친 (depleted of energy, force, or strength)
conscientious a. 양심적인, 세심한 (scrupulous; meticulous; careful; painstaking; particular)

형용사+명사 collocation 정리

▷**big day**	중요한 날	▷**dead end**	막나른 골목	▷**acute disease**	급성 질병
▷**slim chance**	희박한 가능성	▷**sheer happiness**	완전한 행복	▷**plastic surgery**	성형 수술
▷**wet blanket**	흥을 깨는 사람	▷**heavy traffic**	교통 체증	▷**real bargain**	싸게 산 물건
▷**close call**	위기일발	▷**narrow market**	불황 시장	▷**after effect**	후유증

43 | 출제유형 | essential noun　　　　　　　　　　　난이도 ★★☆

He was known for his __________, his fearlessness, and most important, his extensive knowledge of human psychology.

(a) brutality
(b) illiteracy
(c) gluttony
(d) audacity

그는 대담함과 용기와 인간의 심리에 대한 방대한 지식으로 유명하다.

audacity n. 대담함 (fearless daring; intrepidity; daring spirit, resolution, or confidence)

정답 (d)

 주어진 문제는 "그는 무엇인가로 유명하다"는 내용이므로, 목적어의 위치에 긍정적인 뜻을 포함하는 단어가 오는 것이 적절하네요. 따라서 정답은 "audacity" (대담함)입니다. 나머지 보기들의 단어는 부정적인 뜻이므로 정답이 될 수 없습니다.

| 필수어휘 |

brutality n. 잔인함 (the quality of being brutal; inhumanity; savageness; pitilessness)
illiteracy n. 문맹 (a lack of ability to read and write)
gluttony n. 식탐 (excessive eating and drinking)

44 | 출제유형 | verb usage　　　　　　　　　　　난이도 ★★★

The residents have __________ their responsibilities regarding the mandate of the referendum.

(a) shirked
(b) avoided
(c) refurbished
(d) slighted

시민들은 국민 투표의 권한에 대한 책임을 회피하였다.

shirk v. 회피하다 (to evade work, duty, responsibility, etc.)

정답 (a)

 먼저 정답이 되는 동사 "shirk"은 "의무, 책임 등을 회피하다"의 의미로 쓰이는 단어임을 알아야 합니다. 주어진 질문에서는 "responsibility"가 정답을 고르는데 중요한 단서가 되겠네요. 동사 "avoid"도 '피하다'의 뜻이지만, "responsibility"와는 어울리지 않는다는 것도 함께 기억해 둡시다.

| 필수어휘 |

mandate n. 권한 (an authoritative command or instruction)
referendum n. 국민투표 (a direct popular vote on an issue of public policy)
avoid v. 피하다 (to keep from happening: avoid illness with rest and a balanced diet)
refurbish v. 쇄신하다 (to make clean, bright, or fresh again; renovate)
slight v. 무시하다 (to treat as of small importance; make light of; disregard; contempt; scorn; disdain)

45 | 출제유형 | logic
난이도 ★★☆

Many people have deliberately saved their money until the New Year sales, knowing stores will __________ prices.

(a) reimburse
(b) fluctuate
(c) peg
(d) slash

많은 사람들은 가게들이 가격을 내릴 것이라는 것을 알았기 때문에 의도적으로 신년할인판매 기간까지 돈을 저축하였다.

slash v. 깎다 (to reduce or curtail drastically: slash prices for a clearance sale)

정답 (d)

 주어진 문제의 내용을 통해서 들어가기에 적절한 동사를 골라내는 문제입니다. '사람들이 의도적으로 저축 (deliberately saved)' 한 것은 가게들이 가격을 낮출 것 (slash)을 알았기 때문이라고 추측해 볼 수 있습니다. 따라서 적절한 동사는 (d)입니다.

| 필수어휘 |

reimburse v. 보상하다 (to make repayment to for expense or loss incurred)
fluctuate v. 심하게 변동하다 (to change continually; shift back and forth; vary irregularly)
peg v. 고정하다 (to drive or insert a peg into)

46 | 출제유형 | definition
난이도 ★★☆

__________ involves people making very sophisticated decisions on the spur of the moment, without the benefit of any kind of script or plot.

(a) Priority
(b) Improvisation
(c) Ingenuity
(d) Manipulation

즉흥적으로 하기란 어떤 대본이나 줄거리 없이 아주 짧은 순간에 매우 정교한 결정을 하는 것이다.

improvisation n. 즉흥적으로 하기 (act of composing and rendering music, poetry extemporaneously)

정답 (b)

 주어진 내용을 통하여 개념을 유추해 내는 유형의 문제입니다. 지문에는 정답을 유추할 수 있는 두 가지 단서가 있습니다. '짧은 순간(on the spur of the moment)에 정교한 결정을 내려야 한다' 는 내용과 '대본(script)이나 줄거리(plot) 없이 뭔가를 한다' 는 내용입니다. 그러므로 '짧은 순간에 대본이나 줄거리 없이 어떤 결정을 내리고 행동한다' 는 의미를 가지는 "improvisation"을 정답으로 유추할 수 있습니다.

| 필수어휘 |

priority n. 우선 순위 (the right to take precedence in obtaining certain supplies, services, facilities)
ingenuity n. 천재성 (the quality of being cleverly inventive or resourceful; inventiveness)
manipulation n. 조작 (exerting shrewd or devious influence especially for one's own advantage)

115

47 | 출제유형 | essential verb　　　　난이도 ★★☆

The pirate who __________ earlier today is being treated humanely; his counterparts who continued to fight paid with their lives.

(a) renounced
(b) assaulted
(c) surrendered
(d) fled

오늘 일찍이 항복한 해적은 인간적인 대우를 받았으나, 계속해서 대항했던 해적들은 목숨을 잃었다.

surrender v. 항복하다 (to give oneself up, as to the police; to give up, abandon, or relinquish)

정답 (c)

 주어진 문제에서 빈칸에 들어갈 적절한 동사는 그 뒤에 이어지는 내용을 통해서 추론해야 합니다. '계속해서 대항한 해적들은 목숨을 잃었다(~paid with their lives.)'라고 하였으므로 빈칸의 앞에서는 그와 반대의 내용이 오는 것이 적절합니다. 따라서 어울리는 동사는 "surrender (항복하다)"가 가장 적절하겠네요.

| 필수어휘 |

counterpart n. 대응물 (one that has the same functions and characteristics as another)
renounce v. 포기하다 (give up, such as power, or duties and obligations; vacate; foreswear)
assault v. 공격하다 (a violent onset or attack with physical means, as blows, weapons)
flee v. 도망치다 (to run away, as from trouble or danger)

48 | 출제유형 | logic　　　　난이도 ★★☆

__________ insomnia, the sleeplessness that occurs just before a big test, is very common and is considered a normal stress reaction that typically disappears as the stress passes.

(a) Transient
(b) Interim
(c) Chronic
(d) Confirmed

큰 시험 바로 전날에 생기는 일시적인 불면증은 아주 흔한 일어나며 스트레스에 대한 정상적인 반응이므로 스트레스가 지나가면 곧 사라진다.

transient a. 일시적인 (lasting only a short time; existing briefly; temporary; transitory)

정답 (a)

 주어진 빈칸은 "insomnia"를 꾸미는 형용사를 고르라는 문제입니다. 문장 "~that typically disappears as the stress passes"부분이 빈칸에 대한 결정적인 단서라고 할 수 있어요. 즉, 스트레스가 지나가면 불면증이 곧 사라진다고 하였으므로, 정답은 (a)Transient (일시적인)이 가장 적절하겠습니다. 보기 (b)Interim은 무엇인가 확실한 것이 필요한데, 그것이 없기 때문에 '잠정적'이라는 뜻으로 사용된다는 것도 알아두세요.

| 필수어휘 |

insomnia n. 불면증 (chronic inability to fall asleep or remain asleep for a length of time)
typical a. 전형적인 (exhibiting the qualities, traits that identify a kind, class, group, or category)
interim a. 임시의, 잠정적인 (a temporary or provisional arrangement; stopgap; makeshift)
chronic a. 만성적인 (illness or disability lasts for a very long time)
confirmed a. 만성의, 굳어버린 (firmly established in a habit or condition)

They will __________ the poverty of their daily lives for the riches and glamour of the movie world's biggest night thanks to the smash hit of the movie.

(a) swap
(b) alter
(c) replace
(d) convert

그들은 그 영화의 흥행 덕택에 가난한 일상생활을 부와 영화계의 가장 화려한 밤과 맞바꿀 것이다.

swap v. 맞바꾸다 (to exchange, barter, or trade, as one thing for another)

정답 (a)

 주어진 빈칸에 들어갈 적절한 어휘의 단서는 문장의 후반부 "~thanks to the smash hit of the movie"에 있습니다. '가난을 부요 함과 맞바꾸게 (swap)될 것' 이라는 내용이 되어야 적절하겠네요. 비슷한 의미의 "replace"는 '~역할을 대신해서 맡는다' 의 뜻으로 주로 쓰인다는 것도 기억해 두세요.

| 필수어휘 |

alter v. 수선하다 (to make different in some particular, as size, style, course, or the like; modify)
replace v. 대체하다 (to assume the former role, position, or function of; substitute for)
convert v. (i) 전향시키다 (to cause to adopt a different religion, political doctrine, opinion)
(ii) 용도를 변경하다 (to modify something so as to serve a different function)

With BM Motors __________ on the edge of bankruptcy, Matubis says luring customers back into his showroom boils down to design and price.

(a) aggravating
(b) enervating
(c) teetering
(d) retrenching

BM 모터사가 파산 직전의 위기에서 흔들리자, Matubis는 고객들을 전시장으로 유인하는 것은 디자인과 가격으로 요약된다고 말한다.

teeter v. 불안하게 흔들리다 (to move unsteadily; vacillate)

정답 (c)

 주어진 빈칸에 들어갈 적절한 동사를 고르기 위해서는 관용적인 표현을 알고 있어야 합니다. 정답인 "teeter"는 '불안하게 흔들리다' 라는 뜻으로, "teerer on the brink"와 "teerer on the edge"라는 숙어는 "매우 불안한 상황을 강조"할 때 쓰이는 표현임을 기억해 두세요.

| 필수어휘 |

aggravate v. 악화시키다 (to make worse or more severe)
enervate v. 힘을 빼앗다 (to deprive of force or strength; destroy the vigor of; weaken)
retrench v. (비용을) 줄이다 (to cut down, reduce, or diminish; curtail expenses)

Reading Comprehension

DIRECTIONS

This part of the exam tests your ability to comprehend reading passages. You will have 45 minutes to complete the 40 questions. Be sure to follow the directions given by the proctor.

1 | 출제 유형 | 논리완성

난이도 ★☆☆

TO: Fred Starr, FROM: Jennifer Kroll, DATE: April 14, 2009

Dear Fred, It is with the deepest regret that I must submit my resignation to you, as of Thursday, April 30, 2009. Over these last 17 months, I've grown very fond of Nexmed. In our day-to-day operations, I've always been proud of being part of a company whose personnel and products are leaders in medical science and technology in the marketplace. This past year has been a positive experience for me, and ① **I will truly miss all of you.** ② **But due to my financial position, I must** <u>move on in my career</u>. ③ **I do hope, however, that we can continue our professional relationship** and that I can be of assistance to you and Nexmed in the future.

Thank you,

Jennifer Kroll

    (a) get a loan
    (b) buy a house
    (c) move on in my career
    (d) be promoted to Manager

우리말해석

수신 : Fred Starr 발신 : Jennifer Kroll 날짜 : 2009년 4월 14일

Fred, 2009년 4월 30일부로 퇴사한다는 사직서를 당신에게 드리게 되어서 굉장히 유감스럽습니다. 지난 17개월간 저는 Nexmed를 매우 좋아하게 되었습니다. 매일 일하면서 의학기술분야의 최고의 직원과 최고의 제품을 가진 회사의 일부인 것이 매우 자랑스러웠습니다. 지난 시간들은 저에겐 유익했고, 여러분들을 정말로 그리워할 것입니다. 그러나 저는 저의 재정적인 상태 때문에 직장을 옮겨야만 합니다. 하지만 앞으로도 우리가 업무적인 관계를 유지하면서 제가 Nexmed에 도움이 될 수 있길 간절히 바랍니다. 감사합니다. Jennifer Kroll.

정답 (C) 직장을 옮겨야만 합니다

 **만점 해설** 빈 칸 앞의 내용을 먼저 보면, ①모두를 그리워할 것이라고 하였습니다. 발신인이 어디론가 떠나면서 작성한 내용이라는 것을 알 수 있습니다. ②역접(But)으로 이어지기 때문에, Jennifer의 재정적 상태 때문에 "어쩔 수 없이 ~ 한다"내용이 와야 자연스럽겠지요? ③앞으로도 업무적 관계를 유지하는 것을 희망하므로 "이직한다"는 내용이 가장 적절하겠습니다.

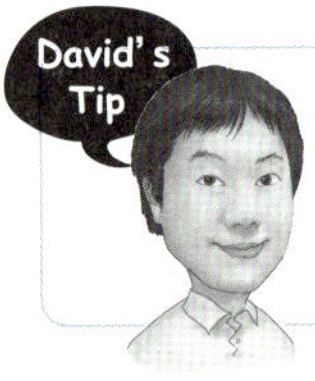

주어진 빈칸 앞에 "financial position" 때문에 (a)get a loan을 고르지 않도록 주의 해야 합니다. 빈 칸이 포함된 문장으로는 의미가 통하지만, 앞 뒤 문장을 살펴보면 논리상 어색합니다. 대출 받는다고 동료들을 그리워하거나 앞으로도 업무 관계가 지속되길 희망할 필요가 없기 때문입니다.

| 필수어휘 |

submit v. 제출하다, 제시하다 (hand in)
resignation n. 사임, 사직, 사직서 (a letter of resignation)
as of (날짜)~부로
personnel n. (전)직원, (종)인원 (staff, crew)

No Asian food is hotter these days than <u>**seaweed**</u>. And ① **no country is better poised to cash in on the growing demand than Ireland**, where 560 varieties of the plant grow offshore. ② **The first commercial seaweed farm in the British Isles** starts production off Galway this month. It will grow native species of the sushi bar favorites wakame and nori. Now the newly formed Irish Seaweed Industry Organization is encouraging traditional farmers in other dwindling coastal communities ③ **to trade their cows for kelp**. The Galway farm already has an order from a French cosmetics company that uses seaweed in its anti-wrinkle cream.

    (a) Sushi
    (b) wakame
    (c) nori
    (d) seaweed

우리말해석

요즘 해초가 가장 인기 있는 아시아 음식이다. 그리고, 아일랜드에서는 해안에 560여 종의 해초가 자라고 있는데, 증가하는 해초 수요를 이용하여 돈을 벌어들일 준비가 가장 잘 되어있다. Galway 지역은 영국 제도에서 최초로 상업적인 해초 생산을 이번 달에 시작한다. 일식 집에서 가장 인기 있는 토종 미역과 김을 재배할 것이다. 이번에 창설한 아일랜드 해초 산업기구는 줄어드는 해안 마을의 전통적 농부들에게 소를 팔아 해초를 키울 것을 장려하고 있다. Galway 농장은 해초를 주름개선 크림제조에 사용하는 프랑스 화장품 회사로부터 벌써 주문을 받기도 했다.

정답 (d) 해초

 빈 칸에 들어갈 적절한 단어를 찾기 위한 근거를 보면, ①그 증가하는 수요(the growing demand)를 이용해서 아일랜드가 돈을 벌 것이라고 합니다. 무엇의 수요가 증가하는지 찾아 봐야겠지요? 그리고 ② 최초의 상업적인 해초 농장 이야기가 나옵니다. 여기서 정답이 보여야 합니다. ③이제 소는 팔고 해초를 키우라고 권장하고 있는 것도 정답의 근거가 되겠습니다.

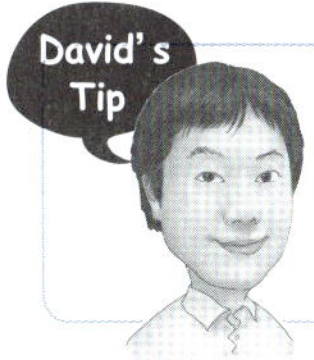

(b)미역과 (c)김은 둘 다 (d)해초의 일개 품종(variety)에 불과하기 때문에 정답이 될 수 없습니다.

| 필수어휘 |

be poised to ~ ~할 준비가 되어 있다, ~할 자세를 취하다
cash in v. 현금으로 바꾸다.
native a. 토종의, 토착의 (indigenous)
dwindle v. 점점 줄어들다, 감소하다 (decrease, lessen)
encourage v. 장려하다, 촉진하다 (promote, boost, facilitate, precipitate)
cosmetics n. 화장품

3 | 출제 유형 | 논리완성　　　　　　　　　　　　　　　　　　난이도 ★★☆

In the coming weeks, ① **the California Department of Transportation and Los Angeles Police Department will conduct <u>a commercial vehicle inspection checkpoint</u>** in the Orange County region. The exact location and date will not be notified in advance. ② **Random commercial vehicle inspections are conducted to make sure they are in compliance with the law in the areas of weight and safety equipment**. Overloaded vehicles can damage roadways and pose an increased safety hazard. In addition, past inspections have revealed many commercial vehicles were being operated with defective equipment such as bald tires and faulty brakes. ③ **The intent of the inspections** is to encourage citizens to operate their vehicles within the law, thus stopping roadway damage and lowering the potential for accidents. It is believed that there are fewer dangerous vehicles on the road thanks to these enforcement efforts.

   (a) a survey to determine why roadways are damaged
   (b) a commercial vehicle inspection checkpoint
   (c) a crackdown on drinking drivers
   (d) a inquiry into the death of the driver

우리말해석

다음 주부터 몇 주간 California 교통부와 LA경찰은 상업용 차량에 대한 검문을 Orange County 지역에서 실시할 것입니다. 정확한 장소와 날짜는 미리 공개하지 않을 것입니다. 상업용 차량에 대한 무작위 단속은 적재 중량과 안전 장비기준을 상업용 차량들이 법에서 정한대로 지킬 수 있도록 하기 위해서 행해집니다. 과적 차량은 도로를 파괴하고 안전을 위협합니다. 게다가 과거에 실시한 검문은 많은 상업용 차량들이 마모된 타이어나 결함 있는 브레이크 같은 불량 장비를 가지고 운행한다는 사실을 밝혀냈습니다. 이번 검문의 의도는 시민들이 법률에 따라서 차량을 운행하여 도로파손을 막고, 사고의 위험을 줄이기 위한 것입니다. 이러한 법 집행 노력에 의하여 위험한 차량의 운행이 줄고 있다는 것이 일반적 믿음입니다.

정답 (b) 상업용 차량에 대한 검문

만점 해설　정답이 (b)가 되는 근거는 ①수행 주체가 교통부와 경찰이고, ②적재중량 준수와 안전장비 구비에 대한 무작위 검문을 하고 있고, ③검문의 의도를 밝히고 있는 내용을 통해서 찾을 수 있습니다. 즉, 이것을 수행하는 주체가 먼저 언급되었고, 그 다음에 이것을 수행하는 이유에 대한 내용이 이어지고 있네요. 따라서 빈 칸에 들어갈 적절한 말은 '검문소 설치'인 (b)가 되겠습니다

이 문제에서 가장 매력적인 오답지는 (c)가 되겠네요. '대대적 단속'에 대한 이야기지만, 그 대상이 다르기 때문에 오답입니다. 함정에 빠지지 마세요!

| 필수어휘 |

conduct v. 실시하다, 시행하다 (administer, carry on)
inspection n. 조사, 검사, 시찰, 단속
hazard n. 위험 (danger, risk, peril, jeopardy)
crackdown n. (대대적)단속
enforcement n. 집행, 시행

Have you ever seen pictures of ① **the surface of the moon**? It is pockmarked with hundreds of craters. ② **The craters formed when rocks from space**, known as meteorites, <u>**collided with the moon**</u>. Meteorites have ③ **also struck Earth**. However, Earth has experienced fewer meteorite impacts than the moon because Earth's atmosphere is much thicker. The atmosphere causes many of the falling objects to burn up before they reach Earth's surface. If an object is large enough to survive entry through Earth's atmosphere, it may form a crater when it hits the surface. Many craters have been found around the world, including in the United States.

(a) burned up as it entered through the atmosphere

(b) collided with the moon

(c) crashed into the earth

(d) traveled through the galaxy

우리말해석

달표면 사진을 본 적이 있나요? 달표면은 수천 개의 크레이터로 얼룩지어 있습니다. 이 크레터들은 운석으로 알려진 우주의 바위들이 달과 충돌하였을 때 형성되었습니다. 운석은 지구와도 역시 충돌하였습니다. 하지만 지구는 달보다 두꺼운 대기를 가지고 있기에 운석과의 충돌에서 충격을 덜 받았습니다. 대기는 우주에서 지구로 추락하는 많은 물체들이 지구 표면에 닿기 전에 태워버립니다. 만약 지구의 대기를 뚫고 올 정도로 큰 물체가 떨어진다면 아마도 크레이터를 만들 것입니다. 미국을 포함한 전세계에서 크레이터가 발견되었습니다.

정답 (b) 달과 충돌하였을 때

 주어진 지문의 내용을 보면, ①달표면에 대한 이야기입니다. 빈칸의 앞에서 ②크레이터가 형성된 원인이 오는 것이 내용의 흐름상 자연스럽습니다. ③운석이 지구와도 충돌했다는 내용이 이어지기 때문에, ②문장에서 달과 충돌했다는 것이 들어가야 합니다.

(a)는 본문에서 그대로 나와 있는 내용이긴 하지만, 문장 ① 과 ③ 때문에 빈 칸에는 지구에 대한 이야기가 오는 것이 자연스럽지 않습니다. (c)도 역시 지구에 대한 이야기이므로 오답입니다.

| 필수어취 |

crater n. (달표면에 있는 분화구 모양의) 크레이터

pockmarked a. 얽은 자국이 있는, 곰보 자국이 있는

meteorite n. 운석 (meteor;유성, meteoroid;유성체)

form v. 형성되다

impact n. 충돌, 충격, 영향(력)

5 | 출제 유형 | 논리완성   난이도 ★☆☆

Machiavelli makes the argument that in a strictly military sense **a fortress is invariably a mistake**. ① **It becomes a symbol of power's isolation**, and is an easy target for its builders' enemies. Designed to defend you, ② **fortresses actually cut you off from help and cut into your flexibility**. They may appear impregnable, but once you retire to one, everyone knows where you are; and a siege does not have to succeed to turn your fortress into a prison. With their small and confined spaces, fortresses are also extremely vulnerable to plague and contagious diseases. In a strategic sense, ③ **the isolation of a fortress provides no protection, and actually creates more problems than it solves**.

     (a) a fortress is invariably a mistake

       (b) contagious diseases are essentially preventable

       (c) power is a human creation

       (d) we should build more fortresses to defend ourselves

우리말해석

Machiavelli는 엄격한 군사적 입장에서는 요새는 틀림없이 실수라고 주장한다. 요새는 힘의 고립을 상징하며 적군에게 너무 쉬운 목표물이기도 하다. 방어의 목적으로 지어졌지만 요새는 실제로 원군의 도움을 끊어버리고 유연성을 줄인다. 절대 뚫을 수 없이 보이지만 일단 요새 안으로 숨으면 누구나 당신이 요새 안에 있는 것을 노출시키게 된다. 그리고 포위 공격은 반드시 요새를 감옥으로 바꿔야 성공하는 것이 아니다. 좁고 한정된 공간에서 요새는 역병이나 전염병에 특히 취약하다. 전략적인 면에서, 요새가 고립되면 전혀 보호의 기능을 수행하지 못하고 좋은 점보다는 나쁜 점이 더 많다.

정답 (a) 요새는 틀림없이 실수이다

 **만점 해설** 정답이 (a)가 되는 근거를 찾아보면 다음과 같습니다. 빈 칸 다음에 대명사가 나오면 대명사의 지시대상을 찾아야 하는데, 여기서 It은 빈 칸의 무언가를 가리키는 것이라 할 수 있습니다. '고립'이라는 단어와 연결되는 정답이 연상 되지요? 또한, 문장 ②와 ③에서 요새의 단점을 설명하므로 빈칸에 들어가기에 적절한 내용은 (a)가 되겠습니다.

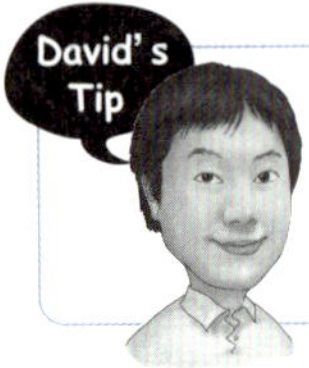

(c)는 권력에 관한 이야기인데, 주어진 글은 일관되게 요새의 단점에 대해 서술하고 있습니다. 요새의 장점은 언급되지 않고, 단점만 언급되었으므로 (d)역시 오답입니다. 단점만 많은 것을 더 지어야 할 필요는 없겠죠?

| 필수어휘 |

invariably adv. 언제나, 틀림없이

isolation n. 고립

fortress n. 요새 (fort, stronghold)

impregnable a. 난공불락의, 정복할 수 없는 (indomitable, unconquerable)

siege n. 포위 공격, 공성전

vulnerable a. ~에 취약한, 상처받기 쉬운 (susceptible, subject)

contagious a. 전염성의 (transmissible, transmittable)

Root crops are roots or underground stems that are rich in carbohydrates. In many parts of the world, root crops substitute for cereals in providing the major part of the diet. ① **However, diets of root crops or cereals alone are usually low in some important amino acids. <u>To correct this deficiency</u>, ②people must eat other food, such as legumes or animal protein**. Root crops include beets, carrots, radishes, rutabagas, turnips and sweet potatoes. Other kinds of potatoes and yams are actually tubers?modified underground stems?but are considered root crops because they grow underground.

(a) To correct this deficiency

(b) To have more root crops

(c) To ingest more cereals

(d) To prevent any disease caused by the lack of amino acids

우리말해석

뿌리작물은 풍부한 탄수화물을 가지고 있는 뿌리나 땅속 줄기를 가리킨다. 세계 여러 곳에서 곡물 대신 뿌리작물을 주요 식품으로 먹는 사람들이 있다. 그러나 뿌리작물이나 곡물만으로 이루어진 식단은 몇몇 중요한 아미노산의 함량이 적다. 이 결핍을 바로잡기 위해서는, 콩이나 동물성단백질 등 다른 음식을 섭취해야만 한다. 뿌리작물에는 사탕무, 당근, 스웨덴 순무, 순무, 그리고 고구마 등이 있다. 다른 종류의 감자류와 참마류는 실제로 덩이 줄기류인데, 땅속에서 자라므로 뿌리작물로 생각하기도 한다.

정답 (a) 이 결핍을 바로잡기 위해서

주어진 문제는 빈칸의 앞뒤에서 정답이 되는 단서를 찾을 수 있습니다. ①에서 몇몇 중요한 아미노산이 부족하다고 했습니다. 그리고 빈 칸 바로 뒤에서 ②다른 음식도 반드시 먹어야 한다고 했습니다. ①을 해결하기 위한 방법으로 ②가 제시되었습니다. 따라서 가장 적절한 것은 (a)입니다. (a)의 this deficiency가 가리키는 대상이 아미노산 부족인 것 아시겠죠?

이 문제에서는, 보기 (d)가 가장 매력적인 오답입니다. 그러나 (d)는 "disease"에 대한 근거가 없습니다. 아미노산이 부족하면 어떤 질병들이 발생한다는 내용이 있었다면 정답이 되겠지만, 주어진 내용에서는 근거를 찾을 수 없습니다.

| 필수어휘 |

carbohydrate n. 탄수화물 (protein; 단백질, fat; 지방)

substitute v. 대체하다, 교체하다

deficiency n. 결핍, 부족 (lack, shortage, scarcity, paucity, dearth)

ingest v. 섭취하다 (eat, consume, devour)

prevent v. 막다, 예방하다

7 ｜출제 유형｜ 논리완성

난이도 ★★★

In a sense, sociology is not as developed as the natural and physical sciences. This is due in part to the fact that sociology is not as old as some of the traditional sciences. But sociology is scientific and is much more valid than many traditional "ways of knowing," For example, ① **how do you know what you know?** You might answer that ② **what you know is based on information you received from your parents or other people of authority; you might know what you know by way of tradition; you might use religion or you might use personal experience.** ③ **Sociologists as people use these ways** too, but ④ **as sociologists,** their emphasis is on the scientific method as <u>a major way of knowing</u>. ⑤ **The scientific method is made up of logical systems that base knowledge on direct, systematic observation.**

    (a) a useful way of research
    (b) a major way of knowing
    (c) a subject to lecture on
    (d) a lucrative way of making money

우리말해석

어떤 면에서, 사회학은 자연과학과는 다른 방식으로 발전했다. 이는 사회학이 전통 과학만큼 오래되지 않았다는 사실에도 어느 정도 기인한다. 그러나 사회학은 과학적이고, "지식의 습득 방법"에서 전통적인 방법보다 훨씬 타당하다. 예를 들면, 당신은 당신이 아는 것을 어떻게 습득하였는가? 당신은 어쩌면 부모나 다른 권위자로부터 받은 정보에 근거하여 지식을 습득했을 수도 있고, 전통이나, 종교, 혹은 개인적인 경험을 통해 지식을 얻었을 수도 있다. 인간으로 사회학자는 똑 같은 방법을 사용하기도 하지만, 사회학자로서는 지식을 습득하는 주요 수단으로 과학적인 방법을 사용한다. 과학적인 방법은 직접적이고 체계적인 관찰을 통해 지식을 얻는 논리 체계로 구성되어 있다.

정답 (b) 지식을 습득하는 주요 수단

만점 해설　주어진 지문은 ①지식을 얻는 방법에 대한 이야기입니다. ②일반인들은 권위자나 전통, 종교, 경험 등을 통해 지식을 습득한다고 합니다. ③사회학자도 인간으로서는 그런 방법들을 사용하지만 ④사회학자로서는 (즉, 과학자로서는) 다른 방법을 사용해야겠지요? ⑤지식 습득의 수단으로 과학적인 방법에 대한 설명이 나옵니다. 따라서 빈 칸에서 과학적인 방법에 대한 언급이 있어야 합니다.

(a)가 참 매력적인 오답이지요? (a)를 빈칸에 넣어도 문맥상 자연스럽게 보이지만, 이 글은 연구방법에 대한 이야기가 아닙니다. 문장 ①과 ②에서 지식습득 방법에 대한 이야기라는 것이 명백하게 드러나 있기 때문에 오답의 함정에 빠지지 않도록 주의하세요.

｜필수어휘｜

in a sense 어떤 면에서 보면
authority n. 권위, 권한 (power, control)
valid a. 타당한, 유효한 (right, trustworthy, sound)
emphasis n. 강조, 중점 (stress, highlight)
logical a. 논리적인
lucrative a. 돈이 되는 (profitable, well-paid)

One office in a local market. But when connected to 1,300 others worldwide, ① **it forms part of a communications network that spreads across the earth, extending your reach**. Hongkong Bank's Global Data Network and advanced telecommunications systems give our offices instant access to the information you need. This technology, ② **together with our expertise in local markets, helps us make fast decisions.** Hongkong Bank also brings instant information and banking convenience directly into your office through Hexagon, our global electronic financial services system. ③ **The reach of a global bank** and **the flexibility to make fast local decisions.** ④ **That's our strength.**

    (a) the variety of securities and derivatives
    (b) the higher interest rates
    (c) the confidentiality of your personal information
    (d) the flexibility to make fast local decisions

우리말해석

현지 시장에 있는 하나의 지점. 하지만 세계 곳곳에 있는 1,300여 개의 다른 지점과 연계하면, 전세계와 소통하며 귀하의 활동 범위를 넓힐 수 있습니다. Hongkong Bank의 Global Data Network와 진보된 전자통신은 귀하가 요구하는 정보를 즉시 제공합니다. 현지 시장에 맞는 저희의 전문성과 함께 이 기술은 저희가 빠른 결정을 내릴 수 있도록 해줍니다. Hongkong Bank는 또한 전자 금융 서비스 시스템인 Hexagon을 통하여 귀하의 사무실까지 즉각적인 정보와 편리한 은행 서비스를 제공합니다. 세계적인 영업망과 현지에 맞는 빠른 결정을 내릴 수 있는 유연함은 곧 저희 은행의 강점입니다.

정답 (d) 현지에 맞는 빠른 결정을 내릴 수 있는 유연함

 문장 ④를 보면, 빈 칸에는 Hongkong Bank의 강점이 들어가는 것이 적절합니다. Hongkong Bank는 ①에서 세계적인 영업망과 ②에서 현지에 맞는 빠른 결정을 내릴 수 있는 두 가지 장점을 가지고 있다고 하였습니다. 그리고, ③에서 첫 번째 장점, 즉 ①의 내용이 다시 언급되었으므로 빈 칸에 들어가기에 적절한 것은 ② 현지에 맞는 빠른 결정이 들어가야 자연스럽겠네요.

(a)에 제시된 '높은 이율' 즉, '고금리 상품'은 분명 은행의 장점이라는 것은 일반적인 사실입니다. 그러나, 이율에 대한 근거는 주어진 지문에서 전혀 언급되지 않았기 때문에 정답이 될 수 없겠습니다.

| 필수어휘 |

extend v. 뻗다, 내밀다
instant a. 즉각적인
expertise n. 전문적 지식, 기술, 능력 (knowledge, ability, competence, knack)
securities n. 유가 증권 (stocks and bonds:주식과 채권)
derivatives n. 파생 상품

9 ｜출제 유형｜ 논리완성

난이도 ★★☆

For several centuries after the fall of the Han Dynasty (C.E. 222), Chinese history followed ① **the same pattern** of <u>**violent and bloody coups**</u>, one after another. ② **Army men would plot to kill a weak emperor, and then would replace him on the Dragon Throne with a strong general.** ③ **The general would start a new dynasty and crown himself emperor**; to ensure his own survival he would kill off his fellow generals. A few years later, however, ④ **the pattern would resume. New generals would rise up and assassinate him or his sons** in their turn. To be emperor of China was to be alone, surrounded by a pack of enemies; it was the least powerful, least secure position in the realm.

(a) active and vibrant economic growth

(b) conflicts between the haves and have-nots

(c) the clash of ideologies

(d) violent and bloody coups

우리말해석

한 왕조의 몰락(서기 222) 후, 수 세기 동안 중국의 역사는 격렬하고 피비린내 나는 쿠데타가 계속 반복되었다. 군인들은 약한 황제를 시해하여 그 자리에 강력한 장군을 앉히고자 했다. 그 장군은 새로운 왕조를 시작하며 스스로 황제가 되었고, 자리를 지키기 위해 동료 장군들을 학살했다. 그러나 몇 년 후 그 양상은 계속 반복된다. 새로운 장군들이 봉기하고 황제와 왕자들을 암살했다. 중국의 황제가 된다는 것은 혼자서 수많은 적들에게 둘러 쌓이는 것을 의미했다. 황제는 제국에서 가장 힘이 없고, 가장 불안한 지위였다.

정답 (d) 격렬하고 피비린내 나는 쿠데타

만점 해설　주어진 문제에 들어갈 적절한 내용에 대한 근거로, 우선 문장 ①에서 중국 역사에 반복되는 양상을 찾아내야 함을 알 수 있습니다. 그리고 빈칸 다음의 내용 ②군인들이 황제를 죽이고 강력한 장군을 추대하면, ③그 장군은 스스로 황제가 되었지만 ④다시 또 쿠데타가 일어난다고 합니다. 즉, 반복되는 것은 쿠데타이므로 정답은 (d)입니다.

(b)의 '충돌(clash)'이라는 단어 때문에 싸움을 연상해서 오답의 함정에 빠지는 경우가 있습니다. 하지만 싸움의 원인이 '이념(ideology)'의 차이 때문에 발생한 것이 아니므로 정답이 될 수 없겠죠?

｜ 필수어휘 ｜

C.E. (= Common Era) n. 서기 (A.D. = Anno Domini)

emperor n. 황제

replace v. 교체하다, 대체하다 (put in place of, take the place of)

dynasty n. 왕조

assassinate v. 암살하다

coup n. 일격, 한 대 치기, 쿠데타

However miraculous, German reunification in 1990 is ① **not a tale ending with the familiar line, "And they lived happily ever after,"** not until some mobsters have been tamed and goblins banished. Unity has come with a monstrous price tag that is taxing the generosity of West Germany. What is worse, ② **it seems to have awakened goblins of xenophobia and right-wing extremist**. In November of 1992, three Turks were killed in a firebombing of their home. In the city of Rostock rioters wearing Nazi insignia and armed with stones and gasoline attacked a hostel for Vietnamese workers in broad daylight. Such acts of violence raise more pointed questions about Germany. ③ **They bring back the scariest ghosts of Germany's past**. It remains to be seen whether the making of a new Germany ends up as ④ **an inverted fairy tale**, <u>**with a happy beginning and a grim ending**</u>.

    (a) with a grim beginning and a grim ending
    (b) with a happy beginning and a happy ending
    (c) with a happy beginning and a grim ending
    (d) with a grim beginning and a happy ending

우리말해석

1990년 독일의 통일은, 그것이 얼마나 기적적인 일이던 간에, 몇몇 깡패들이 길들여지고 과거의 망령이 추방되지 않는 한 "그리고 그들은 행복하게 살았답니다."라는 익숙한 말로 끝나는 이야기가 아니다. 엄청난 비용이 든 통일은 독일인의 관용을 시험하고 있다. 설상가상으로, 통일이 외국인혐오증과 극우파의 망령을 깨운 것 같다. 1992년 11월에 3명의 터키인이 자신들의 집에서 폭탄공격으로 희생되었다. Rostock시에서는 나치 휘장을 달고 돌과 휘발유로 무장한 폭도들이 벌건 대낮에 베트남 노동자들을 겨냥하여 한 호스텔을 공격했다. 그러한 폭력 행위는 독일에 대한 좀더 날카로운 의구심을 불러 일으키고 과거의 가장 무서운 망령을 다시 불러 온다. 독일이 마치 앞뒤가 뒤 바뀐 동화처럼 행복한 시작과 어두운 결말로 끝날지는 지켜볼 일이다.

정답 (c) 행복한 시작과 어두운 결말을 가진

 주어진 지문의 내용을 보면, 독일의 상황이 ①전형적인 해피엔딩이 아니라고 합니다. ②외국인혐오증이 되살아나고 극우파들이 등장하여 다른 민족들을 공격합니다. ③이 모든 상황이 과거의 가장 무서운 유령(나치겠지요?)을 다시 불러왔다고 합니다. 그리고 마지막으로 결정적인 단서로 ④앞뒤가 바뀐 동화라고 합니다. 일반적으로 동화는 '어두운 시작과 밝은 결말'을 갖습니다. 따라서 거꾸로 된 것은 '행복한 시작과 어두운 결말'이 되겠네요.

이 문제의 핵심은 독일이 통일된 것은 좋은 사건이지만, 통일 후 발생하는 여러 사태들을 볼 때는 좋지 않은 점이 많다는 이야기입니다. 즉, 출발은 행복하였지만 결말은 어둡다는 것이 전반적인 중심 내용입니다.

| 필수어휘 |

mobster n. 싱패, 폭력단원
goblin n. 귀신, 망령
banish v. 추방하다 (expel, expatriate, deport)
xenophobia n. 외국인 혐오증
insignia n. 휘장, 표지, 표장 (mark, symbol, emblem)
inverted a. 앞뒤가 바뀐, 반대의

11 | 출제 유형 | 논리완성　　　　　　　　　　　　　　　　　　　　난이도 ★★★

You cannot worry about upsetting every person you come across, but **<u>you must be selectively cruel</u>**. If your superior is a falling star, there is nothing to fear of outshining him. Do not be merciful-your superior had no such scruples in his own cold-blooded clime to the top. Gauge his strength. ① **If he is weak, discreetly hasten his downfall**: Outdo, outcharm, outsmart him at key moments. ② **If he is very weak and ready to fall, let nature take its course**. Do not risk outshining a feeble superior-it might appear cruel or spiteful. But ③ **if your superior is firm in his position, yet you know yourself to be more capable, bide your time and be patient**. It is the natural course of things that power eventually fades and weakens. Your superior will fall someday, and if you play it right, you will outlive and someday outshine him.

(a) you must be selectively cruel

(b) you must outshine your superiors

(c) you must try hard to become strong

(d) you must be more capable than your co-workers

우리말해석

사람을 만날 때마다 그의 기분을 상하게 하는 것 대해 속태울 수는 없지만, 당신은 반드시 선택적으로 잔인해져야 한다. 만약 상사가 지는 별이라면 그를 눌러버리는 것에 대해 걱정할 필요가 없다. 자비를 베풀지 마라. 당신의 상사는 최고 높은 자리에 올라가는 치열한 싸움에서 전혀 양심의 가책을 갖지 않았다. 그의 힘을 가늠하라. 그가 약하다면 중요한 순간마다 그보다 더 잘하고 더 매력 있게 행동하며 더 영리하게 행동하며 신중하게 그의 몰락을 가속해라. 만약 그가 너무 약해 곧 쓰러질 것 같다면 스스로 쓰러지도록 해라. 너무 약한 상사를 쓰러뜨리는 모험을 하지 마라. 그것은 너무 잔인하고 앙심을 품은 것처럼 비춰질 수 있다. 하지만 당신의 상사가 그 자리를 굳건히 지키고 있지만 당신이 더 능력이 있다고 생각된다면 때를 기다리며 인내심을 가져라. 힘은 결국 시들며 약해지는 것은 자연의 섭리이다. 당신의 상사는 언젠가는 무너질 것이고 당신이 제대로만 한다면 당신은 더 오래 버티며 언젠가는 그를 능가할 수 있게 될 것이다.

정답 (a) 당신은 반드시 선택적으로 잔인해져야 한다

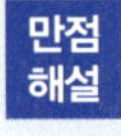 주어진 지문의 빈칸에 들어갈 알맞은 말을 고르기 위한 단서로, ①힘이 빠지는 상사, ②너무 약한 상사, ③강력한 상사, 세 부류로 나누어서 어떻게 그들을 처리(^^)해야 하는 지에 대한 충고를 하고 있습니다. 상사에 대한 잔인함은 ①에서 ③으로 갈수록 점점 약해지고 있습니다. 즉, 상사의 현재 상태에 따라 선택적으로 잔인해지라는 이야기가 되겠네요. 따라서 정답은 (a)입니다.

주어진 지문에서는 '상사의 세 가지 유형'에 따라 각각의 대처 방안들을 제시했습니다. (b)에서 상사를 능가하라는 것은 맞는 말처럼 보이지만 ②너무 약한 상사인 경우 너무 몰아붙이지 말라고 했습니다. 따라서, 정답이 되기에는 충분하지 않네요.

| 필수어휘 |

superior n. 상관, 상사, 윗사람
outshine v. 더 빛나다, 능가하다 (excel, outdo, surpass)
gauge v. 측정하다, 가늠하다 (measure, estimate)
spiteful a. 앙심을 품은, 악의가 있는 (evil, ill-natured)
eventually adv. 결국, 언젠가는

In early June 1916, the war was two years old and its outcome highly uncertain. On the Western Front the British and German armies faced each other, deadlocked, in their trenches (the massive British offensive on the Somme being just a few months away), while further south the French were suffering fearful losses in their heroic defense of Verdun. In the east the Russians had just launched a major new offensive against Austria on a 200-mile front. ① **How much longer Russia would sustain the fight on the Eastern Front** was becoming **a major source of anxiety** ② **to her allies**, however, ③ **as Tsar Nicholas II's hold on power was already weakening in the face of the Bolshevik threat**.

> (a) a trivial matter
> (b) an opportunity to take
> (c) something to look up to
> **(d) a major source of anxiety**

우리말해석

1916년 6월 초, 전쟁은 2년째 계속되고 있었고 그 결과는 예측할 수 없었다. 서부 전선에서는 영국군과 독일군은 참호 속에서 지루한 교착상태에 있었다. (Somme에 대한 영국군의 대규모 공격 몇 주 전이었다.) 반면에 그보다 훨씬 더 남쪽에서 프랑스 군은 수많은 사상자가 있었지만 Verdun을 용감하게 지켜내었다. 동쪽에서는 러시아군이 200 마일 길이의 전선에서 오스트리아에 대한 대규모 공격을 막 시작했다. 그러나 러시아의 황제 Nicholas 2세의 힘이 과격파의 위협에 의해 이미 약해지는 상황에서, 러시아가 동부전선에서 얼마나 오래 버틸 수 있는가는 연합군에는 근심의 주요 원인이 되고 있었다.

정답 (d) 근심의 주요 원인

 **만점 해설**　주어진 지문은 1916년 6월 초 유럽의 전세에 대한 전반적인 설명을 하고 있는 글입니다. 주어진 빈 칸의 앞뒤에 여러 힌트들이 숨어 있는데, 그 근거들을 꼼꼼히 찾아내셔야 합니다. 먼저 ①러시아가 얼마나 버틸 수 있는가의 문제는 ②러시아의 동맹국들에게 ③러시아 황제의 힘이 이미 약해지고 있었으므로, 걱정의 원인이 되었을 것이라는 내용이 문맥상 자연스럽습니다. 따라서 정답은 (d)가 가장 적절하겠습니다.

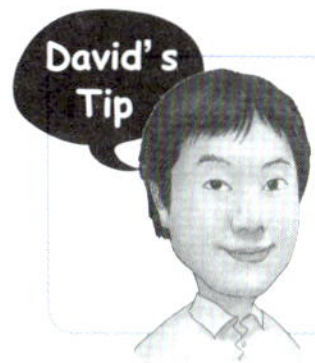

이 문제의 핵심은 ③러시아의 불안한 상태입니다. 따라서 불안한 상태와 관련 없는 선택지들은 정답이 될 수 없습니다.

| 필수어휘 |

outcome n. 결과, 성과 (result, consequence, aftermath)
front n. 진신, 진빙
deadlocked a. 교착 상태에 빠진
loss n. 손실, 피해
sustain v. 버티다, 지탱하다 (keep up, maintain, endure)
trivial a. 사소한 (insignificant, trifling)
look up to v. 존경하다 (respect, admire, revere)

13 ｜ 출제 유형 ｜ 논리완성
난이도 ★★☆

① **It is difficult to find support for the argument that languages are learned mainly through imitation**. For one thing, learners produce many novel sentences that they could not have heard before. These sentences are based on the learners' developing understanding of how the language system works. This is particularly evident with children who say things like: 'The cowboy rided into town' or 'The man I spoke to him is angry.' ② **There are also many other examples that provide evidence that language learners do not simply internalize a great list of imitated and memorized sentences.** This does not mean, ③ **however**, that imitation <u>has no role to play in language learning</u>. ④ **Some children imitate a great deal as they acquire their first language**.

    (a) has been always involved in language learning

    (b) has been an outmoded way to learn languages.

    (c) has no role to play in language learning

    (d) has something to do with language learning

우리말해석

언어습득이 주로 모방을 통해서 이루어진다는 주장의 근거를 찾는 것은 어렵다. 우선, 언어 학습자는 전에 들어볼 수 없는 많은 참신한 문장들을 만들어 낸다. 언어 학습자가 이런 문장들을 만들 수 있는 것은 그들의 언어 체계에 대한 이해도가 높아졌기 때문이다. 이것은 다음과 같은 문장들을 만들어내는 아이들에서 찾아볼 수 있다. '카우보이가 말을 타고 마을로 들어갔다.' 또는 '나랑 이야기 했던 사람이 화를 낸다' (저자 주 : 두 문장 다 문법적 오류가 있습니다.) 또한 언어 학습자가 모방과 암기를 통해서 엄청난 양의 문장을 내재화 하는 것이 아니라는 근거를 보여주는 예도 많이 있다. 하지만 그렇다고 해서 모방이 언어학습에 아무런 역할을 하지 않는다는 의미는 아니다. 어떤 아이들은 모국어를 습득함에 있어서 엄청난 양을 모방한다.

정답 (c) 언어습득에서 아무런 역할도 없다

 **만점 해설** 주어진 지문은 언어 학습에 대한 글입니다. 필자는 문장 ①에서 모방이 언어학습에서 핵심이 아니다라고 하였고, ②에서 역시 모방으로 언어를 내재화 하는 것이 아니다라고 언어학습에서 '모방의 역할'을 작게 평가하고 있습니다. 그런데, ③에서 역접이 있고, ④모국어 습득에서 모방이 중요하다는 내용이 그것입니다. 즉, '모방에 대한 태도'가 앞에서는 부정적 이였으나, 역접이 일어나므로 긍정적인 내용이 오는 것이 적절하겠네요. 따라서 정답은 (c)가 되겠습니다.

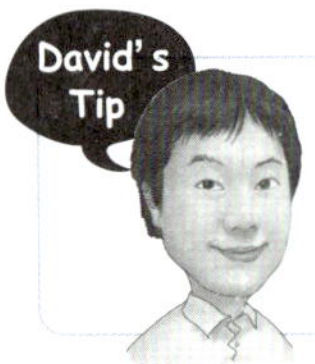

빈 칸이 속한 문장의 시작에 부정어가 있습니다. 'This does not mean ~' 즉, '~이라는 의미가 아니다' 는 문장이므로 오답 (d)의 함정에 빠지지 않도록 주의하세요.

｜ 필수어휘 ｜

imitation n. 흉내내기, 모방

novel a. 참신한, 새로운 (new, innovative)

evident a. 명백한, 자명한 (obvious, apparent, manifest)

internalize v. 내재화 시키다, 자기 것으로 만들다

acquire v. 얻다, 획득하다, 습득하다 (get, obtain, procure)

outmoded a. 구식의, 유행에 뒤쳐진 (old-fashioned, obsolete)

Traditionally, paint has provided the most economical method for protecting steel against corrosion. However, as people who live in the Midwest know well, ① **paint cannot prevent a car from rusting indefinitely.** ② **Eventually, flaws develop in the paint that allows the ravages of rusting to take place. <u>This situation may soon change.</u>** Chemists at Glidden Research Center in Ohio have ③ **developed a paint called Rustmaster Pro that worked so well to prevent rusting** in its initial tests that the scientists did not believe their results. ④ **Steel coated with the new paint showed no signs of rusting after an astonishing 10,000 hours of exposure in a salt spray chamber at 38℃.**

  (a) Unfortunately, this cannot be solved

  (b) And nobody takes it so seriously

  (c) This situation may soon change

  (d) Many people are suffering from car rusting

우리말해석

전통적으로, 페인트는 강철을 부식으로부터 보호하는데 가장 경제적인 수단으로 이용되었다. 그러나 중서부에 거주하는 사람들은 잘 알듯이 페인트는 자동차를 녹으로부터 영구적으로 보호할 수 없다. 결국에는 페인트 사이로 틈이 발생하고 그 틈에서부터 녹이 슬기 시작한다. 이 상황은 곧 바뀔 것 같다. Ohio주의 Glidden Research Center에 근무하는 화학자들은 Rustmaster Pro라는 페인트를 개발했다. 그 페인트는 초기 실험에서 녹 방지효과가 뛰어나서 과학자들이 실험결과를 믿지 않기도 했다. 새로운 페인트로 도장된 강철은 온도 38℃에서 10,000시간이나 소금 스프레이에 노출되었지만, 놀랍게도 전혀 녹이 슬지 않았다.

정답 (c) 이 상황은 곧 바뀔 것 같다

주어진 문제의 빈칸에 들어갈 적절한 문장을 찾기 위해서는, 그 앞뒤에서 근거를 찾아야 합니다. 문장 ①과 ②에서 페인트는 녹을 영구적으로 방지할 수는 없다고 합니다. 그러나 빈 칸 뒤의 내용에서 ③녹을 효과적으로 방지하는 새로운 종류의 페인트를 개발했고, 그 결과는 ④믿을 수 없을 만큼 성공적이라고 합니다. 따라서, 빈 칸에서는 (c) 이제 상황이 바뀔 것 같다는 내용이 들어가는 것이 가장 자연스럽겠네요.

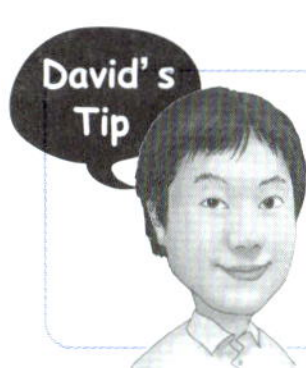

기존의 페인트가 가지는 한계가 언급된 후에, 새로운 페인트가 효과적인 녹 방지 기능이 있다는 이야기가 나오고 있으므로 (a)는 정반대의 이야기입니다. 오답의 함정에 빠지지 마세요!

| 필수어휘 |

rust n. 녹　v. 녹이 슬다

indefinitely adv. 끝없이, 무한정으로 (endless, continuously)

flaw n. 결점, 틈 (crack, crevice)

ravage n. 파괴, 황폐 v. 파괴하다

initial a. 초기의, 최초의

astonishing a. 놀라운 (surprising, striking, breathtaking)

exposure n. 노출

chamber n. 방

15 ｜ 출제 유형 ｜ 접속어

난이도 ★☆☆

① **Many of our competitors attempt to circumvent your sense of reason by flattering you, in the fervent hope that you'll forget about their exorbitant price tags. In contrast,** ② **we invite you to assess the attributes of Speecon.** Speecon offers all the performance you'd expect in a sports car. Like an incredibly powerful acceleration. It has a newly-designed 5.0L 10-V engine which is capable of unbelievable 450HP, 390lb-ft torque. Speecon also offers one feature you'd never expect in a sports car: a very affordable price. Come see.

(a) In addition
(b) Therefore
(c) In contrast
(d) Nevertheless

우리말해석

저희 경쟁자들은 당신에게 아부하면서 당신의 논리적 사고력을 교묘히 피해갑니다. 당신이 그들의 말도 안 되는 가격표에 대해서는 까맣게 잊어버리길 바라면서요. 그와는 달리, 자사는 Speecon의 특징을 여러분께 평가 부탁 드립니다. Speecon은 스포츠카에 바라는 모든 능력을 가지고 있습니다. 믿을 수 없는 가속력 같은 것을 말씀드릴 수 있습니다. 새로 설계한 5000cc 10밸브 엔진은 450마력의 출력과 390lb-ft의 토크를 자랑합니다. 또한 Speecon은 스포츠카에 기대할 수 없는 합리적인 가격을 제공합니다. 직접 확인하십시오.

정답 (c) 그와는 달리

만점 해설 주어진 문제와 같이 접속어를 찾는 문제에서는 빈칸의 앞 뒤를 먼저 비교해 보아야 합니다. 빈 칸의 앞에서는 ①우리 회사의 경쟁자가 당신을 현혹시켜서 가격에 대해 잊게 만든다는 내용이고, 뒤에서는 ②우리 회사의 제품을 직접 평가해보라고 합니다. 즉, 우린 경쟁사와 다르다는 점을 강조하는 광고문입니다. 따라서 '대조'의 의미를 갖는 접속어 "in contrast"(그와는 반대로, 대조적으로)가 답이 되겠네요.

David's Tip

주어진 문제의 보기 (d)가 가장 매력적인 오답입니다. 그러나, (d) nevertheless(그럼에도 불구하고)는 양보의 의미를 갖는 접속어입니다. 따라서 이것이 정답이 되기 위해서는 '경쟁사는 당신을 속인다. 그럼에도 불구하고 경쟁사는 나쁜 놈(^^)들이 아니다' 는 내용이 되어야 답이 되겠네요.

｜ 필수어휘 ｜

competitor n. 경쟁자 (rival, opponent)
circumvent v. 교묘히 피하다, 우회하다
reason n. 이성, 논리력
flatter v. 아첨하다, 추켜세우다
fervent a. 열렬한 (passionate, fervid, enthusiastic)
exorbitant a. (가격이) 터무니 없는 (excessive, unreasonable)
attribute n. 속성, 특성 (feature, aspect, trait)
affordable a. (가격이) 알맞은, 저렴한

The act of moving gold during the World War II was kept highly secret for obvious reasons. ① **This confidentiality makes it difficult for the researcher today to establish exactly what amounts of gold went on which ships.** In many instances, ② **the records are oblique, obscure, contradictory, or missing.** But the difficulty is not simply the result of poor record keeping. ③ **The logistics of the operation itself causes difficulty.** On several occasions, but especially in June 1940, ④ **there was enormous pressure** to ship gold out as fast as possible because of the threat of imminent invasion. ⑤ **The British Navy was also engaged in action all over the world.** <u>Therefore</u> it is not surprising ⑥ that dates of sailings were frequently changed at the last minute, that quantities of gold shipped were subject to unexpected fluctuations, and a ship's availability was altered as other demands became of paramount importance.

(a) For all that
(b) Therefore
(c) For example
(d) Moreover

우리말해석

2차 세계 대전 당시 금 운반은 너무나도 당연한 이유들 때문에 철저히 비밀리에 진행되었다. 이 기밀성 때문에 현재의 학자들이 정확히 어느 정도의 금이 어느 배로 수송되었는지를 알아내기가 쉽지 않다. 많은 경우에 있어서, 기록들은 애매모호하거나 분명치 않고, 때로는 서로 모순이 되기도 하고, 심지어는 잃어버린 경우도 있다. 하지만 제대로 안 된 기록만이 어려움을 초래하는 것은 아니다. 당시 병참술 자체가 어려움을 유발한다. 특히 1940년 6월의 경우, 영국은 임박한 침략의 위협 때문에 금을 최대한 빨리 반출해야 하는 압력을 받고 있었다. 또한 영국 해군은 전 세계에서 작전 중이었다. 그러므로 마지막 순간에 항해 일자들이 변경되었고, 운반되는 금의 양도 예기치 못한 변동사항의 영향을 받았으며, 또한 다른 더 중요한 일이 발생하면 배를 이용할 수 없는 상황이 빈번히 발생하였다.

정답 (b) 그러므로

만점 해설　주어진 지문은 ①2차 세계 대전을 연구하는 학자들이 어려움을 겪는다는 이야기입니다. 그것의 원인으로는 ②부실한 기록과 그 당시에 ③병참 상황이 좋지 않은 것이 언급되었습니다. 그리고 그 후에 ④영국 해군이 임박한 침략의 압력을 받고, ⑤전 세계에서 작전 중이었기 때문에 ⑥여러 가지 불확실한 일들이 벌어졌다는 내용이 되어야 자연스럽습니다. 따라서 '원인과 결과'를 나타내는 (b)가 정답이 되겠습니다.

이 문제에서는 (a)가 가장 매력적인 오답입니다. 그러나 (a)는 '이유를 나타내는 것이 아니라 '~에도 불구하고'라는 '양보의 의미이기 때문에 정답이 되기에는 적절하지 않습니다.

｜ 필수어휘 ｜

confidentiality n. 기밀성, 비밀성
oblique a. 돌려서 말하는, 완곡한
imminent a. 임박한, 급박한 (at hand, on the way)
at the last minute 마지막 순간에
fluctuation n. 변동, 변화, 오르내림

17 | 출제 유형 | 중심내용 난이도 ★★☆

① **Bruno Wetzel used to be into construction in a big way**. He's still in construction but on a smaller scale - ② **a much smaller scale.** Wetzel, a developer, sold his Connecticut firm in 2008 and ③ **began creating models of U.S. and Canadian sky-scrapers in his basement.** He made only intermittent progress until he read the December 2008 Newsweek article on sky scrapers. "That was very inspirational," he says. Wetzel soon had more than ④ **a hundred miniatures of the best known buildings from 42 cities in North America.** Now he is working out a way to take his eight-foot-by-eight-foot show on the road.

Q. What is the best title for this passage?

(a) A Miniature City Down in the Basement
(b) Sky-scrapers in the U.S.
(c) Various Types of Sky-scrapers
(d) A Construction Business Sold

우리말해석

Bruno Wetzel은 크게 건설업을 했었다. 지금도 건설업에 있지만 훨씬 작은 규모로 하고 있다. 도시 개발업자인 Wetzel은 2008년에 Connecticut에 있는 회사를 팔고 미국과 캐나다의 고층 건물들은 자신의 지하실에다 옮겨놓고 있다. 그가 2008년 12월 Newsweek 기사를 읽기 전에는 간헐적인 진전만 있었다. "그 기사는 정말로 고무적이었어요."라고 그는 말한다. 기사를 읽고 나서 Wetzel은 북미 42개 도시에 있는 100개가 넘는 고층건물들을 곧 자신의 지하실로 옮겨놓았다. 이제 그는 가로 8 feet, 세로 8 feet 규모의 거리 전시회를 준비 중이다.

정답 (a) 지하실에 만들어진 축소모형 도시

 주어진 지문의 내용을 보면, ①예전에는 대규모 건설업 했던 분이 ②이제는 아주 작은 규모로 건설업을 한다는 내용으로 시작합니다. ③회사는 팔아버리고 고층건물의 축소모형을 자신의 지하실에 만들고 있다고 하네요. ④무려 100개가 넘는 고층건물의 축소모형을 만들었다고 합니다. 따라서 이 기사에 가장 어울리는 제목은 Wetzel씨의 멋진 축소 모형들을 표현하는 (a)가 가장 적절하겠습니다.

 이 문제에서는 (c) '다양한 고층건물들' 이 가장 매력적인 오답일 수 있겠습니다. 그러나, '다양하다' 는 것은 두 종류, 본문에서 언급된 '진짜 고층건물과 축소모형 건물' 로는 부족합니다. 즉, 여러 종류의 고층건물들의 각각의 특색을 정리한 글에서 어울리는 제목이겠죠?

| 필수어휘 |
construction n. 건설, 건설업
scale n. 규모 (size)
firm n. 회사 (company, business, corporation)
sky-scraper n. 고층건물
intermittent a. 간헐적인, 때때로 끊기는 (sporadic)
progress n. 발전, 진보 (advancement)

His subjects will probably never call him the People's Prince, but last week Diana's ex seemed engagingly relaxed on a visit to the London office of the Big Issue, a magazine written and sold by the city's homeless. Nonetheless, ① **it wasn't a spot where he expected to run into an old fellow.** So Charles was taken aback when one of the paper's staffers greeted him warmly, announcing: "I remember you from school." Sure enough, the fellow was one ② **Clive Harold. Born to wealth but driven to the streets by alcoholism,** he had attended the exclusive Hill House prep school in Knightsbridge with Charles more than 40 years ago. ③ **The Prince of Wales didn't recall Harold at first, but soon the two were waxing nostalgic over long-ago teachers and football games.**

Q. **What is the best title of the passage?**

(a) The Prince and the Pauper
(b) Expected Reunion
(c) Prestigious School in Knightsbridge
(d) Harmful Effects of Alcohol

우리말해석

백성들은 절대 그를 민중의 왕자라고 부르지는 않지만, Charles 왕자(다이애나의 전남편)는 지난주 노숙자들이 만드는 잡지사인 the Big Issue의 런던 지사를 방문했을 때 부드러워서 매력적이기까지 한 모습을 보여주었다. 하지만, 그곳에서 그는 예전 친구를 만날 것을 예상하지는 못했다. 잡지사 직원 중 한 명이 "학교 때 모습 기억 나네요."라며 인사했을 때, 왕자는 몹시 당황했다. 아니나 다를까 그 친구는 Clive Harold라는 사람이었다. 부잣집에서 태어났지만 알코올 중독으로 노숙자가 된 그는 40년 전에 Knightsbridge에 있는 상류층 학교인 Hill House를 Charles왕자와 같이 다녔던 것이다. Wales의 왕자는 처음에는 옛 친구를 알아보지 못했지만 곧 예전 선생님과 축구경기 등에 대해 이야기하며 점점 추억에 빠져들었다.

정답 (a) 왕자와 거지

만점 해설 주어진 지문에 어울리는 적절한 제목을 고르는 문제입니다. ①왕자가 방문한 곳에서 예기치 못한 옛 친구를 만나게 됩니다. ②그 친구는 원래 부잣집에서 태어났지만 알코올 중독 때문에 노숙자 신세가 되었습니다. ③처음에는 왕자가 못 알아봤지만 곧 두 사람은 이야기 꽃을 피웁니다. 이 상황과 비슷한 소설 제목인 (a)가 재치 있는 제목으로 어울립니다.

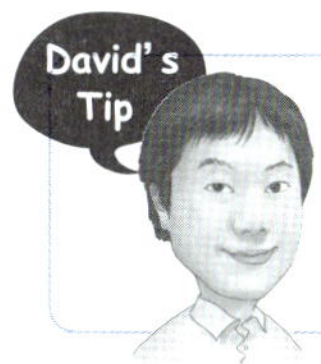

David's Tip

이 문제에서는, 보기 (b)의 "expected"가 함정이라고 할 수 있겠네요. 지문의 내용에서, 왕자는 전혀 만남을 예상하지 못했다고 하였으므로 적절한 답이 될 수 없습니다.

| 필수어휘 |

subject n. 신하, 부하, 백성
nonetheless adv. 그럼에도 불구하고 (nevertheless, notwithstanding)
run into v. ~을 우연히 만나다 (encounter, come across, bump into)
be taken aback 굉장히 놀라다, 당황하다
exclusive a. 매우 고급의
wax v. 점점 커지다
nostalgic a. 향수의, 옛날을 그리는

19 ㅣ출제 유형ㅣ 중심내용　　　　　　　　　　　　　　　　　　난이도 ★★☆

①**All turtles and tortoises lay eggs.** ②**The female selects an appropriate site on land, scoops out a hole with her hind limbs, deposits the eggs, and covers the nest.** She provides no further care for the eggs or the hatchlings. ③**Marine turtles often migrate long distances to lay their eggs on the same beach where they hatched.** For example, Atlantic green sea turtles travel from their feeding grounds off the coast of Brazil to Ascension Island in South Atlantic - a distance of more than 2,000km. These turtles probably rely on several environmental cues, possibly even the Earth's magnetic field and the direction of currents, to find this tiny island.

Q. What is the topic of the passage?

(a) The migration of turtles and tortoises

(b) How turtles migrate

(c) The Earth's magnetic field and turtles

(d) The reproduction of turtles

우리말해석

모든 거북이는 알을 낳으며 번식한다. 암컷은 육지에서 적절한 장소를 찾아 뒷다리로 땅을 파고 알을 낳은 후 둥지를 덮는다. 그 후 알이나 새끼들에게 더 이상 신경을 쓰지 않는다. 바다거북은 종종 자기가 태어난 해변가까지 먼 거리를 이동해서 알을 낳는다. 예를 들면, 대서양 녹색거북은 먹이를 먹는 브라질 해안가에서 남 대서양에 있는 Ascension 섬까지 2,000km가 넘는 거리를 이동해서 알을 낳는다. 이 조그만 섬을 찾기 위해서, 이 거북들은 심지어 지구의 자기장이나 해류의 방향과 같은 몇몇 환경적 단서를 이용하기도 한다.

정답 (d) 거북이의 번식

만점 해설　주어진 지문의 주제를 묻는 문제입니다. ①모든 거북이의 생식 방법이 나와있습니다. ②일반적인 번식의 방법이 나온 후에, ③일부 바다거북의 경우 멀리 이동하여 번식하는 이야기가 나옵니다. 따라서 '거북이의 번식'에 대한 이야기로 일관되고 있으므로, 가장 적절한 것은 (d)가 되겠습니다.

여기서 이동하여 알을 낳는 것이 모든 거북이가 아닙니다. 일부 해양거북이만 이동해서 알을 낳기 때문에 '이동(migration)'과 관련된 함정인 (a)를 고르지 않도록 주의하세요!

ㅣ 필수어휘 ㅣ

tortoise n. 육지 거북, 민물 거북
appropriate a. 적절한, 적당한 (proper)
scoop out v. 파내다
migrate v. 이주하다, 이동하다
rely on v. ~에 의지하다 (depend on, count on, fall back on)
current n. 해류, 흐름

Antibiotics do not kill viruses but scientists have recently developed antiviral medications. Many of these medicines prevent viruses from reproducing. Because many viral diseases do not have cures, ① **it is best to keep a viral infection from happening** in the first place. ② **Childhood vaccinations give your immune system a head start in fighting off viruses**. ③ **Having vaccinations now can stop you from getting a viral infection**. It is also a good practice ④ **to wash your hands often and never to touch wild animals**. If you do get sick from a virus, it is often best to rest and drink extra fluids. As with any sickness, you should tell a doctor.

Q. What is the passage mainly about?

   (a) Telling your doctor
   (b) Childhood vaccinations
   (c) Fighting a virus
   (d) Medical development

우리말해석

항생물질로는 바이러스를 죽이지 못하지만, 과학자들이 항 바이러스 약을 최근 개발했다. 이러한 약 중 많은 종류는 바이러스의 번식을 방지한다. 많은 바이러스성 질환의 치료법이 없으므로 일단 바이러스에 감염되지 않도록 하는 것이 최선이다. 어렸을 때 예방 접종을 하여 면역을 증가시키면 바이러스와의 싸움에서 유리한 위치를 차지할 수 있다. 현재의 예방접종도 바이러스 감염을 막아준다. 손을 잘 씻고 야생동물을 절대 만지지 않는 것도 좋은 습관이다. 만약 바이러스 때문에 아프게 되었을 때는 휴식을 취하고 수분을 충분히 섭취하는 것이 좋다. 그리고 다른 병과 마찬가지로 의사에게 가봐야 한다.

정답 (c) 바이러스 격퇴하기

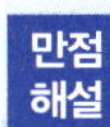

주어진 문제는 지문의 요지를 묻는 문제입니다. ①아예 감염이 안 되는 것이 최선이고, ②어릴 적에 예방 접종을 받거나, ③지금 예방접종을 하는 것도 괜찮다고 합니다. ④또한 청결을 유지하는 것도 바이러스에 감염이 되지 않는 것에 도움이 됩니다. 즉, 바이러스에 걸리지 않기 위한 방법들을 제시하고 있으므로 정답은 (c)입니다.

지문에서는 바이러스를 피하는 방법들이 열거되었습니다. 항 바이러스 약이 개발되었다고 해서 전체적인 의학의 발전을 이야기한다는 (d)는 지나치게 포괄적인 내용을 담고 있는 매력적인 오답이라고 할 수 있겠네요.

| 필수어휘 |

antibiotics n. 항생물질
antiviral a. 항 바이러스의
medication n. 약제, 약물 (cure, medicine)
prevent A from B (stop A from B, keep A from B) A가 B하지 못하도록 막다
head start n. 앞선 출발, 유리한 시작
immune a. 면역의
fluid n. 유체, 액체
as with ~ ~과 마찬가지로

21 | 출제 유형 | 중심내용   난이도 ★★☆

The Romans established one of the greatest empires of all time. They possessed ① **strong leadership, an army of disciplined and dedicated soldiers, and a talent** for absorbing conquered peoples and turning them into loyal citizens. ② **Their established system of law and government** brought security and peace to the Mediterranean region. ③ **Yet the mighty Roman Empire eventually crumpled** under the weight of several forces. ④ **Foreign invasions, combined with political, economic, and social problems**, dissolved the ties that had held the empire together for more than 400 years.

     Q. **What is the main subject of the passage?**

        (a) Factors that allowed the Roman Empire to rise and fall
        (b) The wars the Romans fought in the Mediterranean region
        (c) The vigilant Roman Army
        (d) The loyal citizens of the Roman Empire

우리말해석

로마는 역사상 가장 위대한 제국 중 하나를 건설했다. 그들은 강력한 리더십과 잘 훈련되고 헌신적인 군대, 그리고 피정복민들을 흡수해서 제국에 충성하는 시민으로 융화시키는 재능을 가지고 있었다. 잘 정비된 법률과 정부 제도는 지중해 지역에 안정과 평화를 가져왔다. 그러나 그 강력한 로마제국도 결국에는 몇몇 요인들 때문에 무너지고 말았다. 외국의 침략은 정치, 경제, 사회 문제와 더불어 400년 넘게 지켜왔던 로마제국의 결속을 끊어버렸다.

정답 (a) 로마제국의 흥망성쇠에 영향을 미친 요인들

만점 해설 주어진 문제는 지문의 주제를 묻는 문제입니다. 문장 ①과 ②에서 로마제국이 성공할 수 있었던 요인들이 언급되었고, ③에서 역접이 있은 후에 멸망했다는 이야기로 이어집니다. 그리고 ④에서 멸망의 원인들이 언급되기 때문에 '부흥과 멸망의 요인들' 모두에 대해서 이야기하고 있으므로 정답은 (a)가 되겠습니다.

보기에서 (c)로마의 빈틈없는 군대나 (d)충성스러운 시민들은 로마가 발전하는데 도움을 준 세부적 요인들입니다. 지문에서 언급된 세부 사항이 중심 내용을 묻는 문제에서 보기로 나올 경우에는 오답의 함정이라는 것을 기억해 두세요!

| 필수어휘 |
establish v. 설립하다, 건설하다
disciplined a. 군기가 든, 잘 훈련된
dedicated a. 헌신적인(devoted, committed)
eventually adv. 결국 (at last, in the end)
crumple v. 무너지다, 구겨지다
invasion n. 침략, 침공
dissolve v. 녹이다, 분해하다
vigilant a. 주의 깊은, 자지 않고 지키는

For years, DeLee Springs has provided people of all ages with ① **a safe place to swim and socialize**. However, because the city's new budget does not provide the funds to pay a full-time lifeguard, ② **DeLee Springs is in danger of closing to the public**. To prevent this from happening, ③ **I suggest that our class start a fund-raising campaign**. As students, we might not have the money to pay a lifeguard, but businesspeople in our community do. If a businessperson does not want to donate directly, we could simply ask him or her to put out a donation jar.

Q. Which best describes the goal of the passage?

(a) To encourage the students to help save DeLee Spring

(b) To urge the city government to allocate more fund for DeLee Spring

(c) To press businesspeople for participation in the campaign

(d) To close down DeLee Spring as soon as possible

우리말해석

몇 년 동안, DeLee Springs는 모든 연령대의 시민들에게 수영을 하고 어울릴 수 있는 안전한 장소였습니다. 그러나, 시의 새로운 예산이 전임 구조요원을 고용할 수 있는 자금을 배정하지 않았기 때문에 DeLee Springs은 대중에게 폐쇄될 위험에 처해 있습니다. 이것의 폐쇄를 막기 위해서, 저는 우리 반이 기금마련 캠페인을 진행하기를 제안합니다. 학생으로서는 구조 요원을 고용할 돈을 가지고 있지 않습니다. 하지만 우리 사회의 사업가들은 돈을 가지고 있습니다. 만약 사업가가 돈을 기부 하는 것을 원하지 않는다면, 모금함을 들고 함께 이 행사를 진행하자고 부탁 드리면 됩니다.

정답 (a) 학생들에게 DeLee Spring을 살리는 데 도움을 주라고

 주어진 문제는 내용을 통해서 주제를 추론하는 문제입니다. 주요 내용은 ①안전하게 놀 수 있는 장소가 ②폐쇄될 위기에 처해 있습니다. 그리고 문장 ③에서, 글쓴이는 같은 학급친구들에게 그 장소를 살리기 위한 캠페인을 제안하고 있습니다. 따라서 정 답은 (a)가 가장 적절하겠네요.

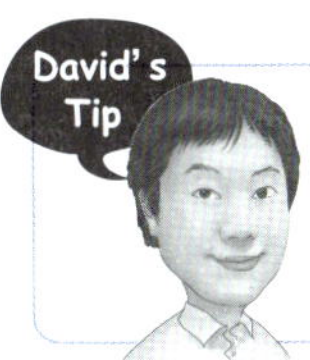

주어진 내용과 관련해서, DeLee Springs를 살리기 위한다는 측면에서 보기 (c)의 내용이 틀린 것은 아니지만, ③에 서 글을 읽는 대상을 확인하면 (c)는 대상이 잘못되었다는 것을 알 수 있습니다. 오답의 함정에 빠지지 마세요!

| 필수어휘 |

socialize v. 사회 활동을 하다, 어울리다

full-time a. 전임의

budget n. 예산

fund n. 자금, 기금

fund-raising a. 모금하는

businessperson n. 사업가

donate v. 기부하다

urge v. 촉구하다, 재촉하다 (encourage, beg)

23 | 출제 유형 | 사실확인　　　　　　　　　　　　　　　난이도 ★★☆

The Theater of Dionysus is where the plays of ① **the great dramatists (Aeschylus, Sophocles, Euripides, Aristophanes, Menandrus) were first presented**. It lies at the foot of the Acropolis, to the south, next to the "Sanctuary of Dionysus." Originally the theater had wooden seats which were replaced by seats of stone in 342-326 B.C.E., much in the form we see today. It could accommodate some 20,000 spectators in 78 rows of seats. The first row consists of 67 marble "thrones" where the high officials(priests, leading citizens, notables) sat. The orchestra, the open semicircle between the stage and the audience, was rebuilt by the Romans. They **organized ② gladiatorial performances as well as mock naval battles in this theater**.

Q. Which of the following is correct about the Theater of Dionysus?

(a) There are wooden seats which are capable of accommodating 20,000 spectators.

(b) Not only gladiatorial performances but also ancient Greek plays were performed there.

(c) It was not until the 3rd century B.C.E. that it was built in stone.

(d) It is the largest theater in Greece.

우리말해석

Dionysus 극장은 위대한 극작가들 (Aeschylus, Sophocles, Euripides, Aristophanes, Menandrus)의 작품이 처음 공연된 곳이다. Acropolis 남쪽 자락 Dionysus성전 바로 옆에 그 극장은 위치해 있다. 원래는 나무 의자가 설치되었으나 기원전 342~326년에 현재 우리가 보는 모습과 거의 비슷한 돌로 만든 의자로 교체되었다. 78줄의 객석에는 20,000여 명의 관객을 수용할 수 있었다. 객석 첫 줄에는 고위관리(성직자, 일류시민, 귀족)를 위한 67개의 화려한 대리석 의자가 있다. 무대와 관객 사이에 있는 반원형의 공간은 로마인들이 다시 지었다. 로마인들은 검투사의 공연과 가짜 해전을 이 극장에서 공연하기도 했다.

정답 (b) 검투사의 공연뿐 아니라 고대 그리스의 연극도 그곳에서 공연되었다.

만점 해설　주어진 지문의 내용과 일치하는 것을 묻는 문제입니다. 지문에서, ①위대한 극작가들의 작품과 ②검투사의 공연이 모두 이 극장에서 공연되었다는 내용이 나옵니다. 따라서 지문의 내용과 일치하는 것은 (b)가 가장 적절하겠네요.

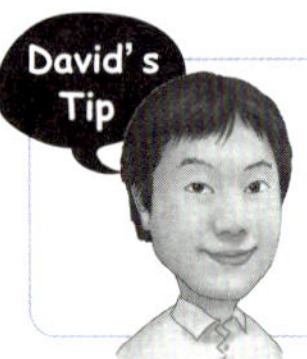

'세기(century)'에 대해서 나오면 반드시 연도와 비교하며 꼼꼼히 살펴 보셔야 합니다. 지문의 내용에서 언급된 기원전 342~326년은 기원전 4세기 입니다. 3세기로 착각하여 오답의 함정에 빠지지 마세요.

| 필수어휘 |

dramatist n. 극작가
present v. 제시하다, 증정하다
accommodate v. 수용하다
spectator n. 관객, 관중
row n. 줄, 열
consist of ~ v. ~으로 구성되다

Sharks cause more nightmares than any other resident of the sea, although they benefit humans in many ways. But at the rate we destroy sharks, says the National Marine Fisheries Service, several species may soon be little more than gliding memories in eastern U.S. waters. East Coast commercial and sport fishermen, who kill sharks to the tune of more than 22,000 metric tons a year, are threatening the viability of species like mako, sandbar, and blacktip. ① **Fin fishermen slice off only the fins, for sale as an Oriental delicacy**. When nets set for other fish sweep up sharks, fishermen sometimes bludgeon the creatures and toss them away.

Q. Which of the following is correct according to the passage?

(a) All the sharks in eastern U.S. waters are on the verge of extinction.

(b) Some fishermen in the U.S. want specific part of sharks.

(c) Sharks are a dangerous creature detrimental to humans.

(d) Sport fishermen are the biggest threat to sharks.

우리말해석

비록 상어가 인간에게 많은 도움을 주지만, 상어는 바다에서 거주하는 동물 중 가장 무서운 존재이다. 하지만 미국 수산청에 따르면 현재 속도로 상어가 줄어든다면 몇몇 종은 미국 동부 해안에서 곧 사라져 버릴 것이라고 한다. 동부 해안가의 어부들과 낚시를 즐기는 사람들은 매해 무려 22,000 톤 이상의 상어를 죽이고 있는데 특히 청상아리, 흉상어, 흑기흉상어의 생존을 위협하고 있다. 동양의 진미 음식에 들어가는 상어 지느러미만 잘라내는 어부들도 있다. 다른 물고기를 잡으려 쳐놓은 그물에 상어가 잡히면, 어부들은 상어를 무자비하게 때리고 버려버리기도 한다.

정답 (b) 미국의 어떤 어부들은 상어의 특정 부위를 원한다.

상어에 대한 내용과 일치하는 것을 묻는 문제입니다. ① "지느러미 전문 어부들은 상어의 지느러미만 잘라낸다." 는 부분에서 상어의 특정 부위(지느러미)만 원하는 사람도 있다는 것을 알 수 있습니다. 따라서 정답은 (b)가 되겠네요.

지문에서 모든 상어가 아니라 몇몇 종들(several species)만 멸종 위기에 처해 있다고 하였습니다. 따라서 (a)는 오답입니다.

| 필수어휘 |

resident n. 거주자 (inhabitant, dweller)

to the tune of ~ 무려 ~

viability n. 생존, 생존능력

slice off v. (얇게) 잘라내다

delicacy n. 진미, 맛있는 음식 (dainty, gourmet food)

sweep up v. 쓸어모으다

be on the verge of ~ 막 ~ 하려 하다 (be on the brink of ~, be about to V)

detrimental a. 해로운 (harmful, damaging, deleterious)

25 | 출제 유형 | 사실확인　　　　　　　　　　　　　　　　　　　　　　난이도 ★★★

One of the world's poorest countries when it gained independence from Britain in 1966, Botswana (formerly the Bechuanaland Protectorate) appeared to have few prospects. ① **The Kalahari Desert covers more than 80 percent** of this landlocked republic; ② **only 5 percent of its territory is arable**. Minerals transformed the economy, now Africa's fastest growing. Diamonds were discovered at Orapa in 1967 and at Letlhakane and Jwaneng several years later. Copper-nickel matte is another important revenue earner. Coal fires the nation's two power plants; Botswana is virtually self-sufficient in electricity. Surveys indicate that the land may hold other exploitable minerals.

Q. Which of the following is correct about Botswana?

(a) Its economy largely depends on the agriculture sector.

(b) It is among the richest countries in Africa.

(c) Its circumstances got better right before the independence from Britain in 1966.

(d) Most of its land is very dry.

우리말해석

세계에서 가장 가난한 나라 중 하나인 보츠와나(이전에는 Bechuanaland 보호령으로 불렸다)는 1966년에 영국에서 독립했을 때, 별로 전망이 없어 보였다. 바다가 없는 이 나라의 영토 중 80% 이상을 칼라하리 사막이 차지하고 있다. 국토 중 겨우 5% 정도만 경작이 가능할 정도이다. 광물이 이제 아프리카에서 가장 빨리 성장하는 경제를 탄생시켰다. 1967년에 Orapa지역에서 다이아몬드가 발견되었고, 몇 년 후에는 Letlhakane과 Jwaneng 지역에서도 발견이 되었다. 구리–니켈 matte(광택이 없는 금속류를 지칭)도 역시 중요한 수입원이다. 두 군데의 화력발전소에서 석탄을 태워 전기를 만들어내므로 보츠와나는 전기에서는 사실상 자급상태에 있다. 조사에 따르면 또 다른 채굴 가능한 자원이 묻혀 있을 가능성도 있다고 한다.

정답 (d) 대부분의 보츠와나 땅은 건조하다.

만점 해설　주어진 지문의 내용과 일치하는 것을 묻는 문제입니다. 지문 초반의 내용에서 ①국토의 80% 이상이 사막으로 덮여 있고, ②5%만이 경작 가능한 땅이라는 점에서 보츠와나(Botswana)의 대부분이 건조한 지역이라는 것을 알 수 있습니다. 따라서 정답은 (d)입니다.

주어진 문제에서 보기 (c)가 가장 매력적인 오답입니다. 경제가 가장 빠르게 성장하고 있는 나라라고 본문에서 언급되었지만, 경제 성장 속도와 현재의 그 나라의 경제 상태와는 상관 관계가 없습니다. 가장 못사는 나라가 가장 빨리 성장하고 있는 중일 수도 있기 때문입니다.

| 필수어휘 |

formerly adv. 이전에는 (previously in time or order)

protectorate n. 보호령, 보호국

landlocked a. 육지로 둘러 싸인, 바다가 없는

transform v. 변형시키다, 완전히 바꾸다. (change completely, revolutionize, reconstruct)

virtually adv. 사실상 (in effect, basically)

self-sufficient a. 자급자족하는

exploitable a. 개발 가능한, 활용 가능한

To whom it may concern:

During the winter of 2008 I spent several months working with Ms. Lucy Collins in trying to find a new home. From our first meeting until the day of my closing ① **Ms. Collins worked passionately to meet my needs** in every way possible. ② **Ms. Collins was always well prepared** with a game plan in hand. Lucy would always take the time to research and map out the properties we would be previewing. She always made sure to show me properties that were within my financial reach. ③ **Lucy's work ethic is outstanding**. Her upbeat, positive attitude made the long stressful process of finding a new home a lot easier. Working with Lucy was a wonderful pleasure. ④ **I highly recommend her and her contacts as loyal, viable resources** for buying a property in the Silicon Valley region. I will absolutely be using Ms. Collins for any future purchases or sales I may have in the future.

Sincerely, *Tom Thurber*

Q. Which of the following is correct according to the passage?

　(a) Tom Thurber is protesting against poor service.
　(b) Lucy Collins tried to buy a property in Silicon Valley.
　(c) Tom Thurber works so hard that he provides customers with satisfaction.
　(d) Ms. Collins is being complimented for the service she did.

우리말해석

관계자님께

지난 2008년 겨울에 저는 집을 찾는데 Ms. Lucy Collins에게 몇 달간 도움을 받았습니다. 처음부터 끝까지 그녀는 모든 수단을 동원하여 저의 요구사항을 맞추어 주었습니다. Ms. Collins는 항상 면밀한 계획을 가지고 준비된 자세로 일했습니다. 그녀는 우리가 살펴볼 집에 대한 상세한 조사를 하는 데 시간을 할애했고 제 예산 범위 안에 있는 집들만 보여주었습니다. 그녀의 직업관은 아주 훌륭합니다. 그녀의 활기차고 긍정적인 태도는 새로운 집을 찾는 지루한 일을 훨씬 수월하게 만들어 주었습니다. 그녀와 일했던 것은 정말 엄청난 즐거움이었습니다. 저는 그녀와 그녀의 동료들을 Silicon Valley 지역에서 집을 살 때 확실하고 믿을 수 있다고 추천합니다. 저는 다음 번에 집을 사고 팔게 된다면 반드시 그녀와 다시 일할 것입니다.

정답 (d) Ms. Collins는 예전에 했던 서비스에 대한 칭찬을 받고 있다.

주어진 지문의 내용과 일치하는 것을 묻는 문제입니다. 지문은 Ms. Lucy Collins에 대한 칭찬 편지입니다. 문장 ①에서 ④를 보면 구체적으로 그녀에 대하여 칭찬을 하는 구체적인 근거들을 제시하고 있습니다. 따라서 이러한 내용들에 가장 부합하는 (d)가 정답이 되겠습니다.

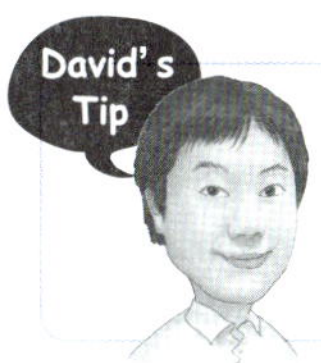

주어진 지문과 같은 편지형식의 글은 반드시 발신자와 수신자를 먼저 확인해야 합니다. (b)는 수신자와 발신자의 혼동을 이용한 전형적인 함정이라고 할 수 있겠습니다.

| 필수어휘 |

meet v. (필요를) 충족시키다 (satisfy, fulfill)
game plan n. 상세한 계획
property n. 부동산
financial reach n. 재정적 범위, 예산 한도 내
work ethic n. 직업관

27 ｜ 출제 유형 ｜ 독자파악

난이도 ★★☆

The best majority of franchisors will not present you a one-sided agreement because this is often a barrier to the sale of franchises. Most franchisors will start out with an agreement that reflects a balanced approach and tries to be mutually fair. Therefore most franchisors will not negotiate much because they do not want ① **your contract** to adversely affect those they have entered into with its other franchisees. However, ② **you should always try to negotiate the best deal possible**, based on your goals and objectives before making your final decision on whether or not to sign the franchise agreement. Often, the best deal is one in which both parties, ③ **you and the franchisor**, have made compromises and concessions to come to a mutually beneficial agreement.

Q. Who would this passage be aimed at?

(a) Owners of franchise company

(b) Potential franchisees

(c) Students studying economics

(d) Government officials regulating the franchise industry

우리말해석

대부분의 프랜차이즈 본사는 일방적인 계약을 요구하면 체인점 모집이 어려워지기 때문에 그런 요구를 하지 않는다. 그들은 균형 잡힌 계약을 처음에 제안하고 서로간에 공평하고자 노력한다. 그러므로 본사는 당신과의 계약 내용을 협상하지 않는다 왜냐하면 당신에게만 특혜를 준다면 이미 계약을 맺은 체인점들이 불리하기 때문이다. 그러나 당신은 체인점 계약 전에 당신의 목적에 근거하여 최고의 조건을 얻기 위해 본사와 교섭해야 한다. 종종 최선의 결과는 당신과 본사 양측 모두가 서로에게 도움이 되게 양보와 타협을 하는 것이다.

정답 (b) 프랜차이즈 체인점을 하고자 하는 자

주어진 글이 쓰여진 대상을 묻는 문제입니다. 글의 독자를 파악하는 결정적인 단서는 주어진 글에서 "you"라고 언급된 것입니다. ①당신의 계약이라고 합니다. 누구랑 계약하죠? ③당신과 프랜차이즈 본사와 계약을 맺는다고 합니다. ②그 계약을 맺을 때 주의사항을 이야기합니다. 그렇다면, 주어진 지문을 읽게 되는 대상인 "you"는 누구일까요? 당연히 프랜차이즈 본사로부터 체인점을 받아서 창업하고자 하는 사람이 되는 것이 적절하겠네요.

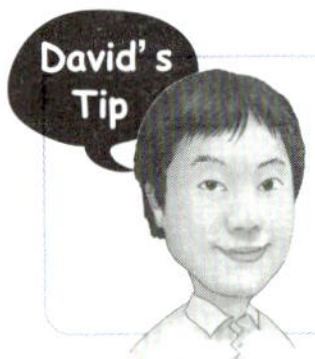

프랜차이즈 본사와 계약을 맺는 당사자가 누군지 생각해보면 오답을 피할 수 있습니다. (a)는 소유자가 자기 회사랑 계약을 맺는 것이 되기 때문에 정답이 될 수 없습니다.

｜ 필수어휘 ｜

franchisor n. 프랜차이즈 사업을 주는 자 (본사)

franchisee n. 프랜차이즈 사업을 받는 자 (체인점 창업자)

reflect v. 반영하다

mutually adv. 상호간에

negotiate v. 교섭하다, 협상하다

adversely adv. 역으로, 불리하게 (unfavorably)

compromise n. 타협 (agreement, give-and-take)

concession n. 양보 (yielding, surrender)

Along with the scenery, the history, the beautiful islands, brilliant sunshine and blue seas, Greece also has to offer modern facilities in all parts of the country. That is why it is now fast becoming one of the favorite holiday countries in Europe and the Middle East. Almost all the hotels are new and equipped with every up-to-date amenity. Even a third class hotel with a bath is the rule rather than the exception. ① **Travel by boat, train, airplane, or car ferry is easy and comfortable**. Reasonably cheap too. The beaches are crowd free, and there are well-placed camping sites for the go-it alone traveler. Yachts and cruise ships are catered for by some 85 supply stations and marinas, on islands and coasts.

Q. Which of the following is correct according to the passage?

(a) People usually favor Greece's beautiful scenery over its modern facilities.

(b) All the hotels in Greece are new and equipped with every up-to-date amenity.

(c) There are many different types of transportation available for travelers in Greece.

(d) Every third class hotel in Greece has a bath.

우리말해석

멋진 풍경이 있고 오랜 역사를 자랑하는 아름다운 섬들, 작렬하는 태양빛, 그리고 푸른 바다를 가지고 있는 그리스는 나라 전역에 현대적인 시설도 함께 갖추고 있다. 이러한 이유로 그리스는 유럽과 중동에서 가장 사랑 받는 휴양지로 빠르게 떠오르고 있다. 거의 모든 호텔이 새로 지어졌고 최신식 편의시설을 갖추고 있다. 심지어 3급 호텔에도 욕조가 설치되어 있는 것이 예외적이라기 보다는 일반적인 것으로 생각된다. 보트, 기차, 비행기, 카 페리를 이용한 여행은 쉽고 편안하다. 비용도 상당히 저렴하기도 하다. 해변에는 사람들이 붐비지 않고 혼자 다니는 여행자를 위한 캠프장도 알맞은 장소에 구비되어 있다. 섬과 해안가에 있는 대략 85곳의 보급항과 정박장에서 요트와 크루즈선을 이용할 수도 있다.

정답 (c) 여행자들이 이용할 수 있는 다양한 종류의 교통수단이 있다.

만점 해설 새로운 휴양지로 떠오르고 있는 그리스에 대한 내용입니다. 지문의 내용과 일치하는 것을 묻고 있는데, 글의 내용에서 정확하게 언급되어 있는 부분을 근거로 정답을 찾아내야 합니다. 즉, 정보 확인 문제는 반드시 근거문장을 찾는 습관을 들이세요! 문장 ①에서, 여러 개의 교통 수단이 나열되고 있으므로 적절한 정답은 (c)가 되겠네요.

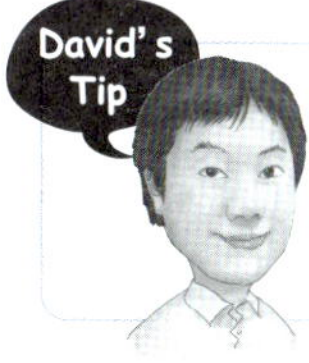

주어진 글의 첫 문장을 보면, 그리스의 여러 장점들이 열거되었습니다. 하지만 여러 장점 중 어떤 것들이 선호되는가에 대한 언급은 없습니다. 또한 지문의 세 번째 문장 "almost all the hotels~"에서, 보기 (b) 또한 오답이라는 것도 아시겠지요?

| 필수어휘 |

scenery n. 풍경, 경관

facilities n. 편의시설

equip v. 장비시키다

up-to-date a. 최신의 (latest, cutting-edge)

amenity n. 편의시설

exception n. 예외

cater for v. (음식물, 편의) 제공하다 (provide)

29 | 출제 유형 | 사실확인

난이도 ★★☆

We will give all employees a minimum of 80 hours of orientation and training, including the customer service training which is documented by the supervisor. Also, ① **we will provide all employees with pre-service academy and facility specific training**. All training must meet ② **essential requirements as recommended by the Training Committee**, including development based on clear and measurable written statements of intended learning results, with content and instructional ways consistent with stated learning goals, sequenced to precipitate learning, and incorporating tactics to assess the learning. The training manager will ensure availability of required space and equipment, including reference services, for the staff development program.

Q. Which of the following is NOT correct according to the announcement?

(a) Some training will be recorded by the supervisor.
(b) The training manager has to prepare necessary equipment for the training.
(c) At least 80 hours of orientation and training will be provided for all employees.
(d) Facility specific training will be given by the Training Committee.

우리말해석

우리는 모든 직원들에게 최소 80시간의 오리엔테이션과 교육을 제공할 것입니다. 고객 서비스 교육은 감독자에 의해 기록이 될 것입니다. 또한 모든 직원들에게 서비스 예비학교와 구체적 설비에 대한 교육도 제공할 것입니다. 모든 교육은 교육위원회가 권고하는 모든 조건을 만족시킵니다. 예를 들어 학습 목표는 분명하게 문서로 기록되어 있습니다. 그 목표를 달성하기 위해 만족스러운 교육적인 수단을 제공할 것이고, 학습을 촉진하기 위해 교육 순서도 마련되어 있습니다. 또한 학습결과를 측정하기 위한 전략도 교육 프로그램에 잘 녹아 들어 있습니다. 교육담당 매니저는 직원 능력 함양 프로그램에 필요한 참고자료 같은 교육에 필요한 공간과 모든 장비를 준비할 것입니다.

정답 (d) 구체적 설비 교육은 교육 위원회가 진행한다.

만점 해설 주어진 안내 방송의 내용과 일치하지 않는 것을 묻는 문제입니다. ①에서 구체적 설비 교육은 우리가 제공한다고 합니다. 그렇다면 '우리'는 직원을 교육하는 사람들이겠지요? ②교육위원회는 우리가 제공하는 교육에 대한 요구사항을 권고하는 역할을 하기 때문에 '교육위원회'가 교육을 진행하는 것이 아닙니다.

이와 같은 유형에서 주의해야 할 것은 지시문의 "NOT"을 보지 못하고 넘어가는 경우가 많습니다. 따라서 지시문부터 차근차근 읽고 넘어가는 습관을 기르도록 하세요!

| 필수어휘 |

employee n. 직원, 피고용인
document v. 기록하다, 문서화하다
sequence v. 순서를 짜다
precipitate v. 촉진시키다 (boost, facilitate)
incorporate v. 통합하다
tactics n. 전략, 전술 (strategy, scheme)

In 1807, Napoleon Bonaparte of France and Czar Alexander I of Russia signed a treaty of alliance. Now the period's two great military powers were linked. But this treaty was unpopular with the Russian court — ① **among other things it allowed Napoleon nearly free rein in Poland, Russia's traditional "front yard."** Russian aristocrats worked to influence the czar to repudiate it. Before too long, Alexander began to take actions that he knew would displease the French, and by August 1811, Napoleon had had enough: it was time to teach Russia a lesson. He began to lay plans for an invasion. The acquisition of this vast territory to the east would make him the ruler of the largest empire in history.

Q. Why did Russian aristocrats dislike the treaty with France?

    (a) It allowed Napoleon Bonaparte to have territory in Russia.

    (b) Napoleon Bonaparte virtually ruled Poland thanks to the treaty.

    (c) Czar Alexander I did not like the treaty and wanted to annul it.

    (d) Thanks to the treaty, Napoleon Bonaparte could invade Russia.

우리말해석

1807년 프랑스의 Napoleon Bonaparte와 러시와 황제 Alexander 1세는 동맹 협정을 맺는다. 당대의 최고 군사력을 자랑하던 나라가 연결이 된 것이었다. 그러나 러시아 궁전에서는 이 조약을 별로 좋아하지 않았다. 그 이유 중 하나로는 그 조약 때문에 나폴레옹이 러시아의 속칭 "앞마당"인 폴란드에서 자유롭게 통치할 수 있었던 것이 있다. 러시아의 귀족들은 황제에게 그 조약을 철회하라고 압력을 행사했다. 오래가지 않아, 러시아의 황제 Alexander는 프랑스를 화나게 할 것이라는 것을 알았지만 몇 가지 조치를 취하게 된다. 1811년 8월 Napoleon은 참을 만큼 참았다고 생각하고 러시아에게 따끔한 맛을 보여주기로 결심했다. 그는 러시아 침공을 위한 계획을 수립하기 시작했다. 이 넓은 동쪽의 영토를 얻게 되면 역사상 가장 큰 제국의 황제가 된다는 것을 의미했다.

정답 (b) 나폴레옹은 이 조약 덕택에 폴란드를 사실상 지배했다.

만점 해설 주어진 지문을 읽고 러시아 귀족들이 조약을 싫어한 이유를 묻는 문제입니다. 지문의 내용을 보면 그 이유 중의 하나로, 나폴레옹이 러시아의 소위 "앞마당" 폴란드를 자유롭게 지배했기 때문에 러시아의 귀족들이 화가 났던 것이라고 나옵니다. 따라서 정답은 (b)가 되겠습니다.

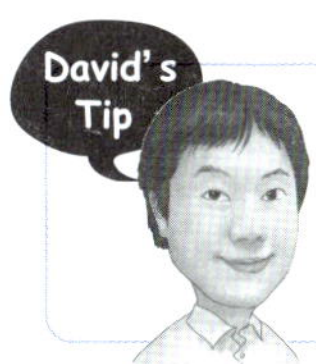

나폴레옹이 조약을 통해서 러시아 안의 영토를 취득한 것이 아니라, 러시아 침공을 위한 계획을 수립하기 시작했다는 내용이 나오기 때문에 (a)는 오답입니다.

| 필수어휘 |

treaty n. 조약, 협정 (agreement, pact, protocol)

alliance n. 연합, 동맹

aristocrat n. 귀족

repudiate v. 거부하다, 이행을 거절하다 (reject, repeal)

acquisition n. 획득, 취득

annul v. 무효로 하다 (invalidate)

31 | 출제 유형 | 사실확인　　　　　　　　　　　　　　　　　　　　난이도 ★☆☆

Dear Mr. Peterson, Greetings from VVIP Service!
We are sorry to inform you that ① **your membership pack has been returned due to incorrect address**. We would appreciate it ② **if you could advise us of your new correspondence address at your earliest convenience**. The pack will be delivered to you again in about four weeks' time upon receipt of your confirmation. In the meantime, to enjoy the benefits of the program, simply quote your membership number above when making a reservation and at check-in. We look forward to hearing from you soon.
Yours sincerely,

Amy Ma

Q. What should Mr. Peterson do to get his membership pack?

(a) He should speak to higher management.
(b) He should give a piece of advice on customer service.
(c) He should pay the admission fee.
(d) He should let the hotel know about his new address.

우리말해석

Mr. Peterson씨께, VVIP 서비스에서 인사 드립니다.
회원용 소포가 잘못된 주소 때문에 반송되었음을 알려드립니다. 편하실 때 새로운 우편 주소를 알려주시길 부탁 드립니다. 소포는 새로운 주소를 접수한 지 4주 정도 지나면 받아보실 수 있습니다. 한편, 저희 회원 혜택을 받으시려면 위에 적힌 회원 번호를 예약할 때나 체크인 하실 때 제시하시면 됩니다. 답장을 기다리겠습니다. 감사합니다. Amy Ma.

정답 (d) 호텔에 새 주소를 알려주어야 한다.

 **만점 해설**　주어진 지문을 통해 알 수 있는 구체적 사실을 묻는 문제입니다. 주된 내용은 회원용 소포가 반송되었다는 것이며, 그것의 이유는 ①잘못된 주소 때문이라고 언급되었습니다. 그리고, 뒤이어 문장 ②에서 새로운 주소를 알려달라고 하였습니다. 따라서 소포를 받아보기 위해서는 (d) 새 주소를 알려주어야 한다는 것이 정답이 되겠네요.

주어진 지문에서 사용된 "advise"는 '알려주다' 라는 뜻의 상업용 용어입니다. (b)는 고객 서비스에 대하여 조언을 한다는 의미입니다. 이와같이 같은 단어이지만 쓰임새가 다른 경우 주의하셔야 합니다.

| 필수어휘 |
inform v. 알리다, 통지하다
membership n. 회원
incorrect a. 잘못된, 틀린
correspondence address 우편 주소
convenience n. 편의, 편리
in the mean time 그 동안에 (meanwhile, in the mean time)
look forward to ~ing ~을 기대하다

To: All members of Slow Food Lovers

You are cordially invited to attend the biennial General Meeting of Slow Food Lovers (SFL) and the workshops that will be held from Monday, May 18, 2009 until Wednesday, May 20. 2009. Our host this year is the Food and Drug Administration and the site chosen is the Staller Center. Please visit their website at www.stallercenter.com for more information. We will provide the meals from Monday evening snack to lunch on Wednesday; ① **there are 12 beds in shared accommodations**, ② **15 campsites near the main building and** ③ **many motel type accommodations** in Setauket (20 minutes drive away). There is SFL funding available to each district to help with travel costs. Please talk to your District Officials if you wish to take advantage of this. Please register at http://www.slowfood.com/workshop2009 if you wish to participate in.

Hope to see you there,

William Justis

Q. Which of the following is correct according to the announcement?

(a) Members of SFL do not have to pay for the event.

(b) The Food and Drug Administration was the host of the event in 2007.

(c) There are several different types of accommodations available for the event.

(d) The event will last for the whole weekend.

우리말해석

수신: SFL 모든 회원

2년마다 열리는 총회와 워크샵에 여러분을 초대합니다. 이번 행사는 2009년 5월 18일 월요일부터 2009년 5월 20일까지 열리게 됩니다. 식품 의약국에서 이번 행사를 진행하고 장소는 Staller Center입니다. 더 많은 정보는 홈페이지를 참조해 주십시오.(www.stallercenter.com) 월요일 야참부터 수요일 점심까지 식사가 제공됩니다. 12개의 침대가 공동 숙박 시설에 있고, 주변에는 15개의 캠프장과 차로 20분 거리에 있는 Setauket에는 많은 모텔형태의 시설들이 있습니다. 각 SFL 지부에는 여행경비를 보조하기 위한 기금이 있습니다. 이 기금을 지원받으려면 지부 담당자와 이야기를 하십시오. 이번 행사에 참여하고자 한다면 웹사이트에서 등록해 주시기 바랍니다.(http://www.slowfood.com/workshop2009) 그곳에서 뵙기를 기대하며, William Justis.

정답 (c) 이번 행사를 위한 몇 가지 종류의 숙박시설이 있다.

만점 해설 주어진 안내문의 내용과 일치하는 것을 묻는 문제입니다. 문장 ①~③을 보면, 세 가지 종류의 숙박 시설에 대하여 언급되었습니다. 따라서, 정답은 (c)가 되겠네요.

David's Tip 지문의 후반부에서, 교통비 지원 기금이 있다고 하였지만, 참가비를 안 낸다는 것을 알 수 없습니다. 즉, (a)는 알 수 없는 내용입니다. 오답의 함정에 빠지지 마세요!

| **필수어휘** |

cordially adv. 진심으로, 성의를 다해서

Food and Drug Administration (FDA) 미국 식품 의약국

district n. 지부, 지역, 지구

biennial a. 2년마다의

33 | 출제 유형 | 추론   난이도 ★★★

① **Louis XIV, the Sun King, was a proud and arrogant man** who wanted to be the center of attention at all times; ② **he could not countenance being outdone in lavishness by anyone**, and ③ **certainly not his finance minister**. ④ **To succeed Fouquet, Louis chose Jean-Baptiste Colbert**, a man famous for his parsimony and for giving the dullest parties in Paris. Colbert made that any money liberated from the treasury went straight into Louis's hands. With the money, Louis built a palace even more magnificent than Fouquet's - the glorious palace of Versailles. He used the same architects, decorators, and garden designer. And at Versailles, ⑤ **Louis hosted parties even more extravagant than the one that cost Fouquet his freedom**.

Q. What can be inferred from the passage?

(a) The luxurious palace of Versailles was built by Colbert who loved lavishness.

(b) Louis XIV was so frugal a king that he held few parties.

(c) Colbert didn't want the king to waste the money from the treasury.

(d) Fouquet used to serve as the finance minister.

우리말해석

태양왕 Louis 14세는 항상 관심의 대상이 되고 싶어했던 거만하고 오만한 사람이었다. 그래서 그는 사치스러움에서 다른 누군가에 뒤쳐지는 것을 용납할 수 없었다. 특히 그의 재무장관에게 사치스러움에서 뒤쳐지는 것은 더욱 더 용납할 수 없었다. 왕은 Fouquet의 후임으로, 파리에서 가장 재미없는 파티를 개최하는 것과 검소함으로 유명한 Jean-Baptiste Colbert를 선택했다. Colbert는 국고에서 나온 돈은 바로 왕에게 가도록 만들었다. 그 돈을 가지고 Louis왕은 Fouquet의 궁전보다 훨씬 더 웅장한 베르사이유 궁전을 만들었다. 왕은 똑 같은 건축가와 장식가, 그리고 정원 디자이너를 고용했다. 베르사이유 궁전에서 Louis는 Fouquet의 자유를 빼앗아갔던 파티보다 훨씬 사치스러운 파티를 개최했다.

정답 (d) Fouquet는 전 재무 장관이었다.

 주어진 문제는 지문의 내용을 통해서 추론할 수 있는 것을 묻는 문제입니다. 먼저 지문의 내용을 보면, ①오만한 왕이 ②사치스러움에서는 누구보다 뒤지기 싫어했습니다. ③특히 자신의 재무장관에게 사치스러움에서 뒤지기는 더욱 싫었습니다. ④Fouquet의 후임이 임명되었고, ⑤Fouquet는 사치스러운 파티 때문에 투옥되어 있습니다. 호화로운 파티를 여는 것으로 유명한 재무장관을 거만한 Louis 14세가 내쫓고 더 호화스러운 궁전과 사치스러운 파티를 열었다는 것이 핵심입니다.

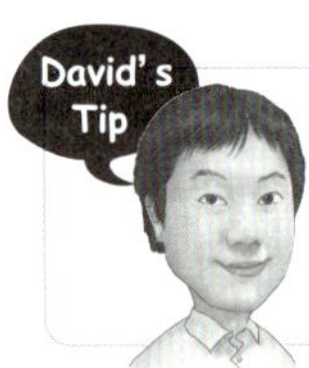

지문의 내용을 통해서는 (c)Colbert가 본인이 검소하긴 했으나, 왕에게 준 돈을 왕이 낭비하는 것을 싫어했다는 것은 추론할 수 없습니다. 만약 그랬다면, 왕의 낭비를 막으려는 시도나 항의 등을 했다는 내용이 이어져야 하겠지요?

| 필수어휘 |

arrogant a. 거만한, 오만한

countenance v. 용납하다, 묵인하다 (approve)

lavishness n. 사치스러움 (wastefulness, extravagance)

succeed v. 뒤를 잇다, 계승하다

parsimony n. 절약, 인색 (stinginess, frugality)

Oxygen is essential to our existence, but surprisingly, ① **it can be harmful under certain circumstances**. At sea level the partial pressure of this life-sustaining gas is 0.21 atmosphere, and in each normal breath we inhale about 0.02 mole of O2 molecules. Our bodies operate very effectively under these conditions, but the situation changes if we subject ourselves to greater pressures — for example, by diving in deep water. A scuba diver at a depth of 100 feet experiences approximately 4 atmospheres of pressure, and at 300 feet the pressure is about 10 atmospheres. This increased pressure affects the ear canals and squeezes the lungs, but a more serious effect involves ② **the increased partial pressure of oxygen in air breathed at these pressures, causing confusion, impaired vision and hearing, and nausea**.

Q. Which of the following is correct according to the passage?

(a) Too much Oxygen is harmful to human beings under water

(b) Diving in deep water must be prohibited because of its fatal danger

(c) Oxygen might be deleterious to humans in certain circumstances

(d) Under water human organs malfunction due to the lack of oxygen

우리말해석

산소는 우리의 생존에 필수적이지만, 놀랍게도 어떤 경우에는 산소가 해로울 수 있다. 해수면 높이에서는 산소의 분압이 0.21기압에 불과하고 정상적으로 우리가 호흡할 때 0.02몰의 산소분자를 마신다. 이 조건에서는 우리 몸은 아주 효율적으로 작동하지만 좀 더 높은 압력에 노출되면, 예를 들어 깊은 바다에 잠수할 때에는 상황이 바뀐다. 100 feet를 잠수하면 약 4기압, 300 feet에서는 약 10기압에 해당하는 수압을 받는다. 이 증가한 압력이 외이도에 영향을 미치고 폐를 압착한다. 하지만 높아진 분압의 산소를 이 압력에서 마시게 되면 의식 장애와, 시력과 청력이 떨어지고, 메스꺼움도 유발할 수 있다.

정답 (c) 산소는 어떤 경우에 인간에게 해로울 수 있다

만점 해설 주어진 지문의 내용과 일치하는 것을 묻는 문제입니다. 지문의 초반의 내용에서, 생명 유지에 필수적인 산소가 ①어떤 경우에는 해로울 수 있다고 합니다. 그리고 그것에 대한 구체적인 예시가 지문의 마지막 부분 ②에서 제시되었습니다. 따라서 정답은 (c)가 되겠습니다.

이 문제에서 가장 매력적인 오답지는 (a)입니다. 깊은 물 속에서 산소를 호흡하는 것이 위험할 수도 있는데, 그것은 산소의 양이 많아서(too much)가 아니라 '산소의 높은 분압 (increased partial pressure of oxygen) 때문에 해로운 것입니다. 오답의 함정에 빠지지 않도록 주의하세요!

| 필수어휘 |

atmosphere n. 기압

inhale v. 들이 마시다

molecule n. 분자

approximately adv. 대략, 거의

impair v. 손상시키다, 못쓰게 하다 (harm, damage, debilitate)

deleterious a. 해로운 (harmful, detrimental)

35 | 출제 유형 | 추론　　　　　　　　　　　　　　　　　　　　　　난이도 ★★☆

South Africa was undergoing the same post-war stresses as other Western states, with one or two extra of its own. The war had increased industrialization, with the consequent demand for labor, and rises in both prices and wages. Organized labor, inspired by the example of the Russian Revolution, was preparing to fight, in the same way that unions in Britain and the United States were becoming more militant. ① **Black wages had failed more blatantly to keep pace with the cost of living than had white**, but when black municipal workers in Johannesburg with the unpleasant job of removing domestic sewage attempted a strike they were prosecuted under the Masters and Servants Act and given prison sentences for breach of contract. Whites, theoretically governed by the same legislation, were never so treated, and SANNC members led the protests.

Q. Which of the following can be inferred from the passage?

  (a) The strike attempted by black municipal workers was a great success.
  (b) South Africa had exactly the same kind of post-war stresses as other Western states.
  (c) The SANNC members were content with the circumstances in South Africa.
  (d) Black workers made less money compared to white workers.

우리말해석

남아프리카 공화국은 다른 서양 국가들처럼 전쟁 후 진통을 겪고 있었고 자기만의 어려움도 더불어 갖고 있었다. 전쟁은 산업화를 증대시켰고 따라서 노동력에 대한 수요 및 물가와 임금도 같이 올라갔다. 러시아의 극단적 혁명에 고무된 노동 조합은 영국과 미국의 노동조합들처럼 좀 더 투쟁적으로 싸울 준비를 하고 있었다. 흑인들의 임금은 백인들의 임금에 비해 오르는 물가를 쫓아가기엔 턱없이 부족했다. 하지만 요하네스버그에서 하수도 청소 일을 하는 흑인 노동자들이 파업을 시도하자 Masters and Servants 법에 의해 기소되었고 계약 위반의 근거로 징역형이 선고되기도 했다. 이론상 같은 법의 적용을 받는 백인에게는 결코 징역형이 선고되지 않았으므로 SANNC 회원들은 시위를 주도했다.

정답 (d) 흑인 노동자들은 백인 노동자들에 비해 상대적으로 낮은 임금을 받았다.

주어진 지문의 내용을 통해 추론할 수 있는 내용을 묻는 문제입니다. 문장 ①에서, 백인 노동자의 임금으로도 오르는 물가에 힘들었지만 흑인의 임금은 더욱 힘들었다는 점에서 흑인이 백인보다 임금이 적었다는 사실을 유추할 수 있습니다. 따라서 정답으로 가장 적절한 것은 (d)가 되겠습니다.

이 문제에서 가장 함정에 빠지기 쉬운 보기는 (b)가 되겠네요. 완전히 똑같은(exactly the same) 전쟁 후 아픔을 겪고 있다고 했는데, 완전히 똑같지는 않습니다. 지문의 초반에서, 남아공은 그들만의 어려움도 '추가로(extra)' 겪고 있다고 언급되었기 때문에 완전히 똑같다는 말은 정확하지 않습니다.

| 필수어휘 |

post-war a. 전쟁 후의 (postbellum) cf) anfebellum 전쟁 전의
inspire v. 고무하다, 격려하다
blatantly adv. 노골적으로, 심하게
municipal a. 시의, 시립의
prosecute v. 기소하다 (indict)
breach n. 위반, 파기 (violation)

Schneider supplies the electrical distribution systems that ensure the safe application of electricity in the most distinct buildings in the world. From residential homes to commercial buildings, industrial facilities, malls and hotels. Schneider is a manufacturer focused on electrical distribution, industrial control and automation. ① **With four world brands**: Merlin Gerin, Modicon, Square D and Telemecanique. And ② **over 60,000 specialists in 130 countries**, with one objective in mind: to meet your needs. Every day. Safely. Economically. Efficiently. No one in the world does more with electricity.

Q. What can be inferred about Schneider from the advertisement?

(a) It's a huge enterprise with branches around the world.

(b) Its main service is to generate electricity.

(c) Its headquarters is located at one of the most distinct buildings in the world.

(d) It has a narrow range of customers.

우리말해석

Schneider는 세계의 가장 뛰어난 빌딩에서 전기를 안전하게 사용할 수 있도록 전기 분배 시스템을 공급합니다. 가정집에서 상업 빌딩, 산업 시설, 쇼핑몰이나 호텔까지도 저희의 서비스를 받습니다. Schneider는 전기 분배와 산업 관리, 그리고 자동화에 중점을 두는 제조회사입니다. 4개의 세계적인 상표: Merlin Gerin, Modicon, Square D and Telemecanique를 가지고 130개국에서 60,000명이 넘는 전문가들이 오직 고객의 요구에 부합하는 목표를 가지고 일하고 있습니다. 언제나 안전하고, 경제적이며, 효율적으로 일하고 있습니다. 전기관련에서는 세계에서 가장 많은 일을 합니다.

정답 (a) 전 세계에 지점을 둔 거대 기업이다.

 **만점 해설**　주어진 광고를 보고 추론할 수 있는 내용을 묻는 문제입니다. ①4개의 세계적인 브랜드를 가지고 있고 ②130개국에서 60,000명이 넘는 전문가가 일하고 있다고 하였으므로 (a)전 세계에 지점을 둔 거대 기업이다라는 내용이 유추 가능 하겠네요.

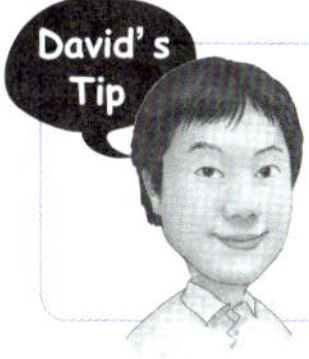

이 문제에서, 보기 (b)가 '주로 전력을 생산하는 일을 한다' 는 전기(electricity)라는 단어로 유혹하는 함정이네요. 이 회사는 전력을 생산(generate)하는 것이 아니라 전기를 분배(distribution)하는 일을 한다고 지문의 초반에 언급되었습니다. 따라서 정답이 될 수 없습니다.

| 필수어휘 |

distribution n. 분배, 배급 (allocation, dispersion)

ensure v. ~을 확실히 하다

residential a. 거주용의

facilities n. 시설

automation n. 자동화

objective n. 목표, 목적 (aim, goal)

meet v. (요구, 필요 등을) 만족시키다, 충족하다 (satisfy, fulfill)

headquarters n. 본부, 본사 (HQ, center of operations)

37 | 출제 유형 | 추론　　　　　　　　　　　　　　　　　　　　　　　난이도 ★★★

The *John Barry* was arguably the most mundane looking treasure ship of all. It looked in fact exactly like what it was, a cheap, functional and efficient freighter, capable of 12 knots and of carrying approximately 9,000 tons of cargo. It was one of over 2,700 almost identical ships built in the United States between 1941 and 1945. ① **They were called Liberty ships, for the very good reason that they helped keep the vital Allied supply routes open for most of the war**. Built to a simple 60-year-old British design, they were mass-produced, many of their parts having been prefabricated, and their giant steel plates were welded rather than riveted together, all of which allowed for rapid construction. For all its lack of the finer architectural details lavished on other ships, the John Barry's claim to be a treasure ship is indisputable. Nor was it just any old treasure ship but, according to some fervent believers, the richest of the era.

> **Q. What can be inferred from the passage?**
>
> (a) The John Barry was famous for her extravagant architectural details.
> (b) Now, there are approximately 2,700 ships that look almost the same as the John Barry.
> **(c) The Liberty ships played an important role for the Allies during the war.**
> (d) It took quite a while to build the Liberty ships.

우리말해석

*John Barry*호는 이론의 여지는 있지만 가장 평범해 보이는 보물선이었다. 그것은 대략 9,000톤의 화물을 적재하고 약 12노트로 항해할 수 있는 기능적이고 효율적인 화물선처럼 생겼다. *John Barry*는 1941년에서 1945년 사이에 미국에서 거의 동일한 모습으로 만들어진 2,700여 척의 배 중에 하나였다. 그 배들은 전쟁의 대부분의 시간 동안에 연합군의 중요한 보급로를 열어주었기 때문에 자유선이라 불려졌다. 그 배들은 대량 생산되었다. 60년 된 단순한 영국식 디자인을 가지고 있었고, 많은 부품이 조립식으로 맞추어 졌으며, 거대한 강철판은 못으로 고정하지 않고 용접하였다. 이 모든 제조 방법이 빠른 건조를 가능하게 하였다. 다른 배들에 있던 건축적 화려함은 없었음에도 불구하고 *John Barry*호가 보물선이라는 것은 확실하다. 몇몇 열렬한 지지자들에 의하면 *John Barry*호는 단지 오래된 하나의 보물선이 아니라 그 시대에 가장 호화로운 보물선이었다.

정답 (c) 자유선들은 전쟁 중 연합군을 위해 중요한 역할을 하였다.

만점 해설　주어진 지문의 내용을 통해서 추론할 수 있는 사실을 묻는 문제입니다. 문장 ①에서, 연합군의 중요한(vital) 보급로를 계속 열어놓았다(keep open)는 말에서 연합군의 보급을 담당하였다는 것을 알 수 있습니다. 따라서 가장 적절한 정답은 (c)가 되겠습니다.

이 문제에서는, 보기 (b)에 함정이 있습니다. 2700여 척의 배가 만들어진 것은 맞는 내용이지만, 보기에 "now"라고 하였으므로 정확한 내용이 아닙니다. 비슷한 모양의 배가 현재 몇 척이나 있는 지 이 글에서는 추론할 수 없습니다.

| 필수어휘 |

arguably adv. 이론의 여지는 있지만
mundane a. 평범한 (common, ordinary)
for all ~ ~에도 불구하고
indisputable a. 논쟁의 여지가 없는, 분명한

A substance is buoyant, or will float in a liquid, if its density is less than that of the liquid. Here is a procedure that will show you what it takes for an egg to float in water. (a) First, place an egg in a cup of water and observe whether or not it floats. (b) Next, remove the egg and stir several spoonfuls of salt into the water. (c) Finally, replace the egg in the water and observe whether or not it floats. (d) Eggs are usually less dense than water.

우리말해석

어떤 물질의 밀도가 물의 밀도보다 작다면, 그 물질은 물에 뜨게 된다. 이제 다음과 같은 과정을 통해 계란을 물에 띄우는 데 무엇이 필요한지를 알아보자. (a)일단 물 한 잔에다 계란을 넣고 뜨는지 관찰해라. (b)다음으로 계란을 빼고 소금 몇 스푼을 물에 넣고 저어보자. (c)마지막으로 계란을 물에 다시 넣고 계란이 뜨는지 관찰해보자. (d)계란은 일반적으로 물보다 밀도가 낮다.

정답 (d) 계란은 보통 물보다 밀도가 낮다.

 주어진 문제는 물 속에서 물체가 뜨는 원리를 설명하고 있습니다. 간단한 실험 과정에 대한 설명으로 이루어졌는데, (d)는 실험과정과는 상관이 없는 문장입니다. 또한 계란의 밀도가 낮다면 소금을 넣어서 물의 밀도를 높이지 않더라도 이미 계란은 물에 떠있다는 것이 추론 가능하시겠지요?

| 필수어휘 |

buoyant a. 물에 뜨는, 부력이 있는   float v. (물 위로)떠 오르다   density n. 밀도   observe v. 관찰하다

Captain Cook named thousands of localities during his voyages between 1768 and 1779. His names included the Society Islands (after the Royal Society, which had sponsored his expedition) and many of the coastal features of New Zealand and Australia. (a) He frequently chose names belonging to contemporary British personalities, such as Halifax and Grafton. (b) In fact, Captain Cook himself did not like naming the localities. (c) Many others were based on his observations of the physical environment (Smoky Cape, Botany Bay) or on events to do with the journey(Weary Bay, Thirsty Sound). (d) Mount Cook in New Zealand, the Cook Strait, and the Cook Islands are among the few localities which carry his own name.

우리말해석

Cook 선장은 1768년에서 1779년에 항해하면서 수많은 지역에 이름을 붙였다. 그가 이름 붙인 곳에는 Society 제도(자신의 원정을 도와준 왕립협회를 기념하여)를 포함하여 뉴질랜드와 호주의 수많은 해안가 지역이 있다. (a)그는 자기가 발견한 지역을 명명할 때, Halifax나 Grafton같은 당대의 인물들의 이름을 선택했다. (c)많은 다른 지역들은 그 지역의 물리적 환경을 그의 관찰에 근거하여 이름 붙여졌다. (연기 나는 곳, 식물만) 또는 자기가 여행 중 겪은 일에서 이름을 가져오기도 했다.(지친만, 목마른 소리) (d)Cook 선장 본인의 이름을 붙인 몇 안 되는 장소들에는 뉴질랜드의 Cook산, Cook 해협, 그리고 Cook 제도가 있다.

정답 (b) 사실 Cook 선장은 지역에 이름을 붙이는 것을 싫어했다.

 주어진 지문은 Cook 선장이 여러 곳을 탐험하며 여러 지역을 명명한 것에 대한 이야기입니다. (b)에서 '그가 이름 붙이는 것을 싫어했다'는 것에 대한 근거가 다른 문장에서는 전혀 보이지 않습니다. 따라서 정답은 (b)가 되겠네요.

| 필수어휘 |

name v. 명명하다, 이름 붙이다   voyage n. 항해, 여정   the Royal Society n. 왕립협회
expedition n. 원정(대), 탐험(대)   contemporary a. 동시대를 사는   locality n. 장소 (place, locale, venue)
strait n. 해협(channel)

40 | 출제 유형 | 일관성   난이도 ★★☆

During the period 1945-1973, as the American economy was growing at a healthy rate, the chemical industry grew two-and-a-half times as fast. (a) Then, in the decades of slower growth after 1973, U.S. chemical firms came to understand that they could not afford to keep pouring immense sums into research projects that had little relationship to their commercial markets. (b) Du Pont and other leading firms therefore reduced their emphasis on fundamental research. (c) Du Pont, established in 1802, is the world's second largest chemical company. (d) They also cut down their reliance on defense contracts, identified their own core competencies, addressed more directly the question of what their customers wanted- and returned to prosperity.

우리말해석

1945년에서 1973년 사이에 미국의 화학산업은 미국 경제가 성장하는 속도보다 2.5배 빠르게 성장했다. (a) 1973년 이후 더 딘 성장 기간에 화학 회사들은 상업 시장과 별로 관계가 없는 연구 프로젝트에 쓰는 엄청난 돈을 더 이상 감당하지 못한다는 사실을 깨닫는다. (b)그러므로 Du Pont과 다른 많은 주요 회사들은 기초 연구에 대한 강조를 줄였다. (d)그들은 또한 자신들의 핵심 사업인 방위산업관련 계약을 축소시켰고, 고객이 무엇을 원하고, 어떻게 다시 번영의 시기로 돌아갈 수 있는지에 관한 문제에 대해 직접적으로 다루었다.

정답 (c) 1802년에 설립된 Du Pont 사는 세계에서 2번째로 큰 화학회사이다.

 **만점 해설** 주어진 지문은 잘 나가던 화학산업이 1973년 이래로 성장의 속도가 둔화되자 개혁을 했다는 내용의 글입니다. 그러나, 문장 (c)는 화학 회사의 하나인 Du Pont사의 사적인 정보를 담고 있으므로, 미국 전반적인 화학산업을 다루는 이 글의 내용적인 흐름과 자연스럽지 않습니다.

| 필수어휘 |

immense a. 엄청난, 거대한   fundamental a. 기초의, 기본의, 근본적인   cut down v. 줄이다, 축소시키다
reliance n. 신뢰, 신용   defense n. 방위, 수비   prosperity n. 번영, 번창

Thank u

How about getting off these antibiotics
How about stopping eating when I'm full up
How about them transparent dangling carrots
How about that ever elusive kudo

Thank you India
Thank you terror
Thank you disillusionment
Thank you frailty
Thank you consequence
Thank you thank you silence

How bout me not blaming you for everything
How bout me enjoying the moment for once
How bout how good it feels to finally forgive you
How bout grieving it all one at a time

Thank you India
Thank you terror
Thank you disillusionment
Thank you frailty
Thank you consequence
Thank you thank you silence

The moment I let go of it was the moment I got more than I could handle
The moment I jumped off of it was the moment I touched down

How about no longer being masochistic
How about remembering your divinity
How about unabashedly bawling your eyes out
How about not equating death with stopping

Thank you India
Thank you providence
Thank you disillusionment
Thank you nothingness
Thank you clarity
Thank you thank you silence

싸이월드 클럽에 오셔서 팝송을 감상하세요!
http://club.cyworld.com/CalvinTEPS

Words from the Song

antibiotics 항생제	providence (신의) 섭리
transparent 투명한	unabashedly 부끄러움이 없는
disillusionment 환멸	masochistic 자책, 자학
frailty 나약함	bawl 소리치다, 엉엉 울다
grieve 슬퍼하다	divinity 신성함
clarity 명확한	

1. 계획 관련표현

▷ Do you have any specific plan tomorrow? 내일 특별한 계획 있니?
▷ Do you have something in your mind? 특별히 생각하는 것 있어?
▷ When can we get together for a drink? 언제 만나서 한잔 할까?
▷ When is the most convenient time for you? 언제가 제일 편한 시간인가요?
▷ He's all booked up today. 그 분은 오늘 예약이 꽉 찼어요.

2. 프로포즈

▷ I poped the question to her. 나 그녀에게 프로포즈 했어.
▷ We will tie the knot. 우리 결혼 할거야.
   (= We will walk down the aisle.)
▷ We are match made in heaven. 우리는 천생 연분이야.
▷ I want to have an extended family. 난 대가족을 갖고 싶어.
▷ I should attend family reunion. 나 가족 모임에 참석해야 해.

3. 약속관련 표현

▷ I'd like to make an appointment with ~. ~와 약속을 잡고 싶어요.
▷ How does five sound? 다섯 시에 만나는 게 어때요?
▷ I'm Mr. Punctual. 난 시간 약속은 철저히 지키는 사람이야.
▷ Would you squeeze me in your schedule? 나 만날 시간 좀 내줄래요?
▷ Are you available today? 오늘 시간 있어?

4. 초대관련 표현

▷ Can you make it to ~ this weekend? 이번 주말에 ~에 올 수 있어?
▷ Why don't you come over to my place for lunch? 점심 먹으러 우리 집에 올래?

5. 레스토랑에서

▷ Let's eat out. 외식하러 가자.
▷ Let's grab a snack. 가볍게 뭐 좀 먹자.
▷ I'll pick up the tab. 내가 살게.
 (= I'll foot the bill. / = This is my treat.)
▷ Let' split the bill. 반반씩 내자.
   (= Let's go helves. / = Let's go fifty-fifty.)

6. 길 떠나기

▷ Let's hit the road. 자, 이제 출발하자.
▷ Let's hit the beach. 해변으로 가자.

7. 의상 관련표현

▷ That sweater looks great on you.　　　　　스웨터가 너한테 잘 어울려.

▷ You look spruced up today.

▷ You are dressed to kill.　　　　　　　　오늘 너무 멋지다.

▷ You are dressed to the nines.

▷ That sweat looks too loud.

8. 쇼핑몰에서

▷ Can I try this on?　　　　　　　　　입어봐도 되나요?

▷ I'm just looking around.　　　　　　그냥 둘러보는 중이에요.

▷ I'm just browsing.

▷ It's a real bargain.　　　　　　　　정말 싸게 샀어.

▷ It's a steal.　　　　　　　　　　거의 공짜로 샀어.

▷ The price is too steep.　　　　　　너무 비싼 거 같아.

   (= The price is outrageous.)

▷ The price is affordable.　　　　　　가격이 적당한 거 같아.

▷ I got ripped-off.　　　　　　　　　나 바가지 썼어.

▷ It's out of my price range.　　　　가격이 내가 생각한 것보단 비싸네요.

9. 불평관련 표현

▷ She drives me crazy.

▷ My baby threw a tantrum.

▷ I'm fed up with your excuses.

▷ I'm sick and tired of this button-down life.

▷ I can't take your word.

▷ I can't stand it.

▷ I detest going out alone.

10. 전화관련 표현

▷ Is David around?　　　　　　　　　David가 근처에 있나요?

▷ I am just returning your call.　　　회답전화 드리는 거에요.

▷ Can you hold on for a second?　　　잠시만 기다려 주시겠어요?

▷ You've got the wrong number.　　　전화 잘못 거셨어요.

▷ I'll transfer your call.　　　　　　전화 연결해 드릴께요.

   (= I'll put you through right away.)

TEPS Final Vocabulary

DAY 1

☐	01	trigger	v. 발생시키다
☐	02	avoid	v. 피하다
☐	03	cope with	대처하다, 취급하다
☐	04	overwhelm	v. 압도하다
☐	05	suspect	n. 용의자
☐	06	intense	a. 강렬한
☐	07	routine	n. 일상, 일과; 판에 박힌 일
☐	08	reinforcement	n. 강화
☐	09	eliminate	v. 제거하다
☐	10	current	a. 현재의
☐	11	provoke	v. 불러일으키다
☐	12	result from	v. ~로부터 발생하다
☐	13	pacify	v. 누그러뜨리다
☐	14	agenda	n. 안건
☐	15	unbearable	a. 참을 수 없는
☐	16	incredible	a. 놀라운
☐	17	eligible	a. 자격 있는
☐	18	effusive	a. 넘쳐흐르는, 과장된
☐	19	sojourn	n. 체류
☐	20	contention	n. 불화, 다툼

DAY 2

☐	01	compatible	a. 호환되는
☐	02	altruism	n. 이타주의
☐	03	deride	v. 조소하다, 비웃다
☐	04	futile	a. 쓸모 없는
☐	05	rampant	a. 만연한
☐	06	reluctance	n. 내키지 않음
☐	07	impassive	a. 무감각한, 태연한
☐	08	revere	v. 존경하다
☐	09	detriment	n. 손해
☐	10	deduce	v. 추론하다
☐	11	prodigious	a. 엄청난, 거대한
☐	12	moderate	v. 절제하다
☐	13	chronic	a. 만성적인
☐	14	synchronize	v. 동시에 일어나다
☐	15	authentic	a. 진짜의
☐	16	propel	v. 추진하다
☐	17	aggregate	v. 모으다
☐	18	impartial	a. 공평한
☐	19	unbiased	a. 공평한, 편견 없는
☐	20	alienate	v. 소외시키다

DAY 3

☐	01	swell	v. 부풀어 오르다
☐	02	augment	v. 증가시키다, 강화시키다
☐	03	devastate	v. 황폐화시키다
☐	04	underestimate	v. 평가절하하다
☐	05	soporific	a. 잠이 오게 하는
☐	06	cumulative	a. 누적하는
☐	07	invigorate	v. 기운 나게 하다
☐	08	negligible	a. 무시해도 좋은
☐	09	reverence	n. 존경
☐	10	abeyance	n. 일시적 중지
☐	11	contempt	n. 경멸
☐	12	astound	n. 몹시 놀라게 하다
☐	13	aghast	a. 깜짝 놀라서
☐	14	deteriorate	v. 나쁘게 하다
☐	15	skeptical	a. 회의적인
☐	16	finicky	a. 까다로운
☐	17	innocence	n. 순결함
☐	18	despondent	a. 낙담한
☐	19	commiseration	n. 연민, 동정
☐	20	inauspicious	a. 불길한

DAY 4

☐	01	destructive	a. 파괴적인
☐	02	conducive	a. 도움이 되는
☐	03	anarchy	n. 무정부 상태
☐	04	enormous	a. 엄청난
☐	05	stagnation	n. 정체
☐	06	levity	n. 가벼움
☐	07	restive	a. 들떠있는
☐	08	euphoric	a. 행복한
☐	09	gloom	n. 어두침침함, 우울
☐	10	prudent	a. 조심성 있는, 신중한
☐	11	benevolence	n. 자비심
☐	12	ascetic	a. 금욕의
☐	13	misery	a. 비참한
☐	14	ambivalence	n. 양면가치
☐	15	optimism	n. 낙천주의
☐	16	celibate	n. 독신주의자
☐	17	rudimentary	a. 기본적인
☐	18	debauch	v. 타락시키다
☐	19	circumspect	a. 조심성 있는
☐	20	peripatetic	a. 걸어 다니는

DAY 5

□	01	calculate	v. 계산하다
□	02	immoderate	a. 무절제한
□	03	activate	v. 활성화시키다
□	04	frustrate	v. 좌절시키다
□	05	superficial	a. 피상적인
□	06	indifferent	a. 무관심한
□	07	significant	a. 중요한
□	08	descend	v. 내려가다
□	09	overhead	a. 총비용의
□	10	indicate	v. 가리키다
□	11	aggressive	a. 공격적인
□	12	associate	v. 관련 짓다
□	13	deceive	v. 속이다
□	14	emigrate	v. 이민 가다
□	15	flexible	a. 유연한
□	16	glamour	n. 매력
□	17	hazy	a. 흐린
□	18	linger	v. 꾸물거리다
□	19	luxurious	a. 사치스러운
□	20	mishap	n. 불운

DAY 6

□	01	overwhelm	v. 압도하다
□	02	span	n. 기간
□	03	bluff	v. 허세를 부리다
□	04	cautious	a. 조심스러운
□	05	consist of	v. ~로 구성되다
□	06	despise	v. 경멸하다
□	07	haven	n. 피난처
□	08	miniature	n. 축소모형
□	09	monarch	n. 군주
□	10	obstacle	n. 방해물
□	11	postpone	v. 연기하다
□	12	straggle	v. 흩어지다, 벗어나다
□	13	treacherous	a. 배반하는, 위험한
□	14	vivid	a. 생생한
□	15	abandon	v. 포기하다, 버리다
□	16	assault	n. 공격
□	17	convert	v. 바꾸다
□	18	dispute	n. 논쟁
□	19	impressive	a. 인상적인
□	20	justify	v. 정의하다

DAY 7

□	01	misleading	a. 오해를 불러일으키는
□	02	numerous	a. 수많은
□	03	productive	a. 생산적인
□	04	shrewd	a. 영리한
□	05	strategy	n. 전략
□	06	villain	n. 악당
□	07	blunder	n. 실수
□	08	cancel	v. 취소하다
□	09	continuous	a. 계속적인
□	10	distribute	v. 배분하다
□	11	certificate	n. 증명서
□	12	fragile	a. 약한, 깨지기 쉬운
□	13	myth	n. 신화, 근거 없는 이야기
□	14	reject	v. 거절하다
□	15	scuffle	v. 격투하다
□	16	solitary	a. 외로운
□	17	temporary	a. 일시적인
□	18	veteran	n. 전문가, 숙련된 사람
□	19	casualty	n. 사상자 수
□	20	reduced	a. 감소한

DAY 8

□	01	withdrawal	n. 취소
□	02	eclipse	v. 어둡게 하다, n. 빛의 소멸
□	03	pretense	n. 핑계, 구실
□	04	disregard	v. 무시하다
□	05	legitimate	a. 합법적인
□	06	impracticable	a. 비실용적인
□	07	elusive	a. 회피하는
□	08	dissect	v. 해부하다, 비평하다
□	09	amend	v. 수정하다
□	10	nurture	v. 양육하다, 기르다
□	11	revive	v. 되살리다, 복원하다
□	12	impair	v. 손상시키다
□	13	collaborate	v. 협동하다
□	14	distinct	a. 구별된
□	15	restrict	v. 제한하다
□	16	provisional	a. 일시적인
□	17	promote	v. 촉진시키다
□	18	smuggle	v. 밀수하다
□	19	jettison	v. 던지다, 버리다
□	20	incorporate	v. 통합시키다

TEPS Final Vocabulary

DAY 9

☐	01	entice	v. 유혹하다, 매혹하다
☐	02	dissolve	v. 풀다, 해결하다
☐	03	flatter	v. 우쭐대다
☐	04	honored	a. 명예로운
☐	05	sting	v. 찌르다
☐	06	reprimand	v. 비난하다
☐	07	astonish	v. 놀라게 하다
☐	08	intrigue	v. 음모를 꾸미다
☐	09	audacious	a. 대담한
☐	10	bland	a. 부드러운, 맛이 밋밋한
☐	11	brazen	a. 뻔뻔한
☐	12	contention	n. 다툼
☐	13	magnanimous	a. 관대한
☐	14	initiative	n. 주도권, 시작
☐	15	dismay	v. 당황하게 하다
☐	16	innocuous	a. 흠이 없는
☐	17	discredit	v. 신용을 떨어뜨리다
☐	18	obsequious	a. 아첨하는
☐	19	determent	n. 방해
☐	20	judicious	a. 분별력 있는

DAY 10

☐	01	streak	n. 연속
☐	02	dormant	a. 잠자는
☐	03	trace	n. 흔적
☐	04	antagonism	n. 반대, 적개심
☐	05	veneration	n. 존경, 숭상
☐	06	shun	v. 피하다
☐	07	enmity	n. 적개심
☐	08	yearn for	v. 갈망하다
☐	09	contempt	n. 경멸
☐	10	hostile	a. 적대적인
☐	11	aghast	a. 놀란
☐	12	ample	a. 충분한, 풍부한
☐	13	apparition	n. 유령
☐	14	assert	v. 단언하다
☐	15	cower	v. 움츠리다
☐	16	disdain	v. 경멸하다
☐	17	epitaph	n. 묘비명
☐	18	ethical	a. 윤리적인
☐	19	facetious	a. 우스운
☐	20	inaudible	a. 들을 수 없는

DAY 11

☐	01	indiscriminate	a. 무차별의
☐	02	humane	a. 자비로운
☐	03	jurisdiction	n. 관할권
☐	04	plausible	a. 그럴듯한
☐	05	plebeian	a. 저속한, 평민의
☐	06	prodigal	a. 낭비하는
☐	07	proximity	n. 근접성
☐	08	pulverize	v. 가루로 만들다
☐	09	sequel	n. 속편
☐	10	volatile	a. 휘발성이 강한, 변덕스러운
☐	11	abashed	a. 부끄러운
☐	12	aloof	a. 무관심한
☐	13	anguish	n. 고뇌
☐	14	articulate	a. 명확한
☐	15	bask	v. 햇빛에 그을리다
☐	16	defect	n. 결점
☐	17	finesse	n. 기교
☐	18	flaunt	v. 자랑하다
☐	19	forthright	a. 솔직한
☐	20	genial	a. 진심 어린

DAY 12

☐	01	instill	v. 주입하다
☐	02	ostracize	v. 몰아내다
☐	03	premonition	n. 예감
☐	04	pseudonym	n. 가명
☐	05	purge	v. 숙청하다, 깨끗이 하다
☐	06	rehabilitate	v. 복귀시키다
☐	07	repercussion	n. 영향
☐	08	resolute	a. 확고한
☐	09	retentive	a. 보유하는, 기억력이 좋은
☐	10	scapegoat	n. 희생양
☐	11	qualm	n. 양심의 가책
☐	12	oust	v. 쫓아내다
☐	13	peruse	v. 정독하다
☐	14	porous	a. 구멍이 뚫린
☐	15	contend with	v. 다투다
☐	16	muster	v. 소집하다, 불러일으키다
☐	17	reverse	n. 역, 반대
☐	18	utterly	adv. 완전히
☐	19	engage in	v. ~에 종사하다
☐	20	chip in	v. 조금씩 추렴내다

DAY 13

☐	01	hibernate	v. 동면하다
☐	02	dismiss	v. 해고하다
☐	03	affirm	v. 단언하다
☐	04	misconduct	n. 불법행위, 직권남용
☐	05	uneven	a. 공평하지 않은
☐	06	meditate	v. 깊이 생각하다
☐	07	coherent	a. 일치하는
☐	08	spontaneous	a. 자발적인
☐	09	diverge	v. 갈라지다
☐	10	deteriorate	v. 악화시키다
☐	11	migrate	v. 이주하다
☐	12	carve up	v. 분할하다, 속이다
☐	13	fragment	n. 파편
☐	14	tear apart	v. 찢다
☐	15	unify	v. 통일하다
☐	16	transform	v. 변형시키다
☐	17	responsive	a. 이해가 빠른
☐	18	contract	v. 계약하다, 수축시키다
☐	19	expand	v. 확장시키다
☐	20	puncture	v. 못쓰게 만들다

DAY 14

☐	01	dilate	v. 팽창시키다, 자세히 말하다
☐	02	elastic	a. 탄력 있는, 활달한
☐	03	belongings	n. 소유물
☐	04	stretch	v. 잡아 늘이다
☐	05	relocate	v. 다시 배치하다
☐	06	burst	v. 파열하다, 터지다
☐	07	impute	v. ~탓으로 하다
☐	08	concoct	v. 조작하다
☐	09	assign	v. 할당하다, 임명하다
☐	10	deny	v. 부인하다, 거절하다
☐	11	threat	n. 위협, 협박
☐	12	criticize	v. 비난하다
☐	13	reluctant	v. 마음이 내키지 않는
☐	14	demonstrate	v. 논증하다
☐	15	argument	n. 논쟁, 언쟁
☐	16	excel	v. 빼어나다
☐	17	refute	v. 반박하다
☐	18	interrupt	v. 중단하다
☐	19	verify	v. 증명하다
☐	20	discredit	v. 평판을 나쁘게 하다

DAY 15

☐	01	outmode	v. 시대에 뒤떨어 지게 하다
☐	02	augment	v. (가치를) 증대시키다
☐	03	accomplishment	n. 성취, 완성
☐	04	swamp with	~에 빠지다
☐	05	muddle	v. 혼란 시키다
☐	06	lack	~이 결핍되다
☐	07	ill-prepared	a. 준비가 불충분한
☐	08	hot-tempered	a. 화를 잘 내는
☐	09	attribute	v. ~의 탓으로 하다
☐	10	timeless	a. 영원한
☐	11	aptitude	n. 소질, 적성
☐	12	acclaim	n. 환호
☐	13	adverse	a. 거스르는
☐	14	acute	a. 예리한, 급성의
☐	15	agonizing	a. 고뇌하는
☐	16	courteous	a. 예의 바른
☐	17	dishearten	v. 낙담시키다
☐	18	retire	v. 은퇴하다
☐	19	negative	a. 부정적인
☐	20	stamina	n. 힘, 끈기

DAY 16

☐	01	run for	v. 출마하다
☐	02	inevitable	a. 필연적인, 당연한
☐	03	candidate	n. 후보자
☐	04	invaluable	a. 가치 있는
☐	05	immensity	n. 광대함
☐	06	analyze	v. 분석하다
☐	07	probe	v. 조사하다
☐	08	controversial	a. 논란이 되는
☐	09	inquiry	n. 질문
☐	10	infinite	a. 무한한
☐	11	ascent	n. 상승
☐	12	prolonged	a. 연장된
☐	13	pilgrimage	n. 긴 여행
☐	14	ignition	n. 점화
☐	15	trek	n. 여행
☐	16	installation	n. 설치, 설비
☐	17	foreground	n. 전면
☐	18	vulnerable	a. ~에 약한
☐	19	payoff	n. 뇌물
☐	20	diminishing	a. 줄어드는

TEPS Final Vocabulary

DAY 17

☐	01	contemporary	a. 동시대의
☐	02	knowledgeable	a. 잘 아는
☐	03	lifelong	a. 일생의
☐	04	diligent	a. 근면한
☐	05	derive	v. ~부터 유래하다
☐	06	anthropology	n. 인류학
☐	07	prescribe	v. 약을 처방하다
☐	08	fill the prescription	약을 조제하다
☐	09	authentic	a. 진짜의
☐	10	enriched	a. 부유한, 농축된
☐	11	barren	a. 불모의
☐	12	completion	n. 완성
☐	13	eligible	a. 적합한, 자격 있는
☐	14	creativity	n. 창조성
☐	15	impoverished	a. 메마른, 가난하게 된
☐	16	authorized	a. 권한이 있는
☐	17	immortal	a. 불멸의
☐	18	bypass	v. 무시하다, 회피하다
☐	19	dignify	v. 위엄 있게 하다
☐	20	milestone	n. 이정표, 획기적인 사건

DAY 18

☐	01	virtually	adv. 사실상
☐	02	excavate	v. 발굴하다
☐	03	descriptive	a. 기술적인
☐	04	bonanza	n. 횡재
☐	05	promising	a. 전망이 좋은
☐	06	fit	a. 건강한
☐	07	obesity	n. 비만
☐	08	humid	a. 습기 찬
☐	09	precaution	n. 주의
☐	10	deem	v. ~라고 여기다
☐	11	turmoil	n. 소란, 소동
☐	12	urbanite	n. 도시 거주자
☐	13	retrospect	n. 회상, 회고
☐	14	profusion	n. 풍부
☐	15	ritual	n. 의식
☐	16	sensitivity	n. 민감성
☐	17	profound	a. 심오한
☐	18	industrialize	v. 산업화 하다
☐	19	pastoral	a. 전원적인
☐	20	rampant	a. 만연한

DAY 19

☐	01	melancholy	a. 우울한
☐	02	legacy	n. 유산
☐	03	ardent	a. 열렬한
☐	04	emphasize	v. 강조하다
☐	05	graphic	a. 도안의
☐	06	convey	v. 전달하다
☐	07	biography	n. 일대기
☐	08	conscience	n. 양심
☐	09	hamper	v. 방해하다
☐	10	a dime a dozen	싸구려, 흔한
☐	11	a pain in the neck	눈의 가시 같은 존재
☐	12	tall order	어려운 주문
☐	13	a wet blanket	흥을 깨는 사람
☐	14	white lie	선의의 거짓말
☐	15	age before beauty	미녀보다 어른 먼저
☐	16	all ears	귀담아 듣는
☐	17	eager beaver	일 벌레
☐	18	at large	붙잡히지 않는
☐	19	beat around the bush	돌려서 말하다
☐	20	bent on	~할 결심인

DAY 20

☐	01	bite the bullet	참고 견디다
☐	02	blow one's top	화가 나다
☐	03	bring down the house	박수갈채
☐	04	butter up	아부하다
☐	05	by the skin of the teeth	간신히
☐	06	by word of mouth	구전으로
☐	07	delinquent	a. 태만한
☐	08	advocate	v. 주장하다
☐	09	adorn	v. 장식하다
☐	10	adjoin	v. 연결하다
☐	11	vehemently	adv. 격렬하게
☐	12	kidnap	v. 유괴하다
☐	13	for kicks	재미로
☐	14	wreckage	n. 난파
☐	15	momentum	n. 힘
☐	16	assume	v. 추정하다, ~인척하다
☐	17	fatality	n. 사망자 수
☐	18	consensus	n. 의견의 일치
☐	19	backlog	n. 잔무, 잔일
☐	20	provocative	a. 도발적인

DAY 21

☐	01	get in one's hair	성가시게 굴다
☐	02	stick up for	지지하다
☐	03	torment	n. 고문
☐	04	deplete	v. 고갈시키다
☐	05	lay an egg	실패하다
☐	06	deferment	n. 연기
☐	07	profusely	adv. 충분하게
☐	08	loud	a. 야한
☐	09	without a hitch	어려움 없이
☐	10	cosmetic surgery	성형수술
☐	11	gingerly	adv. 조심스럽게
☐	12	embroil	v. (분쟁에) 끌어들이다
☐	13	extricate	v. 구출하다
☐	14	impudently	adv. 건방지게
☐	15	insolently	adv. 무례하게
☐	16	institute	v. 설치하다
☐	17	exercise caution	주의를 주다
☐	18	twist one's arm	강요하다
☐	19	under the table	몰래
☐	20	up for grabs	쉽게 구할 수 있는

DAY 22

☐	01	tighten one's belt	절약하다
☐	02	turn over a new leaf	새로운 삶을 시작하다
☐	03	skeleton in the closet	부끄러운 비밀
☐	04	spick and span	깨끗한
☐	05	steal the show	공로를 독차지 하다
☐	06	pitch in	기부금을 내다
☐	07	rack one's brain	머리를 쥐어 짜내다
☐	08	rev up	가속시키다
☐	09	rub elbows with	～와 어울리다
☐	10	pay through the nose	엄청난 값을 치르다
☐	11	on the ball	빈틈없는
☐	12	out of the woods	곤란에서 벗어난
☐	13	learn the ropes	요령을 터득하다
☐	14	make a beeline for	～로 똑바로 나가다
☐	15	keep tabs on	감시하다
☐	16	iron out	해결하다
☐	17	in a nutshell	요약하자면
☐	18	in the doldrums	의기소침한
☐	19	hit the bottom	최저치를 기록하다
☐	20	hit home	감동을 주다

DAY 23

☐	01	get to the bottom of	진상을 철저히 조사하다
☐	02	brazen	a. 뻔뻔한
☐	03	surge	n. 상승
☐	04	work out	v. 금액을 산출하다, 성취하다
☐	05	turnout	n. 집합, 출석지수
☐	06	on the fritz	고장 난
☐	07	drive my point home	납득시키다
☐	08	licentious	a. 부도덕한
☐	09	mediocre	a. 보통의
☐	10	elicit	v. 도출하다
☐	11	magazine	n. 창고, 저장고
☐	12	slate	n. (시합)예정표
☐	13	ostentatious	a. 과시하는, 화려한
☐	14	confirmed	a. 상습적인, 굳어버린
☐	15	landslide	a. 압도적인
☐	16	volatile	a. 변동이 심한, 휘발성의
☐	17	placid	a. 조용한
☐	18	inception	n. 시작
☐	19	compound	v. 악화시키다
☐	20	expound	v. 자세히 설명하다

DAY 24

☐	01	abode	n. 주거, 거처
☐	02	tractable	a. 다루기 쉬운
☐	03	vulnerable	a. 취약한
☐	04	intangible	a. 손으로 만질 수 없는
☐	05	cause	n. 주장, 이유
☐	06	musty	a. 진부한
☐	07	track down	추적하여 잡다
☐	08	break into	침입하다
☐	09	inconceivably	adv. 믿을 수 없을 정도로
☐	10	absolve	v. 용서하다
☐	11	annul	v. 무효로 하다, 소멸시키다
☐	12	nullify	v. 파기하다
☐	13	sentence	v. (형) 선고를 하다
☐	14	inch	v. 조금씩 움직이다
☐	15	arraign	v. 소환하다
☐	16	attest	v. 입증하다
☐	17	aver, verify	v. 증언하다
☐	18	feel the pinch	심하게 쪼들리다
☐	19	concede	v. 시인하다
☐	20	confiscate	v. 몰수하다

TEPS Final Vocabulary

DAY 25

☐	01	corroborate	(진술)을 확증하다
☐	02	con artist	사기꾼
☐	03	deft	a. 숙련된, 노련한
☐	04	be wanted for	지명수배를 받다
☐	05	extirpate	v. 근절하다
☐	06	impugn	v. 비난하다
☐	07	gravity	n. 중요성
☐	08	incriminate	v. 죄를 덮어 씌우다
☐	09	substantiate	v. 확증하다
☐	10	stipulate	v. 명문화 하다
☐	11	statute	n. 법령 (law, edict)
☐	12	sequester	v. 압류, 몰수하다, 고립하다
☐	13	be suspected of	～의 혐의를 받다
☐	14	attempted murder	살인미수
☐	15	refute	v. 논박하다
☐	16	relevance	n. 관련성
☐	17	surrogate	n. 상습적 범행
☐	18	perjure	n. 위증
☐	19	precedent	n. 판례
☐	20	procure	v. 얻다, 획득하다

DAY 26

☐	01	proscribe	v. 금지하다, 박탈하다
☐	02	rob A of B	A에게서 B를 강탈하다
☐	03	mastermind	n. 주모자, 계획자
☐	04	expedite	v. 촉진하다
☐	05	reimburse	v. 변제하다
☐	06	indemnify	v. 갚다
☐	07	exonerate	v. 무죄로 하다
☐	08	acquit	v. 석방하다
☐	09	vindicate	v. 무죄로 하다
☐	10	tort	n. 불법 행위
☐	11	turn over	v. 넘겨주다, 양도하다
☐	12	common law	관습법
☐	13	offense	n. 범죄
☐	14	liability	n. 책임, 빚, 의무
☐	15	case law	판례법
☐	16	tourist attraction	관광 명소
☐	17	utility rates	공과금
☐	18	borderline case	애매한 경우
☐	19	ballot box	투표함
☐	20	bull market	(주식) 강세시장

DAY 27

☐	01	chance meeting	우연한 만남
☐	02	charity fund	자선기금
☐	03	copy cat	모방하는 사람
☐	04	court martial	군법회의
☐	05	carbon copy	꼭 닮은 사람
☐	06	current-account balance	경상수지
☐	07	family tree	가계도
☐	08	gender equality	남녀 평등
☐	09	hunger strike	단식 투쟁
☐	10	illiteracy rate	문맹률
☐	11	installment sale	할부 판매
☐	12	jet lag	비행기 시차로 인한 피로감
☐	13	life expectancy	기대 수명
☐	14	makeup exam	재시험
☐	15	maternity leave	출산 휴가
☐	16	motion sickness	멀미
☐	17	cold feet	겁먹음
☐	18	pep talk	격려하는 말
☐	19	population density	인구 밀도
☐	20	power cut[outrage]	정전

DAY 28

☐	01	price range	가격대
☐	02	price fluctuation	가격 변동
☐	03	quality control	품질 관리
☐	04	quality time	만족스러운 시간
☐	05	senior staff	간부
☐	06	sibling rivalry	형제자매간의 경쟁 심리
☐	07	bitterly upset	무척 속상한
☐	08	summit talk	정상 회담
☐	09	superiority complex	우월감
☐	10	technology transfer	기술 이전
☐	11	test-tube baby	시험관 아기
☐	12	transition period	전환기
☐	13	work efficiency	작업 능률
☐	14	badly hurt	심하게 다친
☐	15	absolute certainty	절대적 확신
☐	16	second thought	재고, 다시 생각함
☐	17	broad hint	노골적 암시
☐	18	broad outline	개요
☐	19	circumstantial evidence	정황 근거
☐	20	complimentary remark	칭찬

앞면(Side1)

TEPS Road Map 1(정답)

수험번호
Registration No.

문 제 지 번 호
Test Booklet No.

감독관확인란

성 명
Name
한글
한자

청 해
Listening Comprehension

문 법
Grammar

어 휘
Vocabulary

독 해
Reading Comprehension

주 민 등 록 번 호
National ID No.

고사실란
Room No.

수 험 번 호
Registration No.

비밀번호
Password

좌석번호
Seat No.

서 약

본인은 필기구 및 기재오류와 답안지 훼손으로 인한 책임을 지고, 부정행위 처리규정을 준수할 것을 서약합니다.

답안작성시
유의사항

1. 답안 작성은 반드시 **컴퓨터용 싸인펜**을 사용해야 합니다.

2. 답안을 정정할 경우 수정테이프(수정액 불가)를 사용해야 합니다.

3. 본 답안지는 컴퓨터로 처리되므로 훼손해서는 안되며, 답안지 하단의
타이밍마크(Ⅲ)를 찢거나, 낙서 등으로 인한 훼손시 불이익이 발생할 수 있습니다.

4. 답안은 문항당 정답을 1개만 골라 ●와 같이 정확히 기재해야 하며, 필기구 오류나 본인의 부주의로
잘못 표기한 경우에는 당 관리위원회의 OMR판독기의 판독결과에 따르며, 그 결과는 본인이 책임집니다.

Good ● Bad

5. 감독관의 확인이 없는 답안지는 무효처리됩니다.

TEPS Road Map 1

앞면(Side1)

수험번호 Registration No.		문제지번호 Test Booklet No.	감독관확인란
성명 Name	한글		
	한자		

청해 — Listening Comprehension

문법 — Grammar

어휘 — Vocabulary

독해 — Reading Comprehension

주 민 등 록 번 호 — National ID No.

고사실란 — Room No.

수 험 번 호 — Registration No.

비밀번호 — Password

좌석번호 — Seat No.

서 약	본인은 필기구 및 기재오류와 답안지 훼손으로 인한 책임을 지고, 부정행위 처리규정을 준수할 것을 서약합니다.

답안작성시 유의사항

1. 답안 작성은 반드시 **컴퓨터용 싸인펜**을 사용해야 합니다.

2. 답안을 정정할 경우 수정테이프(수정액 불가)를 사용해야 합니다.

3. 본 답안지는 컴퓨터로 처리되므로 훼손해서는 안되며, 답안지 하단의 타이밍마크(|||)를 찢거나, 낙서 등으로 인한 훼손시 불이익이 발생할 수 있습니다.

4. 답안은 문항당 정답을 1개만 골라 █와 같이 정확히 기재해야 하며, 필기구 오류나 본인의 부주의로 잘못 표기한 경우에는 당 관리위원회의 OMR판독기의 판독결과에 따르며, 그 결과는 본인이 책임집니다.

Good █   Bad | · | X V

5. 감독관의 확인이 없는 답안지는 무효처리됩니다.

TEPS Road Map 1

성	영문	
명	서명	

응시일자 : 20   년   월   일

<부정행위 및 규정위반 처리규정>

1. 모든 부정행위 및 규정위반 적발 및 이에 대한 조치는 TEPS관리위원회의 처리규정에 따라 이루어집니다.

2. 부정행위 및 규정위반 행위는 현장 적발 뿐만 아니라 사후에도 적발될 수 있으며 모두 동일한 조치가 취해집니다.

3. 부정행위 적발 시 당해 성적은 무효화되며 사안에 따라 최대 5년까지 TEPS관리위원회에서 주관하는 모든 시험의 응시자격이 제한됩니다.

4. 문제지 이외에 메모를 하는 행위와 시험 문제의 일부 또는 전부를 유출하거나 공개하는 경우 부정행위로 처리됩니다.

5. 각 파트별 시간을 준수하지 않거나, 시험 종료 후 답안 작성을 계속할 경우 규정위반으로 처리됩니다.

성   명 (성·이름순으로 기재)

EX HONG GIL DONG

(마킹란: A~Z 각 행 A B C D E F G H I J K L M N O P Q R S T U V W X Y Z)

단체 구분

학생	일반
○	○

질문란

1. 귀하의 TEPS 응시목적은?
   a 입사지원 b 인사정책
   c 개인실력측정 d 입시
   e 국가고시 지원 f 기타

2. 귀하의 영어권 체류 경험은?
   a 없다 b 6개월 미만
   c 6개월 이상 1년 미만 d 1년 이상 3년 미만
   e 3년 이상 5년 미만 f 5년 이상

3. 귀하께서 응시하고 계신 고사장에 대한 만족도는?
   a 0점 b 1점
   c 2점 d 3점
   e 4점 f 5점

4. 최근 2년내 TEPS 응시횟수는?
   a 없다 b 1회
   c 2회 d 3회
   e 4회 f 5회 이상

학력

	재학	졸업
초등학교	○	○
중 학 교	○	○
고등학교	○	○
전문대학	○	○
대 학 교	○	○
대 학 원	○	○

전 공

인 문 학	○
사회과학·법학	○
경제학·경영학	○
자 연 과 학	○
의학·약학·간호학	○
공 학	○
교 육 학	○
음악·미술·체육	○
기 타	○

직업

공 무 원	○
고시준비	○
교 사	○
군 인	○
의 료 인	○
자 영 업	○
학 생	○
회 사 원	○
무 직	○
기 타	○

직 종

고위임직원	○
전문직(과학·공학)	○
전 문 직 (교육)	○
전문직(법률·회계·금융)	○
기 술 직	○
영 업	○
홍 보	○
총 무	○
인 사	○
경 리	○
기 획	○
구 매	○

직 책

무 역	○
외 환	○
자 금	○
공 무	○
업 무	○
품 질 관 리	○
전 산	○
행 정 직	○
생 산 관 리	○
서 비 스	○
기 타	○

임 원	○
부 장	○
차 장	○
과 장	○
대 리	○
계 장	○
사 원	○
인 턴	○
기 타	○

듣기 · 문법 · 어휘 · 독해 **4가지 영역을 한번에 끝낸다!**

TEPS Road MAP

김영욱 · 문진철 · 송병민 공저

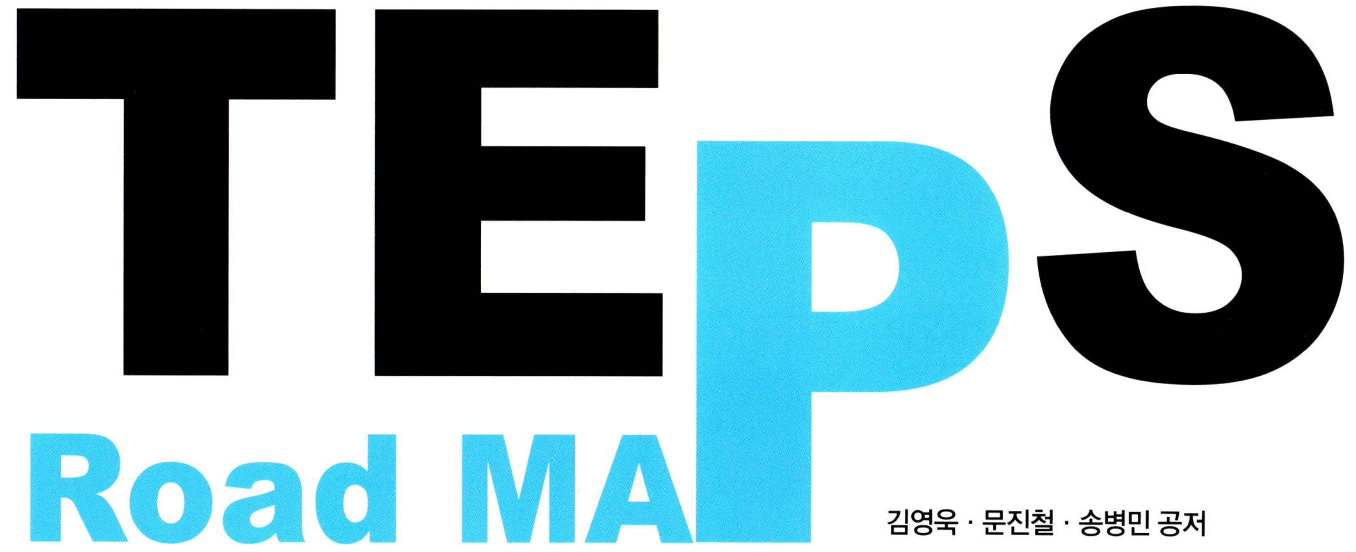

실전모의고사 1

Actual Test

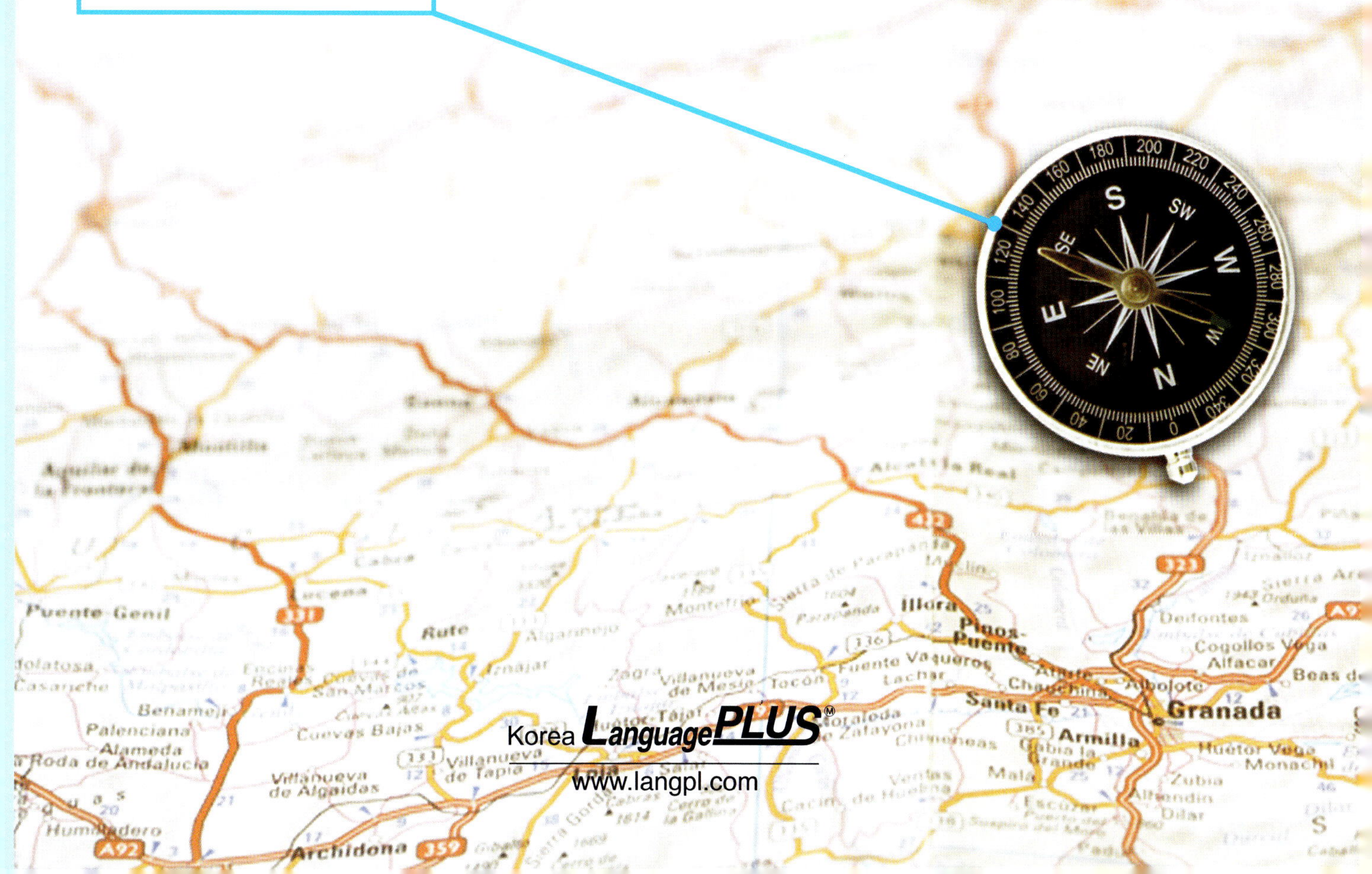

Korea LanguagePLUS
www.langpl.com

TEPS
Road MAP

실전모의고사 1
Actual Test

김영욱 · 문진철 · 송병민 공저

Listening Comprehension

DIRECTIONS

1. In the Listening Comprehension section, all content will be presented orally rather than in written form.

2. This section contains 4 parts. In part I and II, each passage will be read only once. In the part III and IV, each passage and its corresponding question will be read twice. But in all sections, the options will be read only once. After listening and question, listen to the options and choose the best answer.

3. More specific directions will be given at the beginning of each part of this section.

Part I Questions 1 ~ 15

You will now hear fifteen conversation fragments, each made up of a single spoken statement followed by four spoken responses. Choose the most appropriate response to the statement.

Part II Questions 16 ~ 30

You will now hear fifteen conversation fragments, each made up of three spoken statements followed by four spoken responses. Choose the most appropriate response to complete the conversation.

Part III Questions 31 ~ 45

You will now hear fifteen complete conversations. For each item, you will hear a conversation and its corresponding question, both of which will be read twice. Then you will hear four options which will be read only once. Choose the option that best answers the question.

Part IV Questions 46 ~ 60

You will now hear fifteen spoken monologues. For each item, you will hear a monologue and its corresponding question, both of which will be read twice. Then you will hear four options which will be read only once. Choose the option that best answers the question.

Grammar

DIRECTIONS

This part of the exam tests your grammar skills. You will have 25 minutes to complete the 50 questions. Be sure to follow the directions given by the proctor.

Part I   **Questions 1 ~ 20**
Choose the best answer for the blank.

1. A: What do you say to _______________ a
    party this coming holiday?
  B: No, thanks. I have an important exam coming.

    (a) be going to
    (b) going to
    (c) go to
    (d) have been going to

2. A: How much money do you make for the job?
  B: Since I have a lot of experience on the field,
    I make about a hundred dollars _________
    hour.

    (a) an
    (b) of
    (c) the
    (d) per an

3. A: Do you think she is going to be fired today?
  B: I _________________.

    (a) don't hope so
    (b) hope not so
    (c) hope not
    (d) don't hope it

4. A: How is she now? Has she got _______________
    better?
  B: Unfortunately, she still needs to take some
    serious treatment.

    (a) some
    (b) so
    (c) any
    (d) still

5. A: Can I have another coffee, please?
  B: Sorry, but there's _________________ left.

    (a) anything
    (b) any
    (c) no
    (d) none

6. A: I am so grateful to hear that you finally made
    it!
  B: Without your help, I _________________
    accepted to the program.

    (a) couldn't be
    (b) hadn't be
    (c) were
    (d) couldn't have been

7. A: I can't believe you have done this to me!
  B: Stop right there, and can I remind you
    _________________?

    (a) of having done the thing with you
    (b) of one thing
    (c) to doing the thing with you
    (d) to one thing

8. A: Mr. Brown guaranteed me possession of the
    building by April.
  B: _________________ it is true, I can't show it
    to you without his direct order.

    (a) Granting that
    (b) Granted that
    (c) Having granted that
    (d) Having been granted that

9. A: Do you know anything about Neil Armstrong?
  B: Of course. He is one of _________________
    who landed on the Moon.

    (a) the first astronomers
    (b) the first astronauts
    (c) a first astronomer
    (d) first astronauts

10. A: I should've blocked the ball.
    B: Stop accusing yourself of the loss. There's
    nobody _________________ makes mistakes.

    (a) that
    (b) but
    (c) which
    (d) whom

11. A: Do you smell anything?
    B: Yeah, I'll go check ______________ .

    (a) what is the smell from
    (b) what from the smell is
    (c) the smell is from what
    (d) what the smell is from

12. A: Did you hear that the office building right next
       to the gas station ____________ last night?
    B: Yes I did, and someone is going to be in big
       trouble.

    (a) was collapsed
    (b) had been collapsed
    (c) collapsed
    (d) had collapsed

13. A: Calvin, I think I misplaced my keys. Did you
       happen to see them?
    B: Not again! I ______________ when you were
       talking on the phone.

    (a) put them on the dining table
    (b) put it on the dining table
    (c) put on them on the dining table
    (d) put on it on the dining table

14. A: I've studied TEPS for a long time, but it never
       seems easy.
    B: I know, but that depends on the instructor
       ______________ you learn.

    (a) that
    (b) whom
    (c) from whom
    (d) who

15. A: How did the physics exam go?
    B: Well, there were a number of ____________
       questions I spent much of the time on.

    (a) puzzle
    (b) puzzled
    (c) puzzling
    (d) being puzzled

16. A: I brought a little surprise for you!
    B: You ______________ .

    (a) wouldn't have
    (b) couldn't have
    (c) shouldn't have
    (d) must have

17. A: Would you like to have some dessert?
    B: Yes, I ______________ .

    (a) would love to
    (b) would love to do
    (c) would love to do so
    (d) would love doing it

18. A: ____________ more time, I could've got into a
       better college.
    B: That is exactly what losers always say.

    (a) Had I had
    (b) If I had
    (c) Have I had
    (d) If I have

19. A: ______________ by the district attorney,
       he is now facing a ruthless trial.
    B: He deserves it.

    (a) Indicted
    (b) Indicting
    (c) Having indicted
    (d) Having been indicted

20. A: Have you considered ____________ Jane that
       you failed the class?
    B: No, I just don't like to see her disappointed.

    (a) tell
    (b) to tell
    (c) telling
    (d) having to tell

21. _______________ the installation of the newest software, we decided to show all the steps in detail since our major clients are housewives.

    (a) Once
    (b) While
    (c) During
    (d) As

22. He _______________ New York several times last year because he invested a lot of money in NASDAQ.

    (a) has been to
    (b) went to
    (c) gone to
    (d) has gone to

23. North Korea has had trouble _______________ its poverty cycle while South Korea has become one of the most prosperous economies in Asia.

    (a) escaping
    (b) for escaping
    (c) to escape from
    (d) escape from

24. The city council consistently insists that more public schools _______________ opened in the area to minimize the number of students in the classroom.

    (a) is
    (b) be to
    (c) are
    (d) be

25. History will tell you that he was a great speaker and motivator, but not _______________ President.

    (a) so great a
    (b) such great
    (c) so a great
    (d) such great a

26. As he was creating the first library, Sixtus IV had the Palatine Chapel _______________, later called the Sistine Chapel.

    (a) to build
    (b) build
    (c) building
    (d) built

27. Canada is a very large country _______________ with many natural resources from trees to petroleum.

    (a) blessing
    (b) blessed
    (c) to bless
    (d) to be blessed

28. The unemployment rate this quarter is _______________ that of two quarters ago.

    (a) twice as high as
    (b) higher twice than
    (c) higher than twice
    (d) as high as twice

29. Kailua Beach, _______________ white-sand beach offers the perfect conditions for just about every type of water sport.

    (a) popular three-miles-long
    (b) popular three-mile-long
    (c) a popular three-mile-long
    (d) a popular three-miles-long

30. Phuket is _______________ best place for a honeymoon.

    (a) by far the
    (b) very
    (c) by the far
    (d) very the

31. ___________ did not prevent him from writing a couple of best sellers.

    (a) That never he went to college
    (b) That never to college he went
    (c) That he never went to college
    (d) He never went to college

32. To lose weight, do not eat anything but fresh water at night ___________ your stomach can have enough time to digest what you had during the day.

    (a) in order to
    (b) providing that
    (c) such that
    (d) so that

33. Korea might go into a deep recession, ___________ people had better hold on to their cash and not buy any property or commodity.

    (a) in case of which
    (b) in which case
    (c) in that case
    (d) in what case

34. The Vatican is more sacred than ___________ in the world.

    (a) any other city
    (b) any other cities
    (c) another cities
    (d) some cities

35. ___________ smart enough to know what a good apartment should be like, she will make a wise decision.

    (a) As she being
    (b) She being
    (c) Being
    (d) To be

36. It is a purely amazing experience to see ___________.

    (a) how fastly a Porsche runs
    (b) how a Porsche fastly runs
    (c) how fast a Porsche runs.
    (d) how a Porsche runs fast

37. Because attending Harvard is too expensive, I thought ___________.

    (a) it not worth my money to go study
    (b) my money to go study not worth it
    (c) it not to go study worth my money
    (d) not worth my money to go study it

38. ___________ her beloved son who was only 4, she wrote a beautiful song as a tribute to him.

    (a) Losing
    (b) Lost
    (c) Having lost
    (d) Having been lost

39. If she had made more effort to be punctual, ___________ at the firm now.

    (a) she would have been working
    (b) she could have worked
    (c) she could have been working
    (d) she would be working

40. Not until a man breaks up with a woman ___________.

    (a) he realizes he was truly in love
    (b) he realized he was truly in love
    (c) does he realizes he was truly in love.
    (d) does he realize he was truly in love.

41. (a) A: Have you found a job yet?
    (b) B: I am still sending my resume to a number of places.
    (c) C: I am pretty sure you will find it soon.
    (d) D: I hope so.

42. (a) A: Guess what? I just got a little puppy.
    (b) B: Really? What did you name her?
    (c) C: I didn't yet. Do you have anything good in mind?
    (d) D: How about Sue?

43. (a) A: What do you do at work, Alice?
    (b) B: I am just market analyst.
    (c) C: How do you like it?
    (d) D: Boring. All I do is crunch numbers all day.

44. (a) A: Why do you hate David so much?
    (b) B: Because he talks as if he knows everything, Jenny!
    (c) C: That's what everyone agrees on, but you know that he is still a nice person, isn't he?
    (d) D: Oh, please. He is obviously not.

45. (a) A: Look, I am going to dad's house. Do you want to come with me?
    (b) B: No, but while talk to him, would you mind mentioning the answering machine?
    (c) C: Did he play back the messages again?
    (d) D: Yeah, I can't believe he did that again.

Identify option that contains an awkward expression or an error in grammar.

46. (a)When you are tying to impress people with words, the more you say, the more common you appear, and the less in control. (b)Even if you are saying something banal, it will seem originally if you make it vague and open-ended. (c)Powerful people impress and intimidate by saying less. (d)The more you say, the more likely you are to say something foolish.

47. (a)Futures contracts evolved in markets for agricultural and mineral commodities to maintain the risk-sharing of forward transactions while lowering information costs. (b)A futures contract is an agreement that specify the delivery of a commodity or financial instrument at an agreed-upon future date at a currently agreed-upon price. (c) Most futures traded today are financial futures rather than commodity futures. (d)That is, the underlying asset is not a crop or mineral but a financial asset.

48. (a)The future of Florida's imperiled coral reefs may be brighter with the creation of the nation's largest marine sanctuary. (b)The Florida Keys National Marine Sanctuary has designed to protect the reefs as well as 2,600 square nautical miles of water embracing both sides of the island chain. (c)The preserve includes the existing Key Largo and Looe Key. (d)Established by congress last fall, the sanctuary is off-limits to most tankers and other large vessels and cannot be mined for seabed minerals.

49. (a)In the first half of the fifth century B.C. Coriolanus, a great military hero of ancient Rome, won many important battles, saved the city from calamity time and time again. (b)Because he spent most of his time on the battlefield, few Romans knew him personally, making him something of a legendary figure. (c)In 454 B.C., Coriolanus decided it was time to exploit his reputation and enter politics. (d)During his election for high rank of consul, he began his pubic address early in the race by displaying the dozens of scars he had accumulated over seventeen years of fighting for Rome without saying much.

50. (a)For the survivors and their children and grandchildren, seated solemnly in the overheated courtroom of the Bordeaux palace of Justice, it almost seemed like a sick joke. (b)Maurice Papon, on trial for sending 1,560 Jews to their deaths in concentration camps during the Nazi occupation of France, was finding his own life in confinement unbearable. (c)The "weight of detention," he said, was making it impossible for him to prepare his defense. (d)The lights kept him up at night. The chair in his cell was uncomfortable.

Vocabulary

Choose the best answer for the blank.

1. A: I'd like to book a flight to Paris. Is there a seat
    _____________ ?
    B: Would that be a one-way or round-trip ticket?

    (a) available
    (b) applicable
    (c) valid
    (d) comfortable

2. A: Did you go to the soup kitchen yesterday?
    B: Yes, it's my _____________ on every Saturday.

    (a) refreshments
    (b) routine
    (c) obligation
    (d) pastime

3. A: How much is the single _____________ to
    Capetown?
    B: That will be $90 exclusive of the guide tip.

    (a) fare
    (b) fee
    (c) charge
    (d) money

4. A: Is it true that oil prices are going through the
    roof?
    B: Yes, actually, the prices are already _________ .

    (a) sufficient
    (b) erratic
    (c) outrageous
    (d) abrupt

5. A: How come you came so late?
    B: The whiteout conditions and blowing snow
    made my driving _____________ .

    (a) delightful
    (b) bleak
    (c) hazardous
    (d) reckless

6. A: I booked a hotel suite for our wedding
    anniversary. How do you feel?
    B: I don't believe your _____________ words
    anymore.

    (a) empty
    (b) void
    (c) vacant
    (d) blank

7. A: How's your business going?
    B: I'm still concerned about _____________ sales
    figures.

    (a) soaring
    (b) elevating
    (c) slumping
    (d) mounting

8. A: Do you think Willy is a good partner to start a
    new business with?
    B: Sure! He certainly _____________ a thing or
    two about running a business on a shoestring.

    (a) makes
    (b) knows
    (c) opens
    (d) builds

9. A: Was your girlfriend rescued? The quake's
    death _____________ reached almost 900.
    B: The tremors continued endlessly so I couldn't
    help her and cried all night.

    (a) toll
    (b) poll
    (c) row
    (d) loll

10. A: I spent a lot buying various kinds of
    ingredients last month.
    B: Join the club! We really need to be a
    _____________ food shopper.

    (a) stingy
    (b) compatible
    (c) viable
    (d) savvy

11. A: He ____________ up when a journalist asked
    him about his drunk-driving.
    B: Shame on him!

    (a) let
    (b) blew
    (c) added
    (d) threw

12. A: I got turned down from fifty companies
    already. I'm so devastated.
    B: Life is about ____________ and experience.
    Life is about not being afraid to fail.

    (a) diversion
    (b) compassion
    (c) ambition
    (d) challenge

13. A: I ____________ breakfast, so I'm starving
    now. Let's grab a bite to eat around here.
    B: Anything in particular?

    (a) skipped
    (b) ditched
    (c) scooped
    (d) skimmed

14. A: Let's start ____________. Something's
    wrong on our draft.
    B: It's true. We should go back to the drawing
    board.

    (a) up for grabs
    (b) from rags to riches
    (c) at loose ends
    (d) from scratch

15. A: I was supposed to travel with a friend but she
    ____________ me down at the last moment.
    B: Why don't you look for somebody else?

    (a) brought
    (b) let
    (c) put
    (d) laid

16. A: What's wrong with your freezer?
    B: It's been acting up lately, I think it's out of
    ____________.

    (a) order
    (b) sorts
    (c) place
    (d) date

17. A: I ____________ out with Lucy and didn't talk
    to her for nine months.
    B: Don't worry! Time will solve all your problems.

    (a) fell
    (b) ruled
    (c) pigged
    (d) made

18. A: I've got a doctor's appointment at 3pm.
    I'm having trouble breathing.
    B: What a pity! Your days are ____________.

    (a) reduced
    (b) counted
    (c) numbered
    (d) extended

19. A: You'd better wrap up the report soon! The
    deadline is just around the corner.
    B: Don't be so pressing! As you know I'm a
    person ____________.

    (a) even-handed
    (b) easy-going
    (c) stuck-up
    (d) hot-tempered

20. A: Is it true that women usually spend upwards of
    thirty percent of their income on looking
    good?
    B: I spend more than that on cosmetics, clothes
    and ____________ complexion.

    (a) neutral
    (b) flat
    (c) fair
    (d) random

21. A: Does Prop. Minary still enjoy cracking jokes
       behind the bars?
    B: His trademark sense of humor is still
       _______________, and he's in great spirits.

    (a) sheer
    (b) intact
    (c) adequate
    (d) dull

22. A: I want to _______________ on my English
       because I haven't studied it for two years.
    B: Good decision! I will be handy some day.

    (a) itch for
    (b) brush up
    (c) snap up
    (d) single out

23. A: What's the best piece of business advice you've
       ever been given?
    B: Stay focused and disciplined. _______________ a
       plan and have a vision.

    (a) Ward off
    (b) Stick to
    (c) Sort out
    (d) Round up

24. A: The callous couple _______________ money from
       the charity to fund a lavish lifestyle.
    B: Do you envy them? They will pay the penalty
       soon.

    (a) milked
    (b) rigged
    (c) deprived
    (d) withdrew

25. A: I'm still nervous about the upcoming finals.
    B: Don't worry! We're sure that you will
       _______________ your exam easily.

    (a) break through
    (b) cram for
    (c) get through
    (d) fall through

Part II Questions 26~50
Choose the best answer for the blank.

26. Phishing is generally designed to trick people into giving up personal information, most commonly for the purpose of ___________ theft.

    (a) data
    (b) identity
    (c) mind-set
    (d) individuality

27. The blizzard cut power, ___________ drivers and prompting governors in Davao to issue a disaster declaration.

    (a) enhancing
    (b) sweating
    (c) separating
    (d) stranding

28. Although The World Cup is still a year away there are signs that the excitement in South Africa is already ___________ .

    (a) palpable
    (b) lousy
    (c) imminent
    (d) abundant

29. Many magazines also offer a 'back ___________' service for previously published editions.

    (a) issue
    (b) edition
    (c) release
    (d) publication

30. Water is life, yet our nation's water infrastructure is so ___________ that our clean potable water and flood protection face unprecedented threats.

    (a) commensurate
    (b) updated
    (c) chaotic
    (d) outdated

31. The emergency measure allows officials to arrest and ___________ protesters without a court order, and to restrict gatherings.

    (a) scatter
    (b) salvage
    (c) detain
    (d) behead

32. She ___________ a job at a tour agency and was sent to isolated hot tropical island.

    (a) landed
    (b) applied
    (c) placed
    (d) lent

33. India has accused a terrorist group of carrying out the plot, which ___________ more than 160 lives.

    (a) deported
    (b) vanished
    (c) claimed
    (d) segregated

34. It is fantastic that audience would ___________ the stars on the famous red carpet.

    (a) rub shoulders with
    (b) tie the knot
    (c) make the scene
    (d) run away with

35. Our results are ___________ with the idea that severe headaches can be triggered by external factors such as hot weather.

    (a) lavish
    (b) motivated
    (c) unanimous
    (d) consistent

36. Breast milk has an abundance of antibodies and can boost the baby's immune system, ultimately this immunity dwindles, leaving the baby _____________ to many diseases.

    (a) immune
    (b) impervious
    (c) susceptible
    (d) resistant

37. He moved to his parents' seaside cottage to have a break from the _____________ of the big city.

    (a) ins and outs
    (b) hustle and bustle
    (c) wining and dining
    (d) high and low

38. The strong likelihood of lay-offs has been _____________ over the personnel section for months.

    (a) a sword of Damocles
    (b) sour grapes
    (c) a hot potato
    (d) a bed of roses

39. The doctor will _____________ some diagnostic tests to determine the cause of your hair loss.

    (a) address
    (b) run
    (c) arrange
    (d) cast

40. In gambling, the _____________ and the amount wagered determine the payout if successful; the predictability determines the frequency of success.

    (a) ratio
    (b) rate
    (c) notch
    (d) odds

41. Although vaccines are safe and effective for the most parts, they may _____________ some side effects, such as a fever or rash.

    (a) trigger
    (b) rummage
    (c) dissolve
    (d) shrink

42. Rescuers were digging through the debris fields with _____________ hands for survivors after a tragic earthquake hit the central region leaving thousands homeless.

    (a) green
    (b) bare
    (c) exhausted
    (d) conscientious

43. He was known for his _____________, his fearlessness, and most important, his extensive knowledge of human psychology.

    (a) brutality
    (b) illiteracy
    (c) gluttony
    (d) audacity

44. The residents have _____________ their responsibilities regarding the mandate of the referendum.

    (a) shirked
    (b) avoided
    (c) refurbished
    (d) slighted

45. Many people have deliberately saved their money until the New Year sales, knowing stores will _____________ prices.

    (a) reimburse
    (b) fluctuate
    (c) peg
    (d) slash

46. _____________ involves people making very
sophisticated decisions on the spur of the
moment, without the benefit of any kind of script
or plot.

(a) Priority
(b) Improvisation
(c) Ingenuity
(d) Manipulation

47. The pirate who _____________ earlier today is
being treated humanely; his counterparts who
continued to fight paid with their lives.

(a) renounced
(b) assaulted
(c) surrendered
(d) fled

48. _____________ insomnia, the sleeplessness that
occurs just before a big test, is very common and
is considered a normal stress reaction that
typically disappears as the stress passes.

(a) Transient
(b) Interim
(c) Chronic
(d) Confirmed

49. They will _____________ the poverty of their daily
lives for the riches and glamour of the movie
world's biggest night thanks to the smash hit of
the movie.

(a) swap
(b) alter
(c) replace
(d) convert

50. With BM Motors _____________ on the edge of
bankruptcy, Matubis says luring customers back
into his showroom boils down to design and
price.

(a) aggravating
(b) enervating
(c) teetering
(d) retrenching

Reading Comprehension

1. TO: Fred Starr
    FROM: Jennifer Kroll
    DATE: April 14, 2009

    Dear Fred,

    It is with the deepest regret that I must submit my resignation to you, as of Thursday, April 30, 2009. Over these last 17 months, I've grown very fond of Nexmed. In our day-to-day operations, I've always been proud of being part of a company whose personnel and products are leaders in medical science and technology in the marketplace. This past year has been a positive experience for me, and I will truly miss all of you. But due to my financial position, I must _________________________. I do hope, however, that we can continue our professional relationship and that I can be of assistance to you and Nexmed in the future.

    Thank you,

    Jennifer Kroll

    (a) get a loan
    (b) buy a house
    (c) move on in my career
    (d) be promoted to Manager

2. No Asian food is hotter these days than _____________. And no country is better poised to cash in on the growing demand than Ireland, where 560 varieties of the plant grow offshore. The first commercial seaweed farm in the British Isles starts production off Galway this month. It will grow native species of the sushi bar favorites wakame and nori. Now the newly formed Irish Seaweed Industry Organization is encouraging traditional farmers in other dwindling coastal communities to trade their cows for kelp. The Galway farm already has an order from a French cosmetics company that uses seaweed in its anti-wrinkle cream.

    (a) sushi
    (b) wakame
    (c) nori
    (d) seaweed

3. In the coming weeks, the California Department of Transportation and Los Angeles Police Department will conduct ________________________ in the Orange County region. The exact location and date will not be notified in advance. Random commercial vehicle inspections are conducted to make sure they are in compliance with the law in the areas of weight and safety equipment. Overloaded vehicles can damage roadways and pose an increased safety hazard. In addition, past inspections have revealed many commercial vehicles were being operated with defective equipment such as bald tires and faulty brakes. The intent of the inspections is to encourage citizens to operate their vehicles within the law, thus stopping roadway damage and lowering the potential for accidents. It is believed that there are fewer dangerous vehicles on the road thanks to these enforcement efforts.

> (a) a survey to determine why roadways are damaged
> (b) a commercial vehicle inspection checkpoint
> (c) a crackdown on drinking drivers
> (d) a inquiry into the death of the driver

4. Have you ever seen pictures of the surface of the moon? It is pockmarked with hundreds of craters. The craters formed when rocks from space, know as meteorites, ________________________. Meteorites have also struck Earth. However, Earth has experienced fewer meteorite impacts than the moon because Earth's atmosphere is much thicker. The atmosphere causes many of the falling objects to burn up before they reach Earth's surface. If an object is large enough to survive entry through Earth's atmosphere, it may form a crater when it hits the surface. Many craters have been found around the world, including in the United States.

> (a) burned up as it entered through the atmosphere
> (b) collided with the moon
> (c) crashed into the earth
> (d) traveled through the galaxy

5. Machiavelli makes the argument that in a strictly military sense _________________________. It becomes a symbol of power's isolation, and is an easy target for its builders' enemies. Designed to defend you, fortresses actually cut you off from help and cut into your flexibility. They may appear impregnable, but once you retire to one, everyone knows where you are; and a siege does not have to succeed to turn your fortress into a prison. With their small and confined spaces, fortresses are also extremely vulnerable to plague and contagious diseases. In a strategic sense, the isolation of a fortress provides no protection, and actually creates more problems than it solves.

    (a) a fortress is invariably a mistake
    (b) contagious diseases are essentially preventable
    (c) power is a human creation
    (d) we should build more fortresses to defend ourselves

6. Root crops are roots or underground stems that are rich in carbohydrates. In many parts of the world, root crops substitute for cereals in providing the major part of the diet. However, diets of root crops or cereals alone are usually low in some important amino acids. _________________________, people must eat other food, such as legumes or animal protein. Root crops include beets, carrots, radishes, rutabagas, turnips and sweet potatoes. Other kinds of potatoes and yams are actually tubers?modified underground stems?but are considered root crops because they grow underground.

    (a) To correct this deficiency
    (b) To have more root crops
    (c) To ingest more cereals
    (d) To prevent any disease caused by the lack of amino acids

7. In a sense, sociology is not as developed as the natural and physical sciences. This is due in part to the fact that sociology is not as old as some of the traditional sciences. But sociology is scientific and is much more valid than many traditional "ways of knowing." For example, how do you know what you know? You might answer that what you know is based on information you received from your parents or other people of authority; you might know what you know by way of tradition; you might use religion or you might use personal experience. Sociologists as people use these ways too, but as sociologists their emphasis is on the scientific method as ___________________________. The scientific method is made up of logical systems that base knowledge on direct, systematic observation.

    (a) a useful way of research
    (b) a major way of knowing
    (c) subject to lecture on
    (d) lucrative way of making money

8. One office in a local market. But when connected to 1,300 others worldwide, it forms part of a communications network that spreads across the earth, extending your reach. HongkongBank's Global Data Network and advanced telecommunications systems give our offices instant access to the information you need. This technology, together with our expertise in local markets, helps us make fast decisions. HongkongBank also brings instant information and banking convenience directly into your office through Hexagon, our global electronic financial services system. The reach of a global bank and ___________________________. That's our strength.

    (a) the variety of securities and derivatives
    (b) the higher interest rates
    (c) the confidentiality of your personal information
    (d) the flexibility to make fast local decisions

9. For several centuries after the fall of the Han Dynasty (C.E. 222), Chinese history followed the same pattern of ________________________ , one after the another. Army men would plot to kill a weak emperor, and then would replace him on the Dragon Throne with a strong general. The general would start a new dynasty and crown himself emperor; to ensure his own survival he would kill off his fellow generals. A few years later, however, the pattern would resume. New generals would rise up and assassinate him or his sons in their turn. To be emperor of China was to be alone, surrounded by a pack of enemies; it was the least powerful, least secure position in the realm.

    (a) active and vibrant economic growth
    (b) conflicts between the haves and have-nots
    (c) the clash of ideologies
    (d) violent and bloody coups

10. However miraculous, German reunification in 1990 is not a tale ending with the familiar line, "And they lived happily ever after," not until some mobsters have been tamed and goblins banished. Unity has come with a monstrous price tag that is taxing the generosity of West Germany. What is worse, it seems to have awakened goblins of xenophobia and right-wing extremist. In November of 1992, three Turks were killed in a firebombing of their home. In the city of Rostock rioters wearing Nazi insignia and armed with stones and gasoline attacked a hostel for Vietnamese workers in broad daylight. Such acts of violence raise more pointed questions about Germany. They bring back the scariest ghosts of Germany's past. It remains to be seen whether the making of a new Germany ends up as an inverted fairy tale, ________________________ .

    (a) with a grim beginning and a grim ending
    (b) with a happy beginning and a happy ending
    (c) with a happy beginning and a grim ending
    (d) with a grim beginning and a happy ending

11. You cannot worry about upsetting every person you come across, but ________________________. If your
superior is a falling star, there is nothing to fear from outshining him. Do not be merciful—our superior had no
such scruples in his own cold-blooded clime to the top. Gauge his strength. If he is weak, discreetly hasten his
downfall: Outdo, outcharm, outsmart him at key moments. If he is very weak and ready to fall, let nature take
its course. Do not risk outshining a feeble superior—it might appear cruel or spiteful. But if your superior is
firm in his position, yet you know yourself to be more capable, bide your time and be patient. It is the natural
course of things that power eventually fades and weakens. Your superior will fall someday, and if you play it
right, you will outlive and someday outshine him.

   (a) you must be selectively cruel
   (b) you must outshine your superiors
   (c) you must try hard to become strong
   (d) you must be more capable than your co-workers

12. In early June 1916 the war was two years old and its outcome highly uncertain. On the Western Front the
British and German armies faced each other, deadlocked, in their trenches (the massive British offensive on
the Somme being just a few months away), while further south the French were suffering fearful losses in their
heroic defense of Verdun. In the east the Russians had just launched a major new offensive against Austria on a
200-mile front. How much longer Russia would sustain the fight on the Eastern Front was becoming
________________________ to her allies, however, as Tsar Nicholas II's hold on power was already
weakening in the face of the Bolshevik threat.

   (a) a trivial matter
   (b) an opportunity to take
   (c) something to look up to
   (d) a major source of anxiety

13. It is difficult to find support for the argument that languages are learned mainly through imitation. For one thing, learners produce many novel sentences that they could not have heard before. These sentences are based on the learners' developing understanding of how the language system works. This is particularly evident with children who say things like: 'The cowboy rided into town' or 'The man I spoke to him is angry.' There are also many other examples that provide evidence that language learners do not simply internalize a great list of imitated and memorized sentences. This does not mean, however, that imitation ________________________. Some children imitate a great deal as they acquire their first language.

    (a) has been always involved in language learning

    (b) has been an outmoded way to learn languages

    (c) has no role to play in language learning

    (d) has something to do with language learning

14. Traditionally, paint has provided the most economical method for protecting steel against corrosion. However, as people who live in the Midwest know well, paint cannot prevent a car from rusting indefinitely. Eventually, flaws develop in the paint that allows the ravages of rusting to take place. ________________________. Chemists at Glidden Research Center in Ohio have developed a paint called Rustmaster Pro that worked so well to prevent rusting in its initial tests that the scientists did not believe their results. Steel coated with the new paint showed no signs of rusting after an astonishing 10,000 hours of exposure in a salt spray chamber at 38° C.

    (a) Unfortunately, this cannot be solved

    (b) And nobody takes it so seriously

    (c) This situation may soon change

    (d) Many people are suffering from car rusting

15. Many of our competitors attempt to circumvent your sense of reason by flattering you, in the fervent hope that you'll forget about their exorbitant price tags. _______________________, we invite you to assess the attributes of Speecon. Speecon offers all the performance you'd expect in a sports car. Like an incredibly powerful acceleration. It has a newly-designed 5.0L 10-V engine which is capable of unbelievable 450HP, 390lb-ft torque. Speecon also offers one feature you'd never expect in a sports car: a very affordable price. Come see.

    (a) In addition

    (b) Similarly

    (c) In contrast

    (d) Nevertheless

16. The act of moving gold during the World War II was kept highly secret for obvious reasons. This confidentiality makes it difficult for the researcher today to establish exactly what amounts of gold went on which ships. In many instances the records are oblique, obscure, contradictory, or missing. But the difficulty is not simply the result of poor record keeping. The logistics of the operation itself causes difficulty. On several occasions, but especially in June 1940, there was enormous pressure to ship gold out as fast as possible because of the threat of imminent invasion. The British Navy was also engaged in action all over the world. _______________________ it is not surprising that dates of sailings were frequently changed at the last minute, that quantities of gold shipped were subject to unexpected fluctuations, and a ship's availability was altered as other demands became of paramount importance.

    (a) For all that

    (b) Therefore

    (c) For example

    (d) Moreover

17. Bruno Wetzel used to be into construction in a big way. He's still in construction but on a smaller scale—a much smaller scale. Wetzel, a developer, sold his Connecticut firm in 2008 and began creating models of U.S. and Canadian sky-scrapers in his basement. He made only intermittent progress until he read the December 2008 Newsweek article on sky scrapers. "That was very inspirational," he says. Wetzel soon had more than a hundred miniatures of the best known buildings from 42 cities in North America. Now he is working out a way to take his eight-foot-by-eight-foot show on the road.

Q: What is the best title for this passage?

   (a) A Miniature City Down in the Basement
   (b) Sky-scrapers in the U.S.
   (c) Various Types of Sky-scrapers
   (d) A Construction Business Sold

18. His subjects will probably never call him the People's Prince, but last week Diana's ex seemed engagingly relaxed on a visit to the London office of the Big Issue, a magazine written and sold by the city's homeless. Nonetheless, it wasn't a spot where he expected to run into an old fellow. So Charles was taken aback when one of the paper's staffers greeted him warmly, announcing: "I remember you from school." Sure enough, the fellow was one Clive Harold. Born to wealth but driven to the streets by alcoholism, he had attended the exclusive Hill House prep school in Knightsbridge with Charles more than 40 years ago. The Prince of Wales didn't recall Harold at first, but soon the two were waxing nostalgic over long-ago teachers and football games.

Q: What is the best title of the passage?

   (a) The Prince and the Pauper
   (b) Expected Reunion
   (c) Prestigious School in Knightsbridge
   (d) Harmful Effects of Alcohol

19. All turtles and tortoises lay eggs. The female selects an appropriate site on land, scoops out a hole with her hind limbs, deposits the eggs, and covers the nest. She provides no further care for the eggs or the hatchlings. Marine turtles often migrate long distances to lay their eggs on the same beach where they hatched. For example, Atlantic green sea turtles travel from their feeding grounds off the coast of Brazil to Ascension Island in South Atlantic—a distance of more than 2,000km. These turtles probably rely on several environmental cues, possibly even the Earth's magnetic field and the direction of currents, to find this tiny island.

Q: What is the topic of the passage?

    (a) The migration of turtles and tortoises
    (b) How turtles migrate
    (c) The Earth's magnetic field and turtles
    (d) The reproduction of turtles

20. Antibiotics do not kill viruses but scientists have recently developed antiviral medications. Many of these medicines prevent viruses from reproducing. Because many viral diseases do not have cures, it is best to keep a viral infection from happening in the first place. Childhood vaccinations give your immune system a head start in fighting off viruses. Having vaccinations now can stop you from getting a viral infection. It is also a good practice to wash your hands often and never to touch wild animals. If you do get sick from a virus, it is often best to rest and drink extra fluids. As with any sickness, you should tell a doctor.

Q: What is the passage mainly about?

    (a) Telling your doctor
    (b) Childhood vaccinations
    (c) Fighting a virus
    (d) Medical development

21. The Romans established one of the greatest empires of all time. They possessed strong leadership, an army of disciplined and dedicated soldiers, and a talent for absorbing conquered peoples and turning them into loyal citizens. Their established system of law and government brought security and peace to the Mediterranean region. Yet the mighty Roman Empire eventually crumpled under the weight of several forces. Foreign invasions, combined with political, economic, and social problems, dissolved the ties that had held the empire together for more than 400 years.

Q: What is the main subject of the passage?

    (a) Factors that allowed the Roman Empire to rise and fall
    (b) The wars the Romans fought in the Mediterranean region
    (c) The vigilant Roman Army
    (d) The loyal citizens of the Roman Empire

22. For years, DeLee Springs has provided people of all ages with a safe place to swim and socialize. However, because the city's new budget does not provide the funds to pay a full-time lifeguard, DeLee Springs is in danger of closing to the public. To prevent this from happening, I suggest that our class start a fund-raising campaign. As students, we might not have the money to pay a lifeguard, but businesspeople in our community do. If a businessperson does not want to donate directly, we could simply ask him or her to put out a donation jar.

Q: Which best describes the goal of the passage?

    (a) To encourage the students to help save DeLee Spring
    (b) To urge the city government to allocate more fund for DeLee Spring
    (c) To press businesspeople for participation in the campaign
    (d) To close down DeLee Spring as soon as possible

23. The Theater of Dionysus is where the plays of the great dramatists(Aeschylus, Sophocles, Euripides, Aristophanes, Menandrus) were first presented. It lies at the foot of the Acropolis, to the south, next to the "Sanctuary of Dionysus." Originally the theater had wooden seats which were replaced by seats of stone in 342-326 B.C.E., much in the form we see today. It could accommodate some 20,000 spectators in 78 rows of seats. The first row consists of 67 marble "thrones" where the high officials(priests, leading citizens, notables) sat. The orchestra, the open semicircle between the stage and the audience, was rebuilt by the Romans. They organized gladiatorial performances as well as mock naval battles in this theater.

Q: Which of the following is correct about the Theater of Dionysus?

    (a) There are wooden seats which are capable of accommodating 20,000 spectators.

    (b) Not only gladiatorial performances but also ancient Greek plays were performed there.

    (c) It was not until the 3rd century B.C.E. that it was built in stone.

    (d) It is the largest theater in Greece.

24. Sharks cause more nightmares than any other resident of the sea, although they benefit humans in many ways. But at the rate we destroy sharks, says the National Marine Fisheries Service, several species may soon be little more than gliding memories in eastern U.S. waters. East Coast commercial and sport fishermen, who kill sharks to the tune of more than 22,000 metric tons a year, are threatening the viability of species like mako, sandbar, and blacktip. Fin fishermen slice off only the fins, for sale as an Oriental delicacy. When nets set for other fish sweep up sharks, fishermen sometimes bludgeon the creatures and toss them away.

Q: Which of the following is correct according to the passage?

    (a) All the sharks in eastern U.S. waters are on the verge of extinction.

    (b) Some fishermen in the U.S. want specific part of sharks.

    (c) Sharks are a dangerous creature detrimental to humans.

    (d) Sport fishermen are the biggest threat to sharks.

25. One of the world's poorest countries when it gained independence from Britain in 1966, Botswana—formerly the Bechuanaland Protectorate—appeared to have few prospects. The Kalahari Desert covers more than 80 percent of this landlocked republic; only 5 percent of its territory is arable. Minerals transformed the economy, now Africa's fastest growing. Diamonds were discovered at Orapa in 1967 and at Letlhakane and Jwaneng several years later. Copper-nickel matte is another important revenue earner. Coal fires the nation's two power plants; Botswana is virtually self-sufficient in electricity. Surveys indicate that the land may hold other exploitable minerals.

Q: Which of the following is correct about Botswana?

    (a) Its economy largely depends on the agriculture sector.

    (b) It is among the richest countries in Africa.

    (c) Its circumstances got better right before the independence from Britain in 1966.

    (d) Most of its land is very dry.

26. To whom it may concern:

During the winter of 2008 I spent several months working with Ms. Lucy Collins in trying to find a new home. From our first meeting until the day of my closing Ms. Collins worked passionately to meet my needs in every way possible. Ms. Collins was always well prepared with a game plan in hand. Lucy would always take the time to research and map out the properties we would be previewing. She always made sure to show me properties that were within my financial reach. Lucy's work ethic is outstanding. Her upbeat, positive attitude made the long stressful process of finding a new home a lot easier. Working with Lucy was a wonderful pleasure. I highly recommend her and her contacts as loyal, viable resources for buying a property in the Silicon Valley region. I will absolutely be using Ms. Collins for any future purchases or sales I may have in the future.

Sincerely,

Tom Thurber

Q: Which of the following is correct according to the passage?

    (a) Tom Thurber is protesting against poor service.

    (b) Lucy Collins tried to buy a property in Silicon Valley.

    (c) Tom Thurber works so hard that he provides customers with satisfaction.

    (d) Ms. Collins is being complimented for the service she did.

27. The best majority of franchisors will not present you a one-sided agreement because this is often a barrier to the sale of franchises. Most franchisors will start out with an agreement that reflects a balanced approach and tries to be mutually fair. Therefore most franchisors will not negotiate much because they do not want your contract to adversely affect those they have entered into with its other franchisees. However, you should always try to negotiate the best deal possible, based on your goals and objectives before making your final decision on whether or not to sign the franchise agreement. Often, the best deal is one in which both parties, you and the franchisor, have made compromises and concessions to come to a mutually beneficial agreement.

Q: Who would this passage be aimed at?

(a) Owners of franchise company
(b) Potential franchisees
(c) Students studying economics
(d) Government officials regulating the franchise industry

28. Along with the scenery, the history, the beautiful islands, brilliant sunshine and blue seas, Greece also has to offer modern facilities in all parts of the country. That is why it is now fast becoming one of the favorite holiday countries in Europe and the Middle East. Almost all the hotels are new and equipped with every up-to-date amenity. Even a third class hotel with a bath is the rule rather than the exception. Travel by boat, train, airplane, or car ferry is easy and comfortable. Reasonably cheap too. The beaches are crowd free, and there are well-placed camping sites for the go-it alone traveler. Yachts and cruise ships are catered for by some 85 supply stations and marinas, on islands and coasts.

Q: Which of the following is correct according to the passage?

(a) People usually favor Greece's beautiful scenery over its modern facilities.
(b) All the hotels in Greece are new and equipped with every up-to-date amenity.
(c) There are many different types of transportation available for travelers in Greece.
(d) Every third class hotel in Greece has a bath.

29. We will give all employees a minimum of 80 hours of orientation and training, including the customer service training which is documented by the supervisor. Also, we will provide all employees with pre-service academy and facility specific training. All training must meet essential requirements as recommended by the Training Committee, including development based on clear and measurable written statements of intended learning results, with content and instructional ways consistent with stated learning goals, sequenced to precipitate learning, and incorporating tactics to assess the learning. The training manager will ensure availability of required space and equipment, including reference services, for the staff development program.

Q: Which of the following is NOT correct according to the announcement?

(a) Some training will be recorded by the supervisor.
(b) The training manager has to prepare necessary equipment for the training.
(c) At least 80 hours of orientation and training will be provided for all employees.
(d) Facility specific training will be given by the Training Committee.

30. In 1807, Napoleon Bonaparte of France and Czar Alexander I of Russia signed a treaty of alliance. Now the period's two great military powers were linked. But this treaty was unpopular with the Russian court—among other things it allowed Napoleon nearly free rein in Poland, Russia's traditional "front yard." Russian aristocrats worked to influence the czar to repudiate it. Before too long, Alexander began to take actions that he knew would displease the French, and by August 1811, Napoleon had had enough: it was time to teach Russia a lesson. He began to lay plans for an invasion. The acquisition of this vast territory to the east would make him the ruler of the largest empire in history.

Q: Why did Russian aristocrats dislike the treaty with France?

(a) It allowed Napoleon Bonaparte to have territory in Russia.
(b) Napoleon Bonaparte virtually ruled Poland thanks to the treaty.
(c) Czar Alexander I did not like the treaty and wanted to annul it.
(d) Thanks to the treaty, Napoleon Bonaparte could invade Russia.

31. Dear Mr. Peterson,

Greetings from VVIP Service!

We are sorry to inform you that your membership pack has been returned due to incorrect address. We would appreciate it if you could advise us of your new correspondence address at your earliest convenience. The pack will be delivered to you again in about four weeks' time upon receipt of your confirmation. In the meantime, to enjoy the benefits of the program, simply quote your membership number above when making reservation and at check-in. We look forward to hearing from you soon.

Yours sincerely,

Amy Ma

Q: What should Mr. Peterson do to get his membership pack?

    (a) He should speak to higher management.
    (b) He should give a piece of advice on customer service.
    (c) He should pay the admission fee.
    (d) He should let Amy know about his new address.

32. To: All members of Slow Food Lovers

You are cordially invited to attend the Biennial General Meeting of Slow Food Lovers and the workshops that will be held from Monday, May 18, 2009 until Wednesday, May 20. 2009. Our host this year is the Food and Drug Administration and the site chosen is the Staller Center. Please visit their website at www.stallercenter.com for more information. We will provide the meals from Monday evening snack to lunch on Wednesday; there are 12 beds in shared accommodation, 15 campsites near the main building and many motel type accommodation in Setauket (20 minutes drive away). There is SFL funding available to each district to help with travel costs. Please talk to your District Officials if you wish to take advantage of this. Please register at http://www.slowfood.com/workshop2009 if you wish to participate in.

Hope to see you there,

William Justis

Q: Which of the following is correct according to the announcement?

    (a) Members of SFL do not have to pay for the event.
    (b) The Food and Drug Administration was the host of the event in 2007.
    (c) There are several different types of accommodation available for the event.
    (d) The event will last for the whole weekend.

33. Louis XIV, the Sun King, was a proud and arrogant man who wanted to be the center of attention at all times; he could not countenance being outdone in lavishness by anyone, and certainly not his finance minister. To succeed Fouquet, Louis chose Jean-Baptiste Colbert, a man famous for his parsimony and for giving the dullest parties in Paris. Colbert made that any money liberated from the treasury went straight into Louis's hands. With the money, Louis built a palace even more magnificent than Fouquet's—the glorious palace of Versailles. He used the same architects, decorators, and garden designer. And at Versailles, Louis hosted parties even more extravagant than the one that cost Fouquet his freedom.

Q: What can be inferred from the passage?

    (a) The luxurious palace of Versailles was built by Colbert who loved lavishness.

    (b) Louis XIV was so frugal a king that he held few parties.

    (c) Colbert didn't want the king to waste the money from the treasury.

    (d) Fouquet used to serve as the finance minister.

34. Oxygen is essential to our existence, but surprisingly, it can be harmful under certain circumstances. At sea level the partial pressure of this life-sustaining gas is 0.21 atmosphere, and in each normal breath we inhale about 0.02 mole of O2 molecules. Our bodies operate very effectively under these conditions, but the situation changes if we subject ourselves to greater pressures—for example, by diving in deep water. A scuba diver at a depth of 100 feet experiences approximately 4 atmospheres of pressure, and at 300 feet the pressure is about 10 atmospheres. This increased pressure affects the ear canals and squeezes the lungs, but a more serious effect involves the increased partial pressure of oxygen in air breathed at these pressures, causing confusion, impaired vision and hearing, and nausea.

Q: Which of the following is correct according to the passage?

    (a) Too much Oxygen is harmful to human beings under water.

    (b) Diving in deep water must be prohibited because of its fatal danger.

    (c) Oxygen might be deleterious to humans in certain circumstances.

    (d) Under water human organs malfunction due to the lack of oxygen.

35. South Africa was undergoing the same post-war stresses as other Western states, with one or two extra of its own. The war had increased industrialization, with the consequent demand for labor, and rises in both prices and wages. Organized labor, inspired by the example of the Russian Revolution, was preparing to fight, in the same way that unions in Britain and the United States were becoming more militant. Black wages had failed more blatantly to keep pace with the cost of living than had white, but when black municipal workers in Johannesburg with the unpleasant job of removing domestic sewage attempted a strike they were prosecuted under the Masters and Servants Act and given prison sentences for breach of contract. Whites, theoretically governed by the same legislation, were never so treated, and SANNC members led the protests.

Q: Which of the following can be inferred from the passage?

(a) The strike attempted by black municipal workers was a great success.
(b) South Africa had exactly the same kind of post-war stresses as other Western states.
(c) The SANNC members were content with the circumstances in South Africa.
(d) Black workers made less money compared to white workers.

36. Schneider supplies the electrical distribution systems that ensure the safe application of electricity in the most distinct buildings in the world. From residential homes to commercial buildings, industrial facilities, malls and hotels. Schneider is a manufacturer focused on electrical distribution, industrial control and automation. With four world brands: Merlin Gerin, Modicon, Square D and Telemecanique. And over 60,000 specialists in 130 countries, with one objective in mind: to meet your needs. Every day. Safely. Economically. Efficiently. No one in the world does more with electricity.

Q: What can be inferred about Schneider from the advertisement?

(a) It's a huge enterprise with branches around the world.
(b) Its main service is to generate electricity.
(c) Its headquarters is located at one of the most distinct buildings in the world.
(d) It has a narrow range of customers.

37. The John Barry was arguably the most mundane looking treasure ship of all. It looked in fact exactly like what it was, a cheap, functional and efficient freighter, capable of 12 knots and of carrying approximately 9,000 tons of cargo. It was one of over 2,700 almost identical ships built in the United States between 1941 and 1945. They were called Liberty ships, for the very good reason that they helped keep the vital Allied supply routes open for most of the war. Built to a simple 60-year-old British design, they were mass-produced, many of their parts having been prefabricated, and their giant steel plates were welded rather than riveted together, all of which allowed for rapid construction. For all its lack of the finer architectural details lavished on other ships, the John Barry's claim to be a treasure ship is indisputable. Nor was it just any old treasure ship but, according to some fervent believers, the richest of the era.

Q: What can be inferred from the passage?

    (a) The John Barry was famous for her extravagant architectural details.
    (b) Now, there are approximately 2,700 ships that look almost the same as the John Barry.
    (c) The Liberty ships played an important role for the Allies during the war.
    (d) It took quite a while to build the Liberty ships.

38. A substance is buoyant, or will float in a liquid, if its density is less than that of the liquid. Here is a procedure that will show you what it takes for an egg to float in water. (a) First, place an egg in a cup of water and observe whether or not it floats. (b) Next, remove the egg and stir several spoonfuls of salt into the water. (c) Finally, replace the egg in the water and observe whether or not it floats. (d) By changing the density of the water, you allow its density to become smaller than the density of the egg.

39. Captain Cook named thousands of localities during his voyages between 1768 and 1779. His names included the Society Islands (after the Royal Society, which had sponsored his expedition) and many of the coastal features of New Zealand and Australia. (a) He frequently chose names belonging to contemporary British personalities, such as Halifax and Grafton. (b) In fact, Captain Cook himself did not like naming the localities. (c) Many others were based on his observations of the physical environment (Smoky Cape, Botany Bay) or on events to do with the journey(Weary Bay, Thirsty Sound). (d) Mount Cook in New Zealand, the Cook Strait, and the Cook Islands are among the few localities which carry his own name.

40. During the period 1945-1973, as the American economy was growing at a healthy rate, the chemical industry grew two-and-a-half times as fast. (a) Then, in the decades of slower growth after 1973, U.S. chemical firms came to understand that they could not afford to keep pouring immense sums into research projects that had little relationship to their commercial markets. (b) Du Pont and other leading firms therefore reduced their emphasis on fundamental research. (c) Du Pont, established in 1802, is the world's second largest chemical company. (d) They also cut down their reliance on defense contracts, identified their own core competencies, addressed more directly the question of what their customers wanted- and returned to prosperity.

세계가 공인한 영어 검정시험
G-TELP
기/출/문/제/집

ITSC 저 / 1, 2, 4 단계 – 테이프 3개씩 포함 / 각 15,000원 / 3단계 – 테이프 4개 포함 / 값 15,000원

국제 테스트 연구원이 개발한 G-TELP 대비 기출문제집!

G-TELP의 시행기관인 ACT출판사와 라이센스 계약을 맺고
샌디에고 주립대학교 부설 국제테스트연구원(ITSC)이 개발한
G-TELP 준비용 기출문제집입니다.

수준별 단계를 선택하여 풀어보세요!

각 권마다 3회의 기출문제와 스크립트가 포함되어 있으며,
수준별로 1단계에서 4단계까지 선택하여 풀어볼 수 있습니다.

시행착오를 줄이면 자신감이 늘어납니다!

단순히 기출문제를 풀어보는 것에서 끝나는 것이 아니라
기출문제를 통해 시행착오를 줄이고
영어에 자신감을 붙일 수 있도록 했습니다.